帝者，生物之主，兴益之宗。

《国学经典文库》丛书编委会◎编著

国学经典

武则天

女皇

中国出版集团 现代出版社

图书在版编目（CIP）数据

女皇武则天 /《国学经典文库》丛书编委会编著
. -- 北京 : 现代出版社 , 2018.6
ISBN 978-7-5143-6793-5

Ⅰ . ①女… Ⅱ . ①国… Ⅲ . ①武则天（624-705）—
传记 Ⅳ . ① K827=421

中国版本图书馆 CIP 数据核字（2018）第 135236 号

女皇武则天

作　　者	《国学经典文库》丛书编委会
责任编辑	李　鹏
出版发行	现代出版社
通讯地址	北京市安定门外安华里 504 号
邮政编码	100011
电　　话	010-64267325　64245264（传真）
网　　址	www.1980xd.com
电子邮箱	xiandai@vip.sina.com
印　　刷	天津文林印务有限公司
开　　本	710mm × 1000mm　1/16
印　　张	20
版　　次	2018 年 8 月第 1 版　2018 年 8 月第 1 次印刷
书　　号	ISBN 978-7-5143-6793-5
定　　价	39.80 元

前言

Foreword

历史的车轮渐渐前行，中国历史已有五千多年。自公元前221年秦王嬴政称皇帝始，到1912年“末代皇帝”溥仪退位，这两千多年的封建社会，朝代更迭，沧海桑田，但封建帝制从未间断。在中国封建社会的历史长河中，总共有四百九十五位皇帝（包括驾崩后追封者），其一直是国家的最高统治者，是专制集权统治的象征和代表。

在中国漫长的历史长河中，有的皇帝就如这条河流的顺风船，趁势前行；有的皇帝就如逆流中的航船，逆势而上；有的皇帝如漫漫散沙，无稳固根基；有的皇帝如中流砥柱，坚固牢靠。历朝历代的皇帝，不管是雄才伟略的英明之君，还是草菅人命的暴君，抑或苟延残喘的傀儡，他们举手投足、指点江山，无不牵动着百姓的神经，无不以独特的方式推动着历史的发展进程。

唐太宗说：“以史为鉴，可以知兴替。”这里所谓的“史”，正是经历时间积淀的历史。翻开历史，我们会发现，每一位皇帝即是每个时期的缩影，作为今人，史海钩沉，传述他们的治国方略、逸闻趣事，于今借鉴、增知、休闲，不无裨益。

本系列丛书重点选取了历朝历代最具代表性的十位皇帝，分别是秦始皇嬴政、汉武帝刘彻、唐太宗李世民、昭仪皇后武则天、宋太祖赵匡胤、元太祖孛儿只斤·铁木真、明太祖朱元璋、康熙帝爱新觉罗·玄烨、雍正帝爱新觉罗·胤禛、乾隆帝爱新觉罗·弘历。每一位皇帝都在中国历史上留下了深深的烙印，成为历史传奇。

此刻，让我们以历史发展的先后为序，共同来一睹为快，先知梗概，然后明细节。

秦皇汉武，雄才伟略，文治武功。秦始皇是中国历史上的第一位皇帝，素有“千古一帝”之誉。六国征战，诸侯争霸，中原大地的战火熊熊燃烧。是秦始皇纵横捭阖、叱咤风云，最终在中原大地上建立起了中央集权统一的国家。他在位期间，政治、经济、文化、思想渐趋完善，却又浮华奢侈，阿房宫、骊山墓、万里长城，耗尽了无数人的血汗，一生功过是非，只留后人品评。汉武帝刘彻堪称前无古人、后无来者的一位皇帝。他开疆拓土，击溃匈奴帝国、东臣朝鲜、南服百越、西逾葱岭、征服大宛，奠定了中华疆域的版图。他的雄才伟略、文治武功使汉朝成为当时世界上最强大的国家。

盛世唐朝，唐太宗与武则天都是典型代表。唐太宗选贤任能，重用文臣武将，休养生息、励精图治，开创“贞观之治”，建设出我国乃至当时世界上最鼎盛的封建王朝。武则天是中国历史上唯一的女皇帝，她在通往权力的道路上，不仅洒满血泪，还有超凡的智慧、勇气和卓越耐力，曾经倾权一时，最后却步履维艰。对于她传奇的一生，只留无字碑，让人遐想。

宋太祖和元太祖分别作为宋朝和元朝的开创者，前者鉴于唐朝后期藩镇割据的局面，集中兵权，加强了中央统治，将宋朝治理成为安定公平的社会，文学、哲学、美术、科技、教育等也比较发达，经济和文化达到了我国历史上的又一个高峰。后者人称“成吉思汗”，在他的率领和指挥下，开展对外征服战争，一时间，蒙古骑兵横扫千军，征服地域远达中亚和东欧的黑海之滨，建立起了中国有史以来疆域最大的一个王朝。

明太祖是中国历史上身份最为特殊的一位皇帝，真正出身于贫穷布衣之家。他从小只是最底层的放牛娃、四处要饭的小和尚，经过自身的不懈奋斗，逐渐成长为元末农民起义的领袖，再到明朝开国皇帝，人生经历堪称传奇。朱元璋是一位杀戮无数的皇帝，也极为关心民间疾苦，实行休养生息政策，推动了明朝社会的发展。

清朝作为中国最后一个封建王朝，出现了康熙帝、雍正帝、乾隆帝三位最具代表的皇帝。康熙帝少年承运，力挽狂澜，智擒鳌拜、裁撤三藩、亲征噶尔丹、收复台湾，在一系列军事行动中或御驾亲征，或决胜千里。他兢兢业业，辛苦经营六十一年，奠定了清朝几百年基业。雍正帝敢于革除旧弊，办事雷厉风行，是康乾盛世的有力推进者，是促进清朝历史发展的政治家，是可以肯定的历史人物。乾隆帝统治下的清朝，没有大刀阔斧进行改革，但是他平衡政权、平叛安邦、锐意进取也不容忽视。当然，他重用奸臣和珅、包容腐败、大兴文字狱，也为他的一生留下了污点。

每一位帝王都是一部信息资源庞大的史书，供今人探究；每一位皇帝都是一面能发人深省的明镜，供今人领悟。我们秉承“读正史，学真知”的宗旨，编写了这一系列丛书。以通俗化的语言、纪实的手法，真实地再现了每一位皇帝的生平事迹。

总而言之，本系列丛书史实性和趣味性兼具，相信广大读者在阅读之后，会领略诸多知识，也会用新的价值观去评判历史人物的是非功过，并通过历史去感悟自己的人生。

由于时间和水平原因，本书仍存在不足或欠妥之处，望广大读者朋友批评、指正。

目录

CONTENTS

第十五章 / 女皇暮年与无字碑

人物档案

武则天（624—705），名曌，是中国历史上唯一正统的女皇帝，也是即位年龄最大（67 岁即位）、寿命最长的皇帝之一（终年 82 岁）。武则天十四岁入后宫，为唐太宗的才人，唐太宗赐号“武媚”，唐高宗时初为昭仪，后为皇后，尊号为“天后”，与唐高宗李治并称“二圣”。683 年 12 月 27 日到 690 年 10 月 16 日作为唐中宗、唐睿宗的皇太后临朝称制，其间改名为“曌”。后自立为皇帝，定都洛阳，改称神都，建立武周王朝。神龙元年（705）正月，武则天病笃，宰相张柬之发动兵变，迫使武氏退位。逝后以皇后身份入葬乾陵，改谥号为则天皇后，天宝八年（749）加谥“则天顺圣皇后”。

CHAPTER

第一章 1

进宫前的时光

武则天出生在一个富裕且高贵的家庭，父亲早年经商积攒了大笔财富，后来弃商从政，得到唐高祖李渊的赞赏，并且不断加官晋爵；母亲出生在一个门第高贵的世家，受过良好的教育。在这样的家庭环境下，武则天早年过着无忧无虑的生活，父亲的屡屡调职，使她游历了大唐的无数名山胜水，领略了各地的风土人情，母亲的史学与佛学熏陶，使得她心智开阔，胸怀宽广。然而，天有不测风云，父亲的突然去世让一个天真烂漫的孩童阅尽了世态炎凉，于是刚强的她决定从此入宫，光耀武氏门楣。

太祖赐下婚约，武家得“贵女”

武德三年（620），一位政界的新起之秀，因追随武德皇帝李渊在太原起义立下功勋，被擢升为正三品部长级的工部尚书，统领井钺军，从此他便跻身政府高层，成为名副其实的“当世勋贵”，这位人物就是武士彟。

武士彟生于建德六年（577），并州文水人，青年时期和同乡许文宝一起经营木材生意，“因致大富”。后弃商从政，追随唐高祖李渊起义。在唐高祖眼里，武士彟是个仗义豪爽的人，早在高祖做并州河东巡抚时，武士彟就经常请他到自己家里做客，不仅盛情款待，还送名马珠宝。据说武士彟曾经对李渊说，自己梦见李渊骑着苍龙，到长安做天子，这话无意正合李渊的心意。所以，李渊建立唐朝后，对自己昔日的难兄难弟大力封赏，武士彟就获得了很高的恩荣。武德三年到武德八年武士彟担任工部尚书，在此期间因参与令典的编修，被封为应国公，深为皇帝器重。武士彟的原配是相里氏，为武士彟留下两个儿子武元庆和武元爽便撒手人寰。后来唐高祖见武士彟一直鳏居，很是担忧，便为他物色了一个婚姻对象——高门大族弘农杨氏之女杨太真。

唐高祖李渊

武德皇帝知道杨氏待字闺中，便告诉武士彟说：“遂宁公杨达，是一个英杰人物，他有一个女儿十分贤明，德艺双馨，现在把她匹配给你吧！”于是便下诏，使他们结为连理。武德皇帝还亲自做武士彟的婚主，另外派桂阳公主做女家的婚主。聘礼所需的人物、财物都由朝廷供给，所以武士彟与杨太真的婚礼有着说不尽的风光与荣耀，甚至令许多皇亲国戚都羡煞不已。婚礼完毕后，杨太真被拜为应国夫人。桂阳公主是武德皇帝的女儿，也是杨太真的堂兄弟杨师道的妻子。所以，武士彟娶杨太真，还与李唐王朝沾上了一点儿亲戚关系。

弘农杨氏从汉朝就兴起了，到南北朝末年出现了杨坚，还建立了隋朝。杨太真和杨隋王朝同宗不同房，她出于弘农杨氏观王房。所谓观王房是指隋朝“四贵”之一的观王杨雄一房。杨雄是当红的权贵，他的弟弟杨达也官至尚书、侍中，曾以营东都副监官职和尚书令杨素一起主持洛阳宫阙的建设，被封为遂宁公。杨太真是杨达的女儿。杨雄和杨达兄弟二人贵为隋朝的宰相，等到了唐朝，杨雄的儿子杨恭仁也是武德皇帝的宰相，另一个儿子杨师道是后来太宗皇帝的宰相，他们的侄子杨执柔后来也在女皇时期拜相，一个外孙女，即后来的越国太妃燕氏，是太宗皇帝的妃子，所以杨太真的家势非常显赫。杨氏出身高门，对女红并不重视，却受到很好的教育，懂得诗书礼仪，精晓史书，还能做文章，有佛教信仰，她的父亲杨达夸她为“隆家之女”。

武德七年冬天的一个晚上，武士彟的府第里灯火通明，年近五十的武士彟正在厅堂里焦躁不安地踱来踱去，侍女们一个个步履匆匆地在内室与厅外之间穿梭忙碌着，内室是杨太真的阵阵呻吟声。好一会儿后，终于“哇”的一声打破了这紧张的气氛。“恭喜大人，恭喜大人，是位千金小姐。”丫鬟的道喜使老来得女的武士彟喜出望外，三步并作两步便向内室走去，他要看看夫人和新生儿。

此时，杨氏正疲惫地躺在床上，看见老爷进来，便想要支撑着坐起来。对杨氏宠爱备至的武士彟慌忙扶住她，让她快躺下，免得着凉，伤了身体，落下病根。旁边的乳娘把啼哭的女婴抱过来给武士彟看，只见他的小女儿使劲地蹬着脚丫，哭声高亢有力，嘴巴一瘪一瘪地随着哭声起伏。“看她哭声多响，粉嫩嫩的脸蛋真惹人疼，小脚丫还动弹个不停，这高高的鼻梁长得像你。”武士彟乐呵呵地夸个不停。俗话说“女儿是贴心的小棉袄”。武士彟看到这个女婴，欢喜得不得了。杨氏却落下两行眼泪，她来到武家已经生下一个女儿，现在已经四岁了，就是后来被唐高宗策封的韩国夫人，所以杨氏想生个儿子，将来可以继承武士彟的爵位，自己晚年也有个依靠，所以对于这个新出生的女儿她并没有太多的欢喜，武士彟很理解她的心情，便好言好语地不停宽慰她，她的心情才稍微缓和。

父亲武士彟给二女儿取名为“二囡”，因为大女儿叫“大囡”，后来武二姑娘入宫后，赐名为“媚娘”，才有了“武媚娘”的称呼。她死后被尊为“则天大圣皇帝”和“则天大圣皇后”，所以后来史学家们称她为武则天。她当上女皇以后，自创“曌”字，为自己取名为曌，所以也叫武曌。父亲积极进取，深谋远虑，善于笼络人心，面对未卜的前途敢闯敢拼，坚毅勇敢，是后辈的良师益友。母亲出身世家，与上层社会有着千丝万缕的联系，为孩子准备了隐形而无价的人脉财富。

武二姑娘出生后不久，武士彟作为地方官员，便先后到各地奔赴任职。她便随着父亲走南闯北，也因此领略了各地不同的风土人情，尽览了大唐王朝壮丽宏伟的大河大川和变幻多端的风光景致。不同于别家女子的深居闺阁，从事着针织女红和书画歌舞的兴趣活动，她在雄浑的外界世界长大，随着父亲下扬州、到豫州、入巴蜀、进荆楚。在这广大的世界里，她的眼界开阔了，见识增多了，心智开启了，性格开放了。

读万卷书不如行万里路，前期独特的生活经历奠定了武则天一生的基础。虽然日后武则天的狠毒、残忍、决绝被无数人所批判和忌惮，却没有人否认她超过一般女子的胸襟、气度和举重若轻的待人接物的方式，也没有人怀疑她非凡的果断、坚决处理事务的能力和处世态度。

龙睛凤颈，贵不可言

关于武则天的早年事迹，史料少有记载，但在私人笔记里记载了这样一个小故事。唐朝时，有一位大师叫袁天罡，他善于看相，而且凭借着精湛的测算才能，名震天下。

据《大唐新语》记载，武士彟刚到利州时，成都的著名术士袁天罡正好奉诏进京，经过利州，武士彟请他到自己的府中，给妻儿们相面。那时候，武则天还是个婴儿。

袁天罡审视了杨氏的面容，说：“夫人骨相非凡，一定生有贵子，可请公子小姐出来一看。”听到这话，武夫人的脸笑成了一朵花，不过为了验证天师说的话，故意请出武家的两位公子武元庆、武元爽来进行验证。等到武元庆、武元爽兄弟出来，袁天罡先打量着他们说：“这两个孩子会做到刺史的职位，可以守护家业，称为保家之主，但算不上富贵。”接着夫人又唤出武家长女让袁天罡相面，袁天罡看了大女儿一眼，摸着下巴叹息道：“这女孩儿将来会大富大贵，可也会有不好的事发生。”那么大女儿也不是他说的尊贵的孩子了。最后奶娘抱出穿着男孩儿衣服的武则天，那时她还在襁褓之中，袁天罡见后特别震惊，提出让武则天下地走几步看个究竟。武则天下地走了几步，袁天罡半晌才说：“此儿龙睛凤颈，贵之极也，可惜是个男孩儿，如果是个女孩儿，将来要当皇帝的。”武士彟将信将疑，脸色顿时变得惨白，要知道此时的武家小公子正是个女儿身。假如袁天罡的话没错，也就是说将来武家要出个皇帝？而且还是个女皇帝？可是自古以来，称王称帝的都是男人，哪有女子的份儿啊？如此看来，这个天师的话也不可完全相信。老于世故的武士彟不敢再向袁天罡仔细盘问，他真诚地对袁天罡说：“天师，这样的话可

袁天罡之墓

不能随便乱说，我身为利州都督，深受皇上恩德，您说的这些话可是对皇上的大不敬啊，假如这话传到皇上的耳朵里，这可是要灭九族的大罪啊，到时候你我都难逃罪责了。”袁天罡回答道：“大都督，我看相从来都是就事论事。就算是看出您家小儿将来会君临天下，那也是命中注定的事情。人生自有定数，得失天地自知，您不必为此过于担心。”“好，好，敢问天师什么时候上路？”武士彟不想就这事一直说下去，这会儿一心想把袁天罡赶走，以免生是非。袁天罡准备下午出城，武士彟留他吃了一顿午饭，便派人护送他出城了。

从史学逻辑与常理分析来看，这个故事明显是杜撰的。首先，袁天罡不敢说出有人长着皇帝的面相，因为那是要杀头的；其次，如果这个故事真的发生过，袁天罡说出了武二姑娘有皇帝的面相，太宗皇帝不会让她活那么久。所以这很可能是做了女皇的武则天为自己掌权的合理性进行的舆论宣传。

在唐朝人对女孩儿的标准化期待里，武二姑娘显然不符合标准。同时代的大家闺秀，都是优雅娴静，谦卑恭顺的，平常里靠做女红来打发时日，也有的读些诗词，为嫁入夫家做准备。而武二姑娘对这些并不感兴趣，她常常溜出家门，在外边广阔的世界里活动。所以在野史里或民间传说里，武二姑娘好像一位神通广大的大侠，经常从天而降，用自己的聪明机智来帮助那些有困难的人。

武二姑娘长相不俗，额头宽阔，眼眸深邃，下巴秀美，体格健美，在娇柔之外，还有几分女子所缺少的力量感，给人一种活跃进取的印象。所以有的人觉得她朝气蓬勃，有一种无所畏惧的闯劲儿。有的人则觉得她有些健壮，缺少女孩儿的柔美纤细。但是，武二姑娘身上有一种自然的妩媚，这与她从小生活的无拘无束有关，因为她随心所欲，天然自在，所以行动举止便有一种灵动之气。

武德八年（625），武士彟任扬州都督长史，所谓“春风十里扬州路”，扬州作为当时唐朝的大城市，山明水秀，气候宜人，经济繁荣，百姓富庶，文化发达，繁花似锦，同时还有江南水乡特有的温润宜人的风情，用她水一般的灵动和圆润养育着子民。此时的武二姑娘虽然才刚刚一岁，但扬州发达的文明在她的潜意识里已留下了烙印。贞观元年（627），武士彟任豫州都督。豫州作为“逐鹿中原”的核心地带，地域辽阔，历史底蕴深厚，文化传统源远流长，每一个街巷和角落似乎都带着与生俱来的庄严使命。在这文明古国的遗风余韵里，沉溺在其中的人们，无不被它的厚重底蕴所感染，此时的武二姑娘才刚刚三岁，但她也自觉不自觉地沾染上了豫州之地厚重的文化风气。贞观二年（628），武士彟到利州任都督，巴蜀之地更是别有一番韵味，那里既有险山怪水，更有奇峰异石，比如李白就有“蜀道之难，难于上青天”的感叹，此外“天府之国”的丰饶富腴，更是滋润着川渝的百姓，也正是在这里，武二姑娘度过了自己最快乐的童年。贞观五年（631），武士彟任荆州都督。荆楚之地，人物浪漫，民风彪悍，而荆州向来享有“鱼米之乡”的盛誉。武士彟就是在这里开启他政治生涯的新篇章，造福百姓。而这时的武二姑娘已经七岁了，开始渐渐明白一些大人的生活道理了。

武士彟平稳的政治生涯，为年幼的武二姑娘提供了良好的成长环境，在物质上虽说算不上是锦衣玉食，可也算得上丰衣足食了，根本不必像穷人家的孩子那样为衣食担忧。在精神上，父亲在各地的任职，也为她提供了广阔的视野，她比同龄孩子有着更为丰富的见识，再加上母亲杨太真的史学教导和佛学熏陶，她的知识体系和成长阅历无疑要比同龄孩子丰富得多。

无忧无虑的童年生活

皇子们的纷争，武士彟早有耳闻。作为尚书令、秦王李世民的下属，他预感到高祖立长子李建成为太子是一个错误，一场争斗在所难免。

俗话说：“将门出虎子。”这对李渊的几个儿子来说再恰当不过了。但比较起来，他们又各有短长。太子李建成酷似父亲，有世家子弟浪荡不羁的作风，但做事犹豫。齐王李元吉是一员虎将，但粗鲁少谋。秦王李世民则勇谋兼备，稳重果敢。在战场之上，他身先士卒，不避矢石之险；对待下属深仁厚泽，善于恩威兼施，一时英才咸集于其旗下。

自高祖太原起兵以来，秦王李世民便独当一面，身经百战，才使高祖能坐拥天下。也正是如此，太子李建成对他心存疑惧，他知道秦王绝不会甘居己下，做一个安享清福的藩王，而且秦王周围的那帮猛将谋士也都不是省油的灯。为了增加自己的实力，李建成一面和齐王结盟，许他“太弟”的承诺；一面拉拢高祖身边的宠姬，让她们在枕边说秦王的坏话。秦王李世民既被太子嫉恨，又时常被高祖指责，心中自然不安。他知道，如果向太子俯首帖耳，终难逃一死，藩王做不成，还要祸及妻儿。况且他英才盖世，岂肯低头！

唐朝虽已经建立八年，但秦王仍没有从马背上下来过安乐日子。武德八年（625），突厥颉利可汗入寇，秦王奉命与李靖等几路大军出击御敌。突厥兵一听到秦王、李靖的大名，便主张与他们结盟退兵。秦王不断立下赫赫战功，这让太子和齐王很是嫉妒，多次想要加害秦王。高祖也昏昧糊涂，时时斥责秦王。武德九年（626）六月初，听说突厥又侵扰边境，太子为了能掌握兵权，便推荐齐王率兵北伐，并密谋在饯行时袭击秦王。秦王妻子的哥哥长孙无忌和手下大将尉迟恭等人劝秦王早定大计，先发制人，秦王心中犹豫不决。

一天，李元吉请求调尉迟恭做自己的先锋，来剪除秦王的羽翼，高祖同意了。尉迟恭和长孙无忌立即告诉秦王，并催促他，要早定计划，否则就会大祸临头：“大王若不早决，祸在眼前了。”但李世民还是顾及手足之情，不忍下手。这时，有人前来告密，说太子他们准备动手，李世民这才最后下定决心，并与房玄龄、杜如晦定下密计。

唐武德九年（626）七月二日，李世民与尉迟恭早早调兵遣将，守住早朝的必经之路——玄武门。太子李建成、齐王李元吉对此毫无察觉，他们把卫兵留在玄武门外，径直入朝，等看到秦王手里拿着箭等着他们的时候，二人已来不及逃避了，李建成被李世民射杀，李元吉也被尉迟恭杀死。之后，尉迟恭等人率兵击败东宫和齐王府卫队，杀死了李建成、李元吉的孩子。

唐高祖看到这种情形，也无可奈何，只能下诏，被迫降下手敕，令各路军都听从秦王指挥，不久便立秦王为太子，下诏：一切军国大事都由太子处理。八月，唐高祖把皇位禅让给太子，自称太上皇。李世民即位，史称“唐太宗”。这一年武则天不到两岁，还懵懂无知。

唐太宗即位后不久，即把外任的唐高祖旧臣召回朝廷，他大概是怕他们对自己发动政变的举动不赞成，在外地会成为致乱的根源。其中都督李孝恭、长史武士彟都在被召之列。武士彟回到长安后，十分拥戴唐太宗，于是贞观二年（628），武士彟就被外放到蜀中任利州（今四川省广元县一带）都督。

在唐初，都督之职是大员身份，许多名将如李靖、李孝恭、王君廓及高祖的诸子侄等都担任过这种职务。在唐初地方机构中，道为第一级，全国共分为十道，道辖诸州，中央派黜陟使或观风俗使分巡各道。但道只是依山河形势划分，并非行政区域，巡行使之官不是常任之官，而是派朝中大臣临时充任。州为第二级，州设刺史；而在重要的州则设都督一职，辖数州的军事及本州政事，地位比刺史高，又是常任之官，因此实为地方重臣。

武士彟在利州任职四年，政绩突出，武则天也在四川度过了四至七岁的童稚年华。一些史籍记载，武则天生于利州。利州有山名“黑龙山”，有水名“黑龙潭”，传说杨氏在梦中与黑龙相交而生下武则天。而这一传说在武则天当皇帝后就已经产生，因此一百多年后李商隐也听说了此事，写下了“感孕金轮所”的诗歌题注。后来南宋冯偵在《登乌龙山》诗中也有“黑龙之精钟女武，祸胎于周易唐王”的句子。其实，古时候的种种谬传，其真意是说明武则天童年的特异而已。武则天在利州生活长达四年之久，其母杨氏又信佛，武则天必定常随母亲到古寺拜佛游玩，因此有关传说与记载也就不是完全的捕风捉影了，按古人的思维模式，反而合情合理。

武则天童年受到了良好的教育，贵为国公的武士彟有条件聘请名师传道授业，出入府邸的文人骚客也很多。何况杨氏自己就是熟读诗书之人，教育两个女儿绰绰有余。今人往往根据宋明理学对女子严格约束，认为封建社会前期的女子一定也是“无才便是德”，不读诗书，只读烈女孝经之类，专攻针黹女红，

长孙皇后

其实不然。隋唐以前的社会风气较为开放，对女子的限制较少，所以官宦人家也都聘请家庭教师教育子女。只是在夫权社会，女子居于闺中，不能抛头露面，才华外露的女子很稀少。南北朝以至隋唐，由于少数民族入主中原，其许多风俗习惯也影响了汉人，其中包括妇女的地位也发生了某些变化。隋唐妇女地位有所提高，像寡妇再嫁、男女爱情都不是大不了的事。这既不同于秦汉，更迥异于后世。因此，女子读书习礼、发挥才能的机会也较多。

正因为如此，唐朝宫廷见于史册的就有像武则天、徐惠、长孙皇后、上官婉儿、太平公主、韦后及安乐公主等一连串的女杰。她们不仅在政治上闻名于世，而且其中一些女子在文化上的建树也有迹可循。如徐惠，史书上说她五个月能言，四岁就通《论语》《诗经》，八岁就会写文章，以贞观二十二年给太宗上“用兵和营建颇有弊扰”的奏疏而闻名于后世；上官婉儿才华卓著，尤善诗文，唐中宗的诏令以及收入《全唐诗》的中宗诗文多出自她的手笔，中宗常引文臣游宴，令诸人赋诗，而上官婉儿则是评判，所下评语令百官悦服；而武则天在入宫后任才人、皇后、太后和皇帝各个阶段，也均有多种诗文见诸于史册，她收入《全唐诗》的诗歌有四十多首，还有政论集《臣轨》《金轮集》《垂拱集》等。由此可见，唐代妇女生活显现出历代无法相比的丰富多彩的局面。

武则天各种才能的习得与童年所受的教育和母亲的熏陶不无关系。唐初的教育，与后世完全为科举而读书不同，既读经史、学诗文书法，还重礼、乐、骑、射等全面的才艺。武则天天性聪颖，性情活泼，淘气顽皮。同时在母亲的影响和教育下，她的书法楷、草兼备，能自成一体，音乐天赋也很高，后来入宫为才人后写下了许多祭祀用的配曲歌词。同时她还是一个淘气顽童，时常让父亲的侍卫教她骑马射箭，这也是她时常穿男孩儿服装的重要原因。

在父亲闲暇时，武则天喜欢坐在父亲的膝上，翻看父亲写的奏疏和保存的诏书文件，也爱摆弄父亲的官服，问一些朝议方面的事。有时还缠着父亲讲他追随高祖、太宗打天下的往事。她最崇拜太宗，在她童年的记忆里，太宗一直是她心中的偶像。她设想了唐太宗的形貌和举止，这一影响又通过她后来入宫侍奉太宗十多年而具体化，形成一个活脱脱的英明君主的形象。后来她辅佐高宗和教育皇子都把太宗作为模范，希望他们父子都能像太宗那样治国爱民、威服四夷。

贞观五年（631），唐太宗下令裁并都督府，利州都督府也在被撤之列。因此，武士彟被调到唐朝四大都督府之一的荆州任都督（治所在今湖北省江陵县），七岁的武则天也随父母、哥哥、姐姐以及在利州出生的妹妹前往荆州。

天有不测风云，武士彟本想在荆州一展宏图，在皇帝的功劳簿上记下重重一笔，可是他留给荆州的，不是皇帝对他造福一方百姓的赞美，而是武家夫人和小姐们撕心裂肺的哭喊。

年少丧父，家道败落

荆州物产丰饶，人才荟萃，比利州的生活环境要好，既利于武士彟养病，也有利于武则天姐妹的教育。不过，武士彟由于哮喘痼疾，身体越来越差。贞观九年（635）五月，从长安传来太上皇李渊去世的消息，这一消息对忠于高祖的武士彟来说无异于雪上加霜。对太上皇的深厚感情，致使他十分悲伤，病情加重，最后吐血而死。那时，武则天年仅十一岁。

武士彟死亡的消息传到长安，唐太宗非常感伤。他了解武士彟的德行才干，稳重实干而无大才。于是唐太宗并没有让他陪葬献陵，只是赠他为礼部尚书，谥号为“定”，还命归葬他到文水，并委派并州大都督李勣监护丧事。

在大唐皇室和大多数重臣心中，武士彟就如一匹老马，已经走到了尽头。大唐还是要照常运转，但这对武家来说就远非这么简单了，武士彟一倒，家里的顶梁柱就垮了，子女们的庇护也就没有了，一家人从官属变成平民。元庆、元爽还可以借着功臣之后的名义托荫授官，但对女儿们来讲，何处又是归宿呢？

带着这些悲伤，杨氏母女随元庆、元爽兄弟扶柩返回原籍文水。他们一路昼行夜宿，走走停停，还要应酬沿途官府的吊丧。这一路凄惨的心境竟与沿途的下层人民找到了沟通之处，震动了武则天的心灵，好奇心淡化了她的悲哀。

贞观九年（635）时，大唐稳定不久，中原的经济还没有恢复到隋朝时的水平，战乱中流徙的农民刚刚回到田畴之上，辛勤耕耘以求温饱，再加上贞观头三年连续大灾荒，所以百姓生活还很艰难。走到山西境内时，沿途有很多乞丐，武则天见有衣衫褴褛的人跪地乞讨，终于忍不住问母亲，以前听父亲说中原很富庶，为什么这里还有乞丐。杨氏回答她，出了州县衙门，都是这样。武则天不解，认为一定是官员们剥削百姓，还说让皇上把他们都杀了。姐姐插嘴问，父亲也是府衙里的人，那是不是也是贪官。武则天立即反驳说不是。杨氏听她们谈起丈夫，不免又伤心得泪如泉涌。武氏姐妹见了，不再争吵，又沉默而行。不过，这一路的所见使武则天眼界大开。之前在官衙里住着，读书骑马，无忧无虑，对贫富之分可以说一无所知。这一路所见所闻所感，印在了她的脑海里。

走了一个多月，武家人才到并州境内。武士彟的葬礼很隆重，但除了朝廷使者和并州文水的官员外，以前京中往来的达官贵戚却没有几个。葬礼之后，李勣也没再露面，州、县官吏们也不再像在荆州时那样趋奉如蝇。杨氏顿时感到了人走茶凉的凄凉。

武士彟去世时，杨氏五十七岁，按照唐代诏令可以再嫁。但杨氏无意改嫁，又为了照顾年幼的武则天姐妹，决定不礼佛而长伴武士彟墓旁，这样选择不知是福还是祸。按照北方的家庭风俗，社会交际、内政人事等事情都是由主妇操持的，杨氏出身于高门贵族，是武士彟的后妻，要按这样的风俗来说，她在武士彟活着的时候，应该是主持武氏家族门户的主妇，然而武士彟死了之后，对着亡夫的前妻之子和武氏亲戚，杨氏在武家又如何自处呢？《旧唐书·武承嗣传》记载：“士彟卒后，兄子惟良、怀运及元爽等，遇杨氏失礼。”《新唐书·武士彟传》记载：“诸子事杨不尽礼，衔之。”可知武士彟死后，他的儿子与侄子都与杨氏之间存在着某些矛盾与冲突。而“失礼”或“不尽礼”究竟指什么呢？史书没说，但按照当时北方家庭的制度和风气看，可能与家人相处不和，甚至与争夺门户的主持权有关。武士彟死后，杨氏无子，承袭当家的应是他与前妻相里氏所生的长子元庆，在这种社会环境和风气下，武氏子弟忽视或蔑视杨氏这位继母，实在是有很大可能性的。

既然武氏兄弟对杨氏已是礼薄，那么对武则天姐妹呢？肯定也是如此，只是武则天姐妹年纪还小，怀着怨恨隐忍不发罢了。杨氏笃信佛教，所以能隐忍，她的这种宗教信仰从小也影响了武则天，后来她能在感业寺耐得住青灯古佛的艰苦生活就是最好的证明。母女对武氏子弟的长期怨恨，对武则天的人格成长，以及与武氏亲属的关系和感情，都有着很大的负面影响，而且后果严重。后来武后和杨氏母女假借各种借口，诬赖这些兄弟并且除掉了他们就是最好的明证。

通过以上可见，武则天在十一岁父亲去世之前，生活在富裕的新贵家庭，蒙受母亲的良好照顾和熏陶，因此具有佛教的宗教信仰和文史的才学根底，她举止优美而又聪明智慧。但是父亲武士彟去世以后，由于亲属关系和家庭环境的骤然巨变，促使她变得早熟而有城府，具有忍辱负重和顽强斗争的特征。正面和负面的人格特征都可能已经潜伏或出现在少年武则天的身上，能否在人格上得到调和，最主要的还是看她青年时期如何面对更大的环境改变，即入宫之后的遭遇和生活。

决定进宫，光耀武氏门楣

唐太宗作为一位旷世明君，以“贞观之治”的绝好成绩，赫然进入历史的光荣榜，为后人称颂不已。不过，既然他的职业是皇帝，那就必然会享有两性关系方面的特权，拥有一个庞大的后宫佳丽团队。这个团队里必然有极多千娇百媚的女孩儿来装点残酷而冰冷的后宫长廊。

时间慢慢地流逝，悄无声息地带走了后宫女人们的明眸青丝。在宫廷的压抑环境中，因为缺少精神的安慰和温情的滋润，女人的青春几乎像昙花一样，转瞬即逝。不过十几年的时间，进宫时活泼可爱的女孩儿就成了沉默的中年女人，再过几年，她们就会呈现衰老憔悴的面貌，不再有任何的明丽可爱。

太宗皇帝是个伟大的男人，也是个有欲望的男人，他需要新鲜美丽的面孔与身体来激发生命的热情。贞观十一年（637），他做出了充实后宫的决定。而就在这时候，武家二姑娘的芳名时不时在太宗皇帝耳边响起。武士彟家的二小姐长相极美，武家的二小姐特别聪明，武家的二小姐为人娴雅贞静……一段时间内，关于武家二姑娘的美丽、出众的话语充溢着李世民的耳朵，这个尚未见面的姑娘，凭借这些语言的描述，在他的脑海里有了一点儿模糊的印象，并勾起他想要进一步了解的向往。他很想见见这位武家二姑娘。

现在已经没有办法知道，是谁在太宗面前夸奖武士彟家的二姑娘，让她的美好为大唐皇帝所知晓，并激起了皇帝的热情宣召将她迎入后宫。据野史记载，改变武二姑娘一生命运的贵人，是太宗身边一位受宠的杨妃，跟武士彟的夫人属于同一个大家族。杨妃原本是弟弟李元吉的正妃，玄武门之变后，她的丈夫、孩子以及全家男女老少全部被李世民杀死，只有她被李世民纳为妃子，无奈地活了下来。作为政治斗争的附属品，不管她愿不愿意，她都必须去努力讨好李世民。她很聪明，讨好的手段也很巧妙，很快赢得了唐太宗李世民的欢心。她给李世民生了一个儿子李明，后来被太宗皇帝立为曹王。长孙皇后逝世后，太宗皇帝想要把她立为皇后。结果，因为魏徵反复劝谏皇帝，说她身份特殊，皇帝只好打消了这个念头。皇帝经常去她的寝宫，她有条件也有能力时常吹吹枕边风，从而让皇帝对武二姑娘怀有无限的期待。

这是“以色侍人者”的极大悲哀，即使不愿意，也必须要向皇帝举荐美貌佳人，来分享有限的床笫分配权。而推荐娘家侄女或者亲戚家的姑娘，往往是基于家族利益的考虑。这方面最有名的例子，是清代的孝庄皇后，为了科尔沁部落，她、她姐姐和她姑姑，三女同嫁一夫，都进入了皇太极的后宫。

皇帝征召武士彟二女儿的命令很快下达了，这件事在武家掀起一阵惊天巨浪。武士彟的夫人杨太真是反应最激烈的一个。这很好理解，虽然唐朝奉行的是一夫多妻制，但是天下没有哪个男人有皇帝的老婆多，他们有时候甚至搞不清楚自己到底有多少个老婆；没有哪个家庭像后宫那样需要经常展开你死我活的战争，目的只不过是为了能承恩一宿；没有哪个女人能够得到丈夫的宠爱，即使得到也将终身面临如何避免被丈夫冷落的巨大难题。毫无疑问，嫁给皇帝是一项风险巨大的事情，后宫的残酷、压抑、凶狠跟地狱差不了多少，那是一个吞噬青春、美貌、幸福、快乐的所在。杨太真当初为了让女儿摆脱两个儿子的欺凌，希望她们能早点儿出嫁，哪怕是嫁到宫里，可当这一天真正来临，她的心情却极度悲伤。她跟二女儿坐在房里，低垂着头，用手揩拭着眼睛，眼泪扑簌簌地往下掉落，打湿了一片衣襟。女儿即将离开，这一去，从此再想见面，真是难于上青天。杨太真想跟女儿说些什么，可是她却一句话都说不出来。门外外人的恭贺声、欢笑声清晰地传进来。武家兄弟在听到这个消息后，对继母和妹妹的态度发生了巨大的转变，他们乐滋滋地跑过来，充当家庭接待人，与外面宣旨的宫人谈笑风生。

武则天也有些难受，不过她并没有哭泣，只是担忧自己走后母亲的生活。作为一个十四岁的女孩儿，面对人生中这么巨大的变化，不可能没有激烈的情绪波动。她对展现在面前的前途未卜的未来，有着深深的惶恐。但是，她一向是个坚强如铁、个性爽朗的姑娘，早在父亲死时就见识了人情冷淡，所以她想要依靠自己的力量，改变目前的生活处境，让那些轻侮、漠视她们的人，重新认识她。

现在的生活并不怎么开心，去宫里也许不会像现在这样度日如年，也有可能获得皇帝的宠幸，过上锦衣玉食的生活。

她努力平静自己的情绪，压抑自己对母亲的依恋，搂住母亲，让母亲不要再哭，并说了一句话：“见天子庸知非福？何儿女悲乎？”

这是对杨太真的安慰。她是一个懂事的女孩儿，不愿意看到肝肠寸断的母亲长久蜷缩在悲伤里，在丧夫以后又感受女儿离别的痛苦，不愿意母亲把女儿的入宫看成是家庭不幸造成的结果，也不愿意让母亲内疚没有能力负担更好的生活。同时，这也是武二姑娘的心里话。她当然知道，即使再怎么哭啼不情愿，也无法改变入宫的事实。与其木着脸，冷着眉，自己找不自在，凄凄惨惨戚戚地离开家门，使“亲者痛，仇者快”，让母亲伤心，让那些轻视侮辱自己的人在背后看笑话，还不如高高兴兴、潇潇洒洒地离开。别了，那些讥讽嘲笑的语言；别了，那些冷不丁的呵斥与责备；别了，那些为买一根线都要在讨厌的人面前站立很久的难堪。宫里再怎么不好，最起码可以白吃白喝白住，而且皇宫当之无愧是全国最富裕的“家庭”。

武则天想，自己这次进宫是至高无上的皇帝亲自宣召，他还派来了马车与众多的宫人，这是多么大的恩宠与尊荣。也许，我进宫后，皇帝会特别喜欢我！她这样想着。她想得没错，皇帝刚开始见到她的时候，就特别喜欢她。

CHAPTER

第二章 2

武氏初入皇宫

初入宫廷的武则天因为自己的美貌与个性，很快便得到了太宗的宠幸，从小小宫女变成了五品才人，从武二姑娘变成了武媚娘，甚至还能时常随奉在太宗左右，有机会和太宗一起宴游，驯服桀骜的宝马。然而皇帝的爱却是一种奢侈品，仅仅十四岁的她还没有极高的禀赋与巧妙的心思来维护这份宠幸，于是很快便受到了冷淡，这一冷淡就是十二年。但从来就不服输的她没有安于现状，而是把目光瞄准到了下一位接班人的身上。

入宫封才人，赐名“武媚”

贞观十一年（637），大唐天子李世民不过三十九岁，却已经当了十一年的皇帝。他经历过反隋战场的洗礼，凭借出类拔萃的军事才能，为大唐的创建立下了汗马功劳。唐朝初定后，李世民被封为秦王，他手下人才济济，一时风头无人能及。在功名日盛的背后，是太子李建成的暗淡与陪衬。随即，太子李建成与齐王李元吉订立“攻守同盟”，与秦王李世民展开了一场殊死争斗。李世民抢先一步，在玄武门发动惊天动地的政变，杀死了自己的同胞兄弟，最终拥有了天下，成为大唐王朝第二位天子。

李世民虽然还不到四十岁，却干了别人十辈子也没干过的事情。他能干、睿智、强悍，一路都是人生竞技场上的胜利者，可在强大的背后，这位帝王也过早地拥有了一份不足为外人知道的暮年心态。血海尸身的战场，兄弟相残的无奈与繁重复杂的政事，让他日渐疲惫，他不得不深叹属于帝王的沉重与艰辛。

正是在这时候，他见到了活泼新鲜的武二姑娘。这个刚进宫的女孩儿，这一年刚刚十四岁。十四岁女孩儿正是处于豆蔻年华的大好时光，她那富有朝气的脸庞，泛着红润的光泽，张扬着大自然赋予的独特魅力，在任何地方，都能迅速地吸引所有人的视线。她那青春健壮的美好身体，曲线分明，显示着发育完好的曼妙女性身段，她的各种动作姿态又是那么自然大方，美丽动人。她那眉眼舒朗多情，真比嘴巴还会说话，一蹙眉，一眨眼，那些还没来得及说出口的话，似乎一股脑全都蹦到了人面前。

李世民从来没有见过这样的女人，她有女孩儿的天真与倔强，也有女人的体贴与多情。太宗皇帝曾经特别尊敬逝去的长孙皇后，皇后大方端庄，为人正统规矩，是母仪天下的楷模；他也曾经喜欢过不少妃子，像徐惠妃。这些妃子温柔听话，很多都熟读诗书，谨守做妃子的本分，她们或有大家闺秀的老成持重，或有小家碧玉的温婉克制。但是，李世民后宫从未有过武二姑娘这样自然娇媚的女人。

皇帝笑眯眯地看着宫廷中的这位新人，为她的魅力所折服，很快就宠幸了她，并且情不自禁地给她起了一个动听的名字——“媚”。皇帝亲自赐名给刚入宫的宫女，这是极大的荣誉，是很多宫人一辈子都无法得到的恩宠。武媚还没有来得及感受这份惊喜与快乐，皇帝又给了她另外一个重大的激励——封她为“才人”。

唐朝后宫制度跟严整的官僚制度一样，有着很分明的等级制度。第一等肯定是皇帝唯一的正牌老婆皇后，皇后下面有四夫人，也就是贵妃、淑妃、德妃、贤妃，四夫人之下有九嫔，九嫔之下又有九位婕妤、九位美人、九位才人，这合起来称为二十七世妇，二十七世妇之下又有二十七位宝林、二十七位御女、二十七位采女，合称八十一御妻。

这一百多位女人是皇帝正儿八经的老婆，其他皇宫中的宫女侍者，只要被皇帝看中，略有一两样颇为中意，想要御幸，自然也很容易。皇宫中的女人大都经过千挑万选，在才识、外貌、德行等各方面都能达到标准化的要求。这些千娇百媚的女人，各有各的精彩，也各有各的无奈。她们进宫后，大多需要从底层慢慢升迁，逮住机会迷住皇帝，承受圣露之恩。若是能得子，才有可能在后宫权力榜上占据一席位置。但是，这样的机会何其渺茫，能被皇帝注视到的女人又何其少。很多女人刚进来的时候，绮年玉貌，怀抱女儿家满腔的旖旎柔情，后来却蹉跎了一年又一年，终其一生，别说能得到皇帝的注目与关怀，甚至连见到皇帝一面，都是遥不可及的事情。所以说，武媚娘是个幸运儿。她不仅得到了皇帝的宠幸，得到了皇帝的赐名，还接受了封赏，成了二十七世妇中的一位才人。

在大唐后宫的殿宇中，刚刚懂得人情世故的武才人不由得有些飘飘然起来。她有青春美貌，有皇帝无意掩饰的偏爱，有不算低的后宫身份。虽然未来并没有许诺她什么，她觉得自己已经行走在光明辉煌的路上了。她想起了自己入宫前对母亲说过的那句话："见天子庸知非福？"是的，谁说见天子不是一种福气呢？她就得到了有生以来最大的赏赐与最多的谄媚。她暗自以为，从此她将扬眉吐气，拥有一份精彩的人生。

但是，她只猜到了开头，并没有猜到结局。皇帝的爱是种奢侈品，需要很高的禀赋与技能才能承担，还需要很巧妙的心思与技巧才能维护。她还是个小姑娘，虽然早熟，却没有年龄与阅历作为根基，有些事情还没有办法精通。她很快就将接受过分自信带来的伤害，将要看清所谓的天子之爱是多么虚无缥缈。因为，皇帝突然对她冷淡了起来，这一冷淡就是十二年。

成为太宗的贴身侍女

在宫里一待就是几年，这几年让武则天很憋屈。她天性无拘无束，而宫中的生活循规蹈矩，气氛沉闷。所以她初来宫中的新鲜劲儿很快就过去了，渐渐开始感到压抑。她开始后悔进宫，但这种心思无处倾诉。

这几年中，武则天的诗文书法都有进步，还学习了算学等新的技艺，骑射的本领也有所提高。武则天已开始适应她的职司了。她对宴请朝廷命妇的各种礼节已相当熟练，宴乐的组织也天衣无缝。她撰写的歌词古朴典雅，配合宫廷乐曲，演唱起来酣畅淋漓。每年宫里的各种祭祀活动，她都了如指掌。

大唐歌舞

一天，唐太宗下朝

还宫，想到御花园去散散心，一群内侍前呼后拥向御花园走去。转过一座假山，大家忽然听到浓荫中隐约有吟咏的声音。太宗很好奇是谁在吟唱，侍者忙要去看个究竟，但太宗又拦住侍者，不让打扰，先听听看，他们渐渐走近，只听见："节彼南山，维石岩岩。赫赫师尹，民具尔瞻。……家父作诵，以究王讻。式讹尔心，以畜万邦。"太宗听完，立即让把吟诵的人带来，一会儿一个宫女就被带到驾前。太宗一瞧便乐了："武媚娘，是你！"武媚娘禀道："皇上，恕臣妾大胆惊扰圣听。"太宗问道："爱卿在诵读什么呢？""臣妾因要做宴乐歌词，一时才竭词穷，于是在此僻静处吟诵《诗经》，吸取灵感。""你刚才所吟诵的可是《节南山》？""是。""《节南山》是嘲讽周王不善用人，以至于尹氏滥用权力，百姓困苦。武才人是想把它引入朕的宫廷，让乐女传唱吗？"武则天一听，心内惊恐，但她还是镇定地答道："臣妾不敢这么大胆，只是臣妾喜欢诵读《诗经》，并无他意。"太宗见武媚娘花容失色，不觉笑道："朕不过故意试试你的胆量而已，没想到武才人也会怕朕。"武媚娘的心还在跳，说道："皇上威仪，臣妾不敢不怕。"太宗忍不住大笑起来，还问了她关于"昊天不佣""昊天不惠"的原因，武媚娘也都一一作答。

这是武则天第二次面对面与皇上交谈，但直视他还是第一次。皇上魁梧高大，沉思之中透着威严，但他一旦笑起来，又温文儒雅，亲切和蔼。同时太宗也被武则天的镇定沉着、博闻强识所打动，便顿了顿说道："武才人今后就在朕身边侍候笔墨吧！"内侍们和武才人都领旨："遵旨！"

从处理宫中杂务到侍候在皇帝书房，她的职务发生了很大的变化。在宫中，完全是女人之间打交道，这些女人的一切争斗无非集中在一个人身上，就是皇帝。而皇帝的书房，是后宫与外界相连的地方，也是皇上与大臣们私下接触之地。在这里，虽然还是侍女的工作，整理皇上的案牍，但能够听到君臣之间对国家大事的决策，这让她感觉很新奇。

武则天的生活领域虽然仍在后宫，但毕竟接触到了一个与后宫截然不同的新天地——男人们的世界，这个世界中的君臣之道、官吏任免封赏、赈灾收赋、边境战事、四夷策略、罪行处罚等都让她听得津津有味。与她共同陪在皇帝身旁的还有一位徐才人，徐才人就不清闲了，这个娇小美人掌管着皇上的笔墨绢砚，指挥女史奉茶侍饮，安置皇上朝罢小憩，有时还要陪皇上写诗作赋。

一日，太宗中途辍朝，怒气冲冲，像老虎般冲进两仪殿，还让内侍宣岑文本、魏徵进殿。武、徐两才人忙奉上茶饮，给皇上请安，皇上也不理睬，听到宣召大臣的旨意，武、徐两人便屈身而退。只听岑文本、魏徵进殿，太宗怒气不减道："有人弹劾侯君集、薛万均在高昌私自占有珠宝，凌辱他国女子，不约束将士，丢我国的脸，也没把朕放在眼里。朕下诏处置，你们却要谏阻，这不是无视法度、纵容罪戾吗？你们不是多次谏劝朕要赏罚分明吗？这次为何却让朕法外施恩呢？"

武媚娘明白了太宗发怒的原委，只听岑文本说："皇上，高昌王昏庸无道，陛下令侯君集前去讨伐，不久便得胜了，凯旋以后，所有将帅都应得到重赏。侯君集和薛万均的做法，不过是领取自己该得到的，皇上如果惩罚他们，只怕百姓会以为皇上是卸磨杀驴，忘却功臣。"武媚娘听到这儿，暗骂岑文本胡言乱语。又听他继续道："古今的将士没有不犯过错的，但是使他们智勇还是愚蠢，全靠您对将士的任用方法了。"武媚娘发现原来还有这层道理。岑文本又道："陛下今日应该淡化他的过失，褒扬他的得胜之处，如果您能屈法加恩，那么侯君集等人一定会更加奋勇。"武媚娘内心道："有道理，不过如此一来，岂不扰乱法度？"太宗怒气稍微缓和，说自己没有忘记侯君集曾经的种种功劳，但他仗着自己的功劳，就藐视法律，这绝对不能宽容，还说要让他和高昌妇女对质，让他知道自己的过错。武媚娘感觉到皇上开始缓和了。这时，只听魏徵说话了："我听说君主以礼相待大臣，大臣才会以忠侍奉君主。现在您让大将军和亡国妇女相对质，有损国家威严，如果事情是真的，不仅侯君集会蒙羞，您也会被耻笑啊！昔日秦穆王给偷马的人喝水，楚庄王赦免调戏自己妃子的大臣，现在您的道德比尧舜还要高，难道还不如那两个国君吗？"武媚娘听了心里笑道："魏徵这话既吹捧了皇上，又指出了皇上的短处，使皇上进退两难。"最后皇上自己下台阶道："既然你们这样说，那就赦免其罪。但要降职调用，否则如何示人以法呢？"

武媚娘在皇上身边，逐渐对国家大事了如指掌。她渐渐体会到，两仪殿是个好地方。一些不便于在朝堂解决的事，在这里却能得到很好的解决。这种“听政”使武则天受益匪浅。她体会了唐太宗与大臣们对形势的判断力，以及他们的处事态度、丰厚的知识和雄辩的口才。她也学到了他对“四夷”恩威并施的策略，对文臣武将区别对待的权变。她佩服太宗的各种品格：沉着机智，知人善任，疾恶如仇，虚心纳谏。她不时会情不自禁地复述他们的观点，并暗加品评，她恨不得立即加入他们的行列。

驯狮子骢，彰显个性

进入宫中，得到皇帝的宠幸是很多人的梦想，当时身为才人的武媚娘也不例外，不过，不知道是什么缘故，她始终没有得到太宗皇帝的宠爱。她自己也为此苦恼不已，有一天，太宗皇帝来她宫里休息，看着眼前的女子，太宗皇帝目露怜爱之色，说道：“朕冷落才人了吧？”武媚娘看着皇上温柔的目光，说道：“陛下每天都日理万机，臣妾能尽心侍奉陛下，已经很心满意足了。”太宗说：“朕太累了。可见真如魏爱卿所说，得天下容易，治理天下难。亏得有这些忠心的臣子，朕才能稍微休息，松一口气。”武媚娘听了皇帝的话，竟然脱口而出道：“人臣之于君，如同四肢之载元首，耳目之为心使。相须而后成体，想得而后成用。皇上日夜操劳，这是天下万民的福祉，而大臣尽心尽力为陛下办事，是在尽他们的本分。况且皇上善于用人，唯才是举，所以，臣子才能同其休戚。以前，周武有治国良臣十人，君臣同心同德，所以，周武兴盛。”听了武媚娘的话，太宗温柔的目光也变得惊奇起来，最后又转为赞许。不过，武则天也很聪明地住了嘴。太宗皇帝一看，武媚娘不说话，奇怪地问她：“怎么不说了，朕喜欢听，朕非常高兴，为什么在朕的时代，朝廷有这么多俊才呢？”武媚娘并没有顺着皇帝的话说下去，随后，武媚娘对太宗回忆起她父亲的往事。那之后，太宗皇帝在笔墨纸砚之间，或在休息时，经常与武才人交谈，在闲谈的同时，也试探其才思胆略，日子就这样一天天过去了，武媚娘也一直以才人的身份侍奉左右。

其实，唐太宗并不是一个能抗拒美色的人，他认为君王好色并没有什么过错，关键是不能像隋炀帝那样一直沉湎于美色，唐太宗是一位志存高远的皇帝，他认为应该把主要精力放在治理天下上，要让唐朝天下永续不衰。他喜欢美色，不过是把美人温柔的胸膛当成摆脱朝政、让自己休息的港湾。唐太宗自己刚强过人，却喜欢温柔如水的女子，所以，对精力旺盛的女子有一种本能的抗拒。他也喜欢和自己爱的女人谈论朝政，长孙皇后在的时候，就是如此。不过，多年的夫妻，皇后很了解唐太宗，所以，每次都是避而不谈，并以自己的温柔化解其刚强，除了少数几次的劝谏之外。宫中凡是受到宠幸的宫人，多半都知道太宗的这一点。显然，武则天并不了解太宗皇帝的这一面，所以，一直没有得到太宗皇帝的宠爱。

一天，太宗皇帝下朝，非常高兴，对武媚娘说："朕好长时间没有骑过马了。"武才人说："皇上，不需要骑马也是一件让人高兴的事情。"太宗一愣，随后便明白了其话里的意思，于是他说："居安思危，即使现在天下太平，朕也不能马放南山、刀兵入库，况且，很长时间没有骑马，憋得慌。听说爱卿善骑，就陪朕驰骋一番如何？"武则天自然得遵旨。

太宗一行人前呼后拥到马厩，管事的太监跪地迎接，太宗问道："可有新到的马匹？"太监答道："回陛下，有一批吐蕃新进不久的千里马，都已经驯服了，只有一匹'狮子骢'还没有被驯服。"太宗说道："牵来让朕瞧瞧。"太监答道："陛下，这匹马野性难驯，恐怕会惊扰了圣驾。"

太宗一听这话，更加感兴趣了，于是说道："但牵无妨。"太监听从旨意，迅速牵来一匹高头大马，几名驯马太监护在周围，深怕惊扰了皇上。太宗一看这匹马，只见它高昂着头颅，四蹄不停在地上踢踏，这样看来，确实是一匹桀骜不驯的马，于是说道："此马是真龙驹也，如果能驯服，必定是一匹千里马。"于是对身边的太监说："如果谁能驯服这匹马，赏银百两，绢绣十匹。"周边的人没人敢应承此事，这时，武媚娘说道：“陛下，臣妾斗胆想试一下。”

太宗皇帝看着武才人，只觉得她是口出狂言，于是，朗声问道：“才人能行吗？你能有什么办法呢？说出来让朕听听，朕马上让太监按照你说的办法来驯。”

武媚娘听后说道：“那就请陛下赐我三样东西，鞭子、铁锤和匕首。”太宗有些不理解，笑问道：“需要这些东西干吗？”武媚娘答道：“我先用鞭子抽它，如果它还不服，再用铁锤打它的头，如果它还是不服的话，我就用匕首割它的喉咙。”太宗听后，哈哈大笑起来：“如果按照你说的方法来做，这匹好马不是就被你刺死了吗？”笑着笑着，突然心生不快，心想：这小女子还有如此残酷的一面。又想：不过小女子的戏言而已，因此也就没有多想。虽然没多想，但是也把这事放在了心里，此事过后也就不了了之了。从武媚娘的话语中不难看出，她是一个心狠手辣的角色，这也是她之所以能登上帝位的一个重要原因。

太白之妖，差点儿酿成大祸

贞观二十二年（648）七月，唐朝都城长安半空出现了太白星，这引起了朝野和百姓的不安，人们都开始议论纷纷。太白星出现，自古以来，就被看作是改朝换代和更换天子的预兆。比如说武德九年（626）六月，太白星出现，秦王李世民也就是现在的太宗皇帝就发动了“玄武门之变”，杀死太子李建成和齐王李元吉，后来在七八月太白星再次出现，李渊惶恐不安，便把皇位传给了李世民。这次太白星又出现了，而此时唐太宗正抱病，让天竺方士帮他炼制长生不老之药，所以朝廷上下都惶恐不安。

太宗听到这些谣言，略微也感到不安，于是便把太史找来，来解释太白星出现的原因。于是太史便开始卜筮，一阵祷辞推算之后，便对卧病在床的李世民说：“卦辞已出，请陛下过目。”李世民接过来，翻来覆去看了好几遍，也没看明白，于是

玄武门之变

便生气地把纸片抛开，怒气冲冲地说：“这些卦辞，朕完全看不懂，你说给朕听。”“臣不敢说。”太史怯懦地回答。太宗感到很惊愕，便命令他：“说吧！朕赦你无罪。”“卦象显示是‘女主昌’的征兆。”太史说完，便匍匐在地，战战兢兢地等着太宗发话。太宗猛然从床上坐起来，问太史：“能不能推算出‘女主’是谁？”太史哆哆嗦嗦地回答道：“臣不能推算出来，不过太史令李淳风精通星相学，他也许可以。”“李淳风和朕告假去了巴蜀，朕即刻召他回来，你先退下吧！另外，今天的事情不能透露出去半个字。”“臣知道了。”李世民打发走太史，便开始思索，可能是哪个女人在觊觎着他的江山，但他没有得到答案。

过了几天，褚遂良拿了一本从外边小摊上买来的《秘记》给唐太宗看，他指出其中的一段给太宗看，只见上边写着：“唐三世之后，女主武王代有天下。”褚遂良接着对太宗说：“听说这个传言在民间已经广泛流行了，必须要彻查此事了。”李世民心神不宁地点了点头，然后又对褚遂良说：“此事先暂且搁置一下，等李淳风从巴蜀回来，推算了再说。另外，你可派人在民间细细观察，看能不能找出那个‘代有天下’的人。”褚遂良回答道：“臣知道了，陛下不要太过担忧，注意保重身体。”说完便退下了。

又过了几天，太宗便在宫中召开盛大的宴会，请武将们喝酒，他还让大家行酒令助兴，并且要用各自的小名，作酒令诗的题目。各位武将的大名都叫得很响，可小名却千奇百怪。轮到左武卫将军、北宣武门的宿卫官李君羡的时候，他毫无顾忌地说出了自己娇媚十足的小名——五娘。全场哄堂大笑，在群臣们捂着肚子，摸着胡子，指着李君羡，乐得忘记礼仪之时，太宗震惊了。李君羡以为自己调节了宴会的气氛，给大家带来了欢乐，却没有看到唐太宗惊愕无比的表情。太宗心里泛起了波澜，“五娘，五娘，武将女人”，强自镇定，只是微笑地看着他。宴席过后，太宗立刻派人调来李君羡的资料，更凑巧的是，李君羡是洛州武安人，封武连县公，连带两个“武”字，再加上他的小名“五娘”，李世民在心中暗暗给他判了死罪。

不久，李君羡做了华州刺史，有个“大师”骗他说人不吃不喝，也能活很多天，这个骗子懂得一点儿佛法，说起道理来头头是道，李君羡深信“大师”的话，很快成了他的信徒，跟他密谈了几次。一位御史启奏皇帝，认为李君羡与妖人勾结，有不轨之心。唐太宗正逮不到机会杀李君羡，遇到这件事，便借这事正好找到借口，就杀了他，灭了他满门老小。

李世民杀了李君羡以后，并没有安心，又暗中询问太史令李淳风：“民间所说的那些传言，是真的吗？”李淳风是当时有名气的卜卦大师，虽然他的那些特异功能并不真实，但是他的见识还是超出一般人的。到皇帝问这件事时，知道那个传说是天子的心头大患。又想到李君羡一家老小因为这个传说已经丢了性命的悲惨遭遇，他不想再为此葬送更多人的性命，于是便回答：“这个人三十年后才会兴风作浪，也许三十年后，那人年龄大了，或者生出慈悲心，不再犯下严重的罪过。假如陛下您把这人杀了，天威难测，也许老天会生出更凶残的人，把陛下的子孙全都除尽，那就更可怕了。”就这样，李淳风打消了皇帝大肆杀戮的计划。

这个故事载于史书中，究竟是真有其事，还是只是史官的穿凿附会，已经无从得知，不过可以肯定的是，英明的李世民确实因为极小的问题就杀死了李君羡。

被冷落的十二春

“人生若只如初见，何事秋风悲画扇？”这句话道尽了情随事迁的无奈与辛酸。武媚娘没有班婕妤那样绝世的才华，不能像她那样做一首《怨歌行》，抒发自己被冷淡的命运。但是，她应该读过汉朝女子在诗歌里写下的这个比喻：画扇在夏天能送来凉爽的清风，主人对其爱不释手，朝夕随带在身侧；可是到了秋天，天气已经有飒飒之意，主人不再需要画扇，就会把它无情地丢弃在某个角落。

武才人在被冷淡的日子里，也会时常想起当初的美好时光。那时候，皇帝经常用爱恋的目光追随着她的一举一动。可是现在，皇帝在她面前却是凛然、严肃而神圣的，这种有意的疏远与距离让武媚娘觉得非常惶恐，可是她丝毫没有办法。从前，皇帝喜欢她，她就是宫里炙手可热的红人；现在，皇帝忘记她，她就成了一个可怜的弃妇。

不管是当时的人，还是后来的人，都曾经反反复复寻找，唐太宗李世民抛弃曾经一度迷恋的武媚娘的原因，经过多方考证、推理与研究，终于，绝大多数人都赞同一个观点，那就是武媚娘跟李世民之间最大的问题是性格不合。人跟人能长久相处，彼此的性格起着至关重要的作用。

李世民最初对武才人有一股新鲜劲儿，等日子一长，相处的时间一多，他对她的疲乏与厌倦就不可遏制地滋生出来。男人喜欢的女人往往固定在一种类型，哪怕他贵为天子，也不例外。李世民喜欢聪明温柔和贤惠懂事的女子。

武才人的青春朝气确实让他乍一接触，惊为天人，喜欢得不得了，但是对一代明君来说，后宫不过是个栖息的港湾，是他修养身心的所在。他对武才人的宠爱，归根结底，还要落实到普普通通的日常生活中。正是在这种生活中，武才人展示了自己天性里的大胆、逞强和破坏力，而这也断送了皇帝对她的想象与宠爱。

有个著名的故事，故事的讲述者恰恰是武才人自己，不过，那时候，武才人已经成为大唐王朝的实际主宰。她为了压制大臣，讲了自己年轻时在先帝面前，试图进行“血腥驯马法”的事情。

武则天当政时，大臣吉顼很有才干，有些自以为是，时常看不起武家的人。

虽然武家的人确实也愚懦，但武则天像其他女人一样，对娘家人有着一份特殊的眷顾。这样一来，因为对武家人的态度问题，吉顼与武则天爆发了一场不小的风波。

有一次，吉顼与武懿宗在武则天面前争功。吉顼风度潇洒，样貌不凡，口才又好，是个辩论高手。而对手武懿宗矮小萎顿，形象气质很差，与人争辩的时候，还会结巴。因为吉顼平常就对武家人有些不屑，这次逮到机会，更是要"痛打落水狗"，他盯着武懿宗，气势猛，嗓门亮，说出来的话像滔滔黄河水，瞬间就把武懿宗吞噬了，使得对方彻底淹没在他词语的海洋里。看到武懿宗被打击成这样，武则天特别不高兴，她说："吉顼在朕面前，尚且敢轻视我们姓武的人，那以后，遇到困难，碰到麻烦，还能指望他帮衬我们吗？"她心里有了一个结，准备让吉顼知道自己的厉害。

没几天，吉顼到武则天面前禀报事情，正准备引古论今、旁征博引，武则天生气地打断了他，大声说："你说的话，我都知道，你就不用再空费口舌了。想当年，太宗有一匹名马，叫作'狮子骢'，野性十足，没有人能驯服。我当时在太宗旁边侍奉，就跟皇帝说自己能制服它，但是需要三样东西：铁鞭、铁锤、匕首。我先是用铁鞭击打它的背，如果不服，那就用铁锤使劲儿锤它的身子，如果还是不服，干脆就用匕首割断它的喉咙，把它杀了，一了百了。太宗皇帝听了我的话，很欣赏我的志气。今天你吉顼也想用血来祭朕的匕首吗？"听了这一席话，吉顼心中无比惊恐，脸上的汗珠不停地往下掉，整个人吓得失魂落魄，只会在地上反复磕头请求饶命。

武则天有没有降服名马，已经无法查证，但是武则天绝对震慑了曾神气活现的吉顼，她残酷的驯马方式实在令人恐惧，一共只有三招，先是击打，再是重锤，最后割喉，一招比一招狠毒，但如果还是不听话，不能为我所用，干脆一刀杀死，彻底了结。吉顼不笨，他听了武则天的"驯马术"，知道武则天的潜台词：对你，我都懒得用三招，你再犟着脖子，在我面前摆谱，我就给你来个一剑封喉。吉顼看着器宇轩昂，实际上跟其他人一样惜命，所以才拜倒磕头，捡回一条命。然而从这件事可以大致知道武则天的个性，并能从侧面反映出太宗疏远她的真正原因。在武则天看来，太宗皇帝对她的驯马方式有嘉许之意，所以才赞她胆气足，心计多。可实际上，李世民并不喜欢这种决绝刚烈的女人。

这匹马是吐蕃进贡给唐太宗的，名贵无比，原本应该好好调教，慢慢驯服。但武媚娘的主张是：不能为我所用，留着也是祸患，还不如彻底毁灭。从这件事，唐太宗看到了武才人的个性与处事方式，超出了他的一般经验。皇帝在震惊之余，开始在心里不自觉地疏远这个年轻的女人。

武才人怎么也没有想到，自己的强硬刚毅，撞上了太宗皇帝的刚烈雄健，埋下了十二年痛苦的根源。剖析武才人的这场大胆表现，其最初的企图还是为了讨好皇帝。她知道唐太宗是从马上取得了天下，有无与伦比的军事才能与慷慨激昂的英雄气概，她以为皇帝会欣赏她这种懂智谋、胆子大的女人，所以才在众人面前表现自己出众的智慧和豪气，希望博得皇帝的青睐。然而，武媚娘还是太年轻了，唐太宗并不喜欢这样的女人。

在唐太宗手里，武媚娘不可能有春天。唐太宗自己强悍勇猛，果敢坚毅，凭着一身本领创下了万世基业，用壮实的肩膀扛起了大唐江山。在朝堂之上，他是具备大格局、大眼光、大境界的国之领袖。然而，在劳烦了许多精力，忍受了无数琐屑，回到后宫后，他渴望的是一个善解人意、温婉动人的女人，能像淙淙流动的溪水那样滋润他。这样的女人懂事、周全，她们熟悉进退应对之道，不给对方造成压力与麻烦，比如长孙皇后、徐妃。她们虽也曾劝谏过太宗皇帝，但她们的劝谏，在太宗那里，是她们识大体、顾大局的绝佳体现，是在温柔如水性格以外的丰富与可爱，这比武才人的“血腥驯马术”不知道高明多少倍。武媚娘不懂得这一点，不过即使懂了，也没有办法改变。她太过有主见，又精力充足，见识不凡，所以对人对事有自己独立的判断和看法，也有自己应对的一套手段。

武媚娘外媚内刚，还特别着重实用主义。唐太宗与她相处久了，就发现武才人虽然外表媚人，明艳光彩，实际内里却很有几分功利主义，甚至有点儿偏执乖僻。她制服汗血宝马的方法虽然刻意求新求奇，但也暴露了她目的性太强的性格特征。这固然与她天生好强，不甘于人后的个性有关，但更多的也是受家庭环境的影响。父亲武士彟当年本就是一个善于投机的商人，后来由商业领域转入政治领域。父亲虽然在她十一岁就去世了，但是其做事情的眼光与取舍，对功利的执着追求，对她有着至关重要的影响。她身上也继承了父亲的商业血脉。

除了上面两方面的因素以外，武媚娘还是一个并不特别遵守妇制，对传统、规矩之类的东西不固守的女人。幼时，她没有像别的女人那样深居闺中，而是随父亲走南闯北，任意张扬自己的个性。这倒不是说她敢在皇宫胆大妄为，而是说有时候，她说话办事其实已经逾越规矩，而她自己却浑然不觉。

这时候的武媚娘还属于青春少女，她不知道适当地隐藏自己的主张，柔婉地引导别人在某些时候更能产生理想的效果。她也不知道，女人有时候装一装“傻”，反而更能在男人那里吃得开。武才人确切知道的是，自己不再受皇帝宠爱。这让这位好胜的女人感觉十分痛苦。在掖廷宫，无数个深夜，她睁大眼睛无声地哭泣。她并不在乎对她态度骤然改变的宫女太监，她也不在意比以前差得多的饮食服饰。她在意的是自己逝去的锦瑟年华。无数个日子，她暗自祈祷皇帝能突然再次召唤她，让她冰冷的日子生出一点儿希望。可是，希望一次又一次破灭了。后宫好像深不见底的枯井，武才人在无尽的黑暗里，沉痛压抑，好像无力控制的落井人，将要坠落到底层的深渊里。

她想起自己进宫前母亲的哀伤与痛苦，想起自己当时带着骄傲，怀着满腔期待与壮志进入大唐后宫，可是现在呢？难道自己就这样消沉下去吗？不，倔强的武才人摇摇头，她想扯开身体内潜伏的另一个萎靡的自己，她的性格不容许自己轻易放弃。于是，她开始改造自己。

转投太子的怀抱

贞观二十年（646），太子二十三岁，三月初九这一天，唐太宗突然病重，太子李治从这一天开始处理国家大事。

李治是唐太宗与长孙皇后的小儿子，他性格安静内向，温和礼貌，不喜欢与人争斗，所以在皇帝的几个儿子中很不起眼，也很少引起皇帝和大臣的注意。九岁时，母亲长孙皇后去世，他悲痛万分，扶棺大哭，可能是他的赤诚打动了太宗，于是太宗决定把他留在宫中交给薛婕妤抚养。后来前太子李承乾因为行事荒唐后又参与反叛所以被废，以长孙无忌为代表的一派大臣看到李治仁厚孝顺、性格温和而又容易控制，力主立李治为太子，太宗一向都很听从长孙无忌的建议，所以最后决定立李治为太子。

长孙无忌

太子每隔一天都要上朝听政，下朝以后一定会去太宗寝宫问安侍候，李治的孝顺让太宗十分欣慰，于是就派人在自己的行宫旁边，给太子修筑了寝宫。贞观二十一年（647）四月，太宗修筑翠微宫，为太子在旁边建构了喜安殿。贞观二十二年（648）七月，太宗为了避暑，在凤凰谷建造了玉华宫，为太子在玉华宫正门东边建造了晖和殿。

太子侍奉太宗，一定会和太宗

旁边的人打交道。在唐太宗身边的侍妾中，武媚娘娇媚万分，光彩夺目，自然就引起了李治的注意。这一年，武媚娘二十五岁，比李治大四岁。她活泼轻盈的动作、白皙娇嫩的皮肤、窈窕多姿的身段、脉脉含情的眼神、温婉柔和的性格无不吸引着李治。

对于武媚娘来说，十二年太宗皇帝的不闻不问，让她几乎丧失了对生活的希望，正在她感到绝望万分的时候，却遇见了这位未来的天子，她心中覆灭的死灰又重新燃烧起来了。她是个进取心和好胜心极强的人，太宗日益病重，让她对自己的将来归宿有着无限的迷茫。而遇到太子，在太子眼中所闪过的奇异火花，这让她有了一些模糊的目标，她绝对不能让这个千载难逢的机会在自己眼皮子底下白白丧失。于是，武才人开始重新收拾妆容，打起精神，为自己的未来展开新的拼搏。太子李治发现，父皇身边的这位美丽女人，不仅长得娇媚万分，还十分体贴干练，她能理解自己奔波于朝堂与父亲病床之间的疲惫与无奈，能把大小事情安排得井井有条，省去自己很多的辛劳。终于有一天，他发现这个美丽的女人已经在自己的心里占据着重要的位置了，自己已经悄悄地喜欢上这个女人了。但生来胆小怕事的他不敢在父亲的病榻前有所逾越，只能暗暗享受着这份恋爱的滋味。

一个是有意靠拢，一个是被深深吸引。两人的关系越走越近，通过武则天的一首《如意娘》便可以看出来。诗曰："看朱成碧思纷纷，憔悴支离为忆君。不信比来常下泪，开箱验取石榴裙。"首句"看朱成碧思纷纷"一来明写主人公相思过度，以至于魂不守舍，恍惚迷离中竟把红色看成绿色。二来暗指美好春光的流逝，眼见花红褪尽，枝头只剩下绿叶。三来借喻自己只身独处，花红绿叶不能相扶；又喻自己红颜薄命，由昔日欢聚的幸福坠入今日冰冷的相思之苦。"憔悴支离为忆君"一句直抒胸臆。从外表写入内心，写出了思妇的瘦弱不支和心力交瘁。接下来，笔锋一转，"不信比来常下泪，开箱验取石榴裙"意为如果你不相信我近来因思念你而流泪，那就开箱看看我石榴裙上的斑斑泪痕吧！执着、决然、不掩饰、不造作的独特形象便跃然纸上。

俗话说，“英雄难过美人关”，很快李治就跌入了这位美人所编织的美丽陷阱里，他尽情地享受着武才人的温柔旖旎和无限情意。虽然他们暗送秋波、郎情妾意、两相缱绻，但他们一个是皇帝的妃子，一个是皇帝的儿子，彼此之间有着一条难以跨越的鸿沟。太子李治在这一过程中是挣扎和纠结的，他一向恭顺听话，从来没有做过这么惊世骇俗的事情。武媚娘的感受则完全不同。对于她来说，李治是她在濒临死亡之际抓住的一根救命稻草，他能帮她摆脱灰暗苦涩的生活，能使她的生活重获光辉，所以她比太子要更用心。

今日的太子便是明日的天子，是大唐王朝的主人。如果能讨得他的欢心，自己就能重新站稳脚跟，最初进宫的那句豪言壮语就不是一句空话了，自己的未来才会有依靠。所以，武媚娘在这场恋爱里确实动了不少心思，要了不少手段，并没有那么单纯天真。她知道太子文静内向，喜欢文艺作品，她巧妙地投其所好，施展自己从前所学的几种本领，书法、诗歌都曾获得过太子的赞赏。她知道太子九岁丧母，缺少母爱，便以大他几岁的优势，给他无微不至的关怀。虽然她现在是在服侍病榻前的太宗，但她并没有忘记在一颦一笑和举手投足之间给太子留下无限美好的遐想空间。甚至，看似漫不经心的动作，却是她有意为之的结果；看似不加任何雕饰的妆容，却是她花费几个小时的结果。

她借助曾经从商的父亲的眼光，看出这个年轻人会成为自己的救命稻草，自己一定会利用眼前的这个人来翻身，实现最初的目标。她相信，那一天不会太远。武媚娘满以为自己的投资一定会有胜算，自己也一定会咸鱼翻生。可却在这场并不单纯的只有爱的投资过程中，昏了头脑，她小看了大唐的种种律条，更是低估了她和李治之间难以逾越的伦理鸿沟。

CHAPTER

第三章

进入感业寺潜心待机 3

随着太宗的去世，武媚娘和众多没有子嗣的嫔妃一样，削发为尼。进入感业寺的她过着青灯古佛、清心寡欲的艰苦生活，忍受着感业寺的风霜雪雨。在这枯燥的生活中，唯一能给她安慰的是自己与李治当年情投意合的场景，她希望他能解救自己。终于在太宗周年忌日这一日，李治到感业寺进香时，二人得以重逢，机敏的武媚娘牢牢抓住了这一宝贵机会，施展起自己的智慧与美貌，唤回了李治对自己的真情。而此时在皇宫中的王皇后也正急于压制嚣张的萧淑妃，于是武媚娘变成了最好的棋子，终于在李治和王皇后的安排下，武媚娘得以重返皇宫。

入感业寺，削发为尼

贞观二十三年（649）五月二十六日，唐太宗李世民在翠微宫含风殿驾崩，年仅五十二岁。像所有朝代一样，政府把第一领导人的逝世看作一件机密大事，都得运用四字方针“秘不发丧”，以免国家发生很大的动荡。

太宗驾崩时李治在身边服侍，而长孙无忌为了避免节外生枝，特意派遣一支精兵强将作为保镖小分队，提前护送皇太子回到长安，使其顺利登基。同年八月二十八日，李治追封李世民为文皇帝，庙号太宗，葬于昭陵（在今陕西礼泉东北），和长孙皇后合葬。

李世民去世时不过五十出头，可谓是英年早逝。虽然他生前饱受风疾之苦，但并没有迹象表明那场病会要了这位强悍君主的命。实际上，李世民的死与他在永徽元年（645）所领导的“高丽之战”有关。据高丽历史记载，靺鞨人作为高丽人的强劲联盟，也参与了战争。靺鞨人凶狠狡猾，不正大光明地在战场取胜，却像武侠小说中的邪魔，在箭头涂上毒药，射中了唐太宗。这种毒药会留下可怕的后遗症，让人数年后发作而亡。

太宗自“高丽之战”以后，精力日渐衰减，以致连基本的日常工作都没法完成。他大半辈子勤勉上进，晚年的时候，却工作量骤减，甚至连上朝时间都压缩到“三日一朝”。五十岁的人，身体糟糕到了如此地步，确实大有蹊跷。不管怎么样，唐太宗的驾崩意味着太子要担负起统治唐朝的使命。六月一日，太子李治正式在太极殿即位。伴随着唐太宗的死，武才人也面临着如何安置后半生的问题。按北朝以来的惯例，先帝妃嫔生有子女的，都会出宫依靠子女；没有子女的先帝嫔妃会被安排进寺观为尼姑或女道士，或者被安排进先帝别庙安享余年。

太极宫里没有子女的武才人心急如焚，无可奈何地等待着上天安排给她的命运。其实，唐王朝初建时，两任皇帝曾经对下层宫女有过两次特别大的恩惠政策，即唐高祖与唐太宗曾经分别下诏让宫女们出宫，自行婚配。这两次法外施恩，各自放走了三千位宫女。而那些没有被放走的女人就会在宫中萧瑟寂寞的夜晚，感叹无尽的凄凉。

还有些妃子，在皇帝驾崩以后，一则深念故去丈夫的恩宠，二则害怕未来的人生图景，竟心甘情愿跟着共死。如徐妃，她本来跟武媚娘一样是个才人，颇有才华，因为上书给皇帝，大得皇帝欣赏，所以跟皇帝的关系更为亲密。李世民去世时她才二十四岁，本是云想衣裳花想容的大好年华，她却矢志不渝要追随皇帝而去，几天不吃不喝以后，竟然活活饿死。

武才人不可能像徐妃那样对唐太宗一往情深，自然不会像徐妃那样随唐太宗而去，她在宫里并没有获得浩荡隆恩，寂寞了十多年，早就跟皇帝渐行渐远。太宗皇帝甚至还因为太白星的出现，差一点儿想杀死她。不管是因为什么，总之武媚娘对太宗皇帝的死并没有多少悲伤。她所痛苦的，是自己余生的光阴都将在感业寺度过——她已被告知了未来的安置点。

这个消息本在意料之中，可依旧让她十分难过。跟新皇帝发生的恋爱，本来让她对前途有无限的憧憬。可是，现在一切都成为一场空。

太子从六月一日即位，到八月葬先皇于昭陵，其间必须担当丧事国事的重任，新君登基，大臣都以观望的态度，旁观他的办事能力与个人风采，他自然不敢有一刻放松。在这种形势下，李治早已忘记先皇的武才人的艰难。不过，即使李治知道自己心爱的女人将依照祖制被送往寺院，落发为尼，但他根基未稳，也不会有半点儿作为。

大内太极宫里，女人们在默默收拾行装，间或夹杂几声压抑的哭泣声。她们无论高矮胖瘦，职位高低，现在都处于悲戚无望中。平常在相处时，多多少少也会发生一些争吵、埋怨，可是此刻看来，那些都是无关痛痒的鸡毛蒜皮的小事。她们在共同的命运面前，不禁生出了一股同病相怜的理解。虽然在大内宫殿里，得到皇帝宠幸的不过是凤毛麟角，居于内官高位的也就只有几个人，可是妃嫔们待在后宫里，所享用的衣服、食物，远非一般人所能比；节庆典礼时的繁华，也让她们感受到身处其中的热闹与非凡。以后，她们的生活不仅是凄清寂寞，饮食住宿也必将简陋寒酸；更何况，她们还要剃去满头青丝，远离姹紫嫣红，每天暮鼓晨钟，吃斋念佛，过着“活死人”的僵化日子。

武才人独坐一旁，没有收拾衣服，也没有哭泣。她已经控制住了自己的绝望情绪，准备踏上下一段征程。

感业寺中艰苦岁月

从贞观二十三年（649）太宗驾崩，到永徽元年太宗忌日，武才人在感业寺待了将近一年的时间。

这段感业寺的生活，对武媚娘来说绝对不是愉快的经历。这从她日后拥有至高无上的权力，能有余暇忆苦思甜的时候，却从不愿意触及这一段隐痛，可以得到证明。

武媚娘的母亲本是个佛教徒，没有进宫以前，母亲常常把吃斋念佛当作生活的必要功课，在母亲的耳濡目染之下，武媚娘对佛堂经文并不陌生。可等她进了感业寺才明白：把吃斋念佛当作超脱生活的方式，和把吃斋念佛当作生活的教义，是完全不同的事情。

生活习惯的改变是很痛苦的。十二年的宫廷生活，早就对武媚娘有着深远的影响。宫里虽说不是养尊处优，但吃穿用度样样精细，武媚娘在宫里是五品才人，大小也算是个内官，每月也会有不菲的俸禄。可在寺里，师太们讲究的是清心寡欲，粗茶淡饭到了无法下咽的地步。后宫作为皇帝休息的温暖港湾，到处都是雕栏玉砌、亭台楼阁，都经过了最严格的建筑标准的审核。即使是像太极宫这样的地方，也绝对会维持帝王的体面，有相当的装修水平；可在感业寺，屋宇破旧，住宿条件相当艰苦。

武媚娘个性泼辣爽快，极有主见，具备一般女子没有的经营管理才能。但寺庙对尼姑们的要求是安心磕头拜佛，清心寡欲，随遇而安。武媚娘不安于命运，更不愿过这种枯燥的生活。李唐王朝，由于与老子李耳同姓的缘故，从高祖李渊起，就特别尊崇道教，在道观的修护方面颇为用心，对寺庙并没有提供支持。感业寺因为接纳故皇妃子的原因，相对其他寺庙，条件好一点儿，但是跟皇宫比起来，那简直是天壤之别。

武媚娘并不排斥佛教，在她晚年的时候，她甚至是狂热而忠诚的佛教徒，但是，那并不意味着她就一定要过苦行僧式的生活。她极度厌恶这种青灯古佛的比丘尼式的生活。她以为自己不说，别人就不知道，可是人内心的态度往往无所遁形。武媚娘对寺院生活的反感，虽然并没有表现在明面上，但是很快就显露了出来。她在跟寺里的其他尼姑相处的时候，闹出了种种不愉快。

武媚娘不过二十五六岁，可是在这短暂的生命旅途中，却已经有过三次比较大的挫折。第一次是父亲去世，她与母亲受她异母兄弟元庆、元爽的欺侮，被撵出家门；第二次是在大唐的后宫里，她以无与伦比的绝世才貌，受到皇帝的宠幸，却又很快被冷落，从入宫到出宫，整整做了十二年的五品才人，让一颗争强好胜的心备受压抑；第三次就是在感业寺里，因为与周围接受命运安排的女人并不同调，她处处受到排挤与嘲弄，成了让人非议的异类。

感业寺的风霜雪雨，好像比任何地方都更猖狂。在感业寺的这一年中，武媚娘屡屡想起自己与李治当年情投意合的场景，希冀着他能解救自己，却又一次次地认清现实，明白自己是先皇的侍妾、李治的庶母，身份的悬殊，造成无法跨越的鸿沟。她也知道新任大唐天子的后宫里繁花似锦，像王氏被立为皇后、萧淑妃受宠之类的消息，不断传入她的耳中。

在翠华宫里所发生的一切，紧张的对视，无声的情意，挣扎着离开的温暖怀抱，李治还记得吗？已经拥有三千佳丽的他还会想起她吗？武媚娘不知道答案。答案只有李治知道，他很快将要亲自告诉武媚娘，因为太宗皇帝的忌日就要到了。

感业寺内再见李治

永徽元年（650）五月二十六日，是太宗皇帝的周年忌日，这对王朝与新君来说都是一件大事，需要进行一系列的纪念活动。太宗皇帝的陵寝昭陵离长安比较远，高宗皇帝派遣使者去昭陵祭献，自己也要就近到感业寺行香。

李治，即唐高宗，正是在这次进香中，再次见到武媚娘，并勾起了他对往事的回忆，唤醒了他对这个女人的深情。李治到感业寺进香的消息，本应秘密进行，但因为届时需要采取严格的管控措施，所以朝廷并没有严守消息。所以，早在一个月前，武媚娘就通过某些渠道知道了这件事。这对她来说既是喜讯又是挑战。

武媚娘已经二十六岁，再加上这一年的寺院生活对她容貌的损伤，她开始惶惑了，便找来镜子端详自己：依旧雪肤花貌，面颊平滑紧绷。只是因为天天吃素，再加上沉浸在抑郁之气里的时间过长，她的肤色稍显苍白，眼里缺少生命的元气，显得没有什么精神。武媚娘心里清楚，如果不能让天子重新诧异于自己的倾城之貌，那么，所有的爱恋只会是不切实际的奢侈幻想。为了在短时期内能达到理想状态，武媚娘努力调节自己的身体与改善自己的外貌。

昭　陵

寺庙里的饮食无法达到需求，她就在睡眠和活动方面多注意。夜晚早早入睡，保持睡眠的充足；早课以后，她会挤出些时间在寺院周围走动一会儿。春天的鸟语花香和万物更新，让武媚娘想起了与父亲走南闯北的日子，那时的快乐回忆冲淡了她的哀愁与焦躁，她开始慢慢沉静下来，气色也渐渐好转。而且这种漫步似的运动，渐渐训练了她的肢体，使她的动作、举止重新焕发出轻盈优雅的气息。有时，她会在心里反复模拟，遇到皇帝该如何应对；有时，她又觉得自己着实可笑，也许皇帝早已忘记自己。就在这种不确定中，五月二十六日到了。

皇帝在近臣内侍的带领下，来到了感业寺。他先是入寺进香，然后接见先皇遗留下来的女人。武媚娘随着其他人出现在了皇帝的视线中，李治一眼就看到了武媚娘。就这一眼，他的心跳骤然加快，好像空气凝固了，血压上升了，他再也无法克制心中的那份浪漫柔情了。

感业寺的别院中，痴情的李治在屋子里焦急地等待着武媚娘。“皇上，到了！”内侍跑过来报告。“赶紧召她进来！”皇帝一刻也不愿耽搁。“是。”内侍飞快跑到门外，请武媚娘进屋。李治与武媚娘的重逢，有着无限的浓烈与甜蜜。这与过去有所不同，在太宗病榻前，一个是战战兢兢的孝顺儿子，一个是太宗名义上的侍妾，即使两个人彼此吸引，却要心存警惕。

现在，太宗已经去世，李治已经是新国君，虽然两人之间仍有障碍，但境况要比以前好得多。“皇上……”武媚娘只说了半句话，就无法再开口了，先前想好的各种完美表现，此时都化作了眼泪。离别的痛苦，重逢的喜悦，各种难以名状的情绪都从她的眼睛里倾泻了出来。李治走近几步，握住武媚娘的手。从这个女人踏进房间的那一刻，他的眼睛就不曾离开。他发现，武媚娘更加美丽动人了，即使身着缁衣，素面朝天，戴着丑兮兮的尼姑帽，也依旧掩饰不住她的满身神采。李治本就痴情，此时面对自己心爱的美人，看着她那抑制不住的痛，他的心都碎了。他的眼泪一颗颗地滴落下来，这是为武媚娘而流，为自己的爱人孤独地在寺院里受苦而心痛。

贞观十年（636），长孙皇后去世，高宗只有九岁，他扶棺大哭，声音凄楚，感动了太宗。唐太宗对他也格外怜悯，把他与晋阳公主留在宫中教养。自从当上太子、皇帝以后，他不愿让群臣对他失望，尽量表现得刚强，不轻易流露自己的情感。可是繁重的国事，内宫王皇后与萧淑妃的争斗，早已让他觉得不堪重负。此刻在感业寺里，武媚娘的眼泪，也触动了李治，日常的种种压抑使得他再也收不住眼泪。武媚娘顿时便明白了皇帝的悲痛，也知道皇帝对她的感情还没有减退。她很快恢复了自己的刚硬本性，止住了眼泪，与皇帝轻声细语地说起话来。她和皇帝说起了自己的种种艰难困苦。而从前的那些坎坷与不幸在李治安慰之下也变成了有惊险意味的旅程。武媚娘知道一味抱怨，会吓跑眼前的这个男人。她便倾诉对皇帝的思念，朝朝暮暮，日日夜夜，从来没有忘记自己跟皇帝曾经的海誓山盟。

李治完全醉倒在武媚娘的情话里，觉得自己辜负了她的一片深情，甚至有些内疚。对于幼年丧母而又缺乏父爱的李治来说，武媚娘的温存与关爱让他倍加留恋。在先帝身边，他们互相试探、揣测。一个怀春的少女和一个多情的少年，把万千情意蕴含在心中，反复咀嚼。在这过程中，他们也发明了只属于他们两个人的特殊暗号。之前武媚娘出宫，进入感业寺后，两个人之间既有误会，又彼此思念。时光的煎熬与岁月的磨难，拉长了他们感情的丝线，却也让他们的心真正地贴在了一起。

峰回路转，王皇后推波助澜

“相见时难别亦难。”随行的侍从小心翼翼地禀报皇帝：起驾回宫的时间到了。李治不想走，但也害怕引起别人的揣测。李治握住武媚娘的手，向她保证，肯定还会来看她，然后就在武媚娘的泪眼婆娑中，起驾回宫了。

回到宫里，皇帝的情绪一直不好，吃饭没有胃口，做事没有精神，晚上不宠幸任何一位妃子。王皇后虽然单纯，却也感觉出了皇帝身上的反常。

皇后王氏，是并州祁人。父亲是王仁祐，曾经在贞观年间（627—649）做罗山令。同安公主，是王皇后的堂伯母。同安公主看到王氏长得漂亮，便告诉唐太宗，让那时还是晋王的李治娶了王氏做妃子。李治被立为太子时，册封王氏为皇太子妃，升王仁祐为陈州刺史。永徽初年，李治登基，立王氏为皇后，封王仁祐做特进魏国公，母亲柳氏做魏国夫人。王仁祐不久便去世了，死后追封为司空。王皇后因人品、相貌出众，再加上家室地位较高，深受唐太宗喜爱，唐太宗还曾经得意地跟人吹嘘：吾有佳儿佳妇也。王皇后虽受唐太宗喜欢却不被唐高宗所爱。也许是因为她恪守教条，不太会体贴人，缺少女人味。更重要的是，她与李治生活多年，却没能生下一男半女。在后宫里，女人最重要的任务就是给皇帝绵延子嗣，王皇后没有孩子，心里自然就有很多的焦虑与不安。而与此同时，萧淑妃却备受皇帝宠爱，并接二连三生下皇子和公主。

萧淑妃出身于名门世家，又不断地诞下龙嗣，气焰便嚣张起来，不把王皇后看在眼里。这让王皇后怀有怨恨。后来萧淑妃的儿子李素节被封为雍王。在唐朝，雍王有着非常重要的地位，因为雍州的地盘就包括长安，向来只封给除太子以外最重要的皇子。李素节被封为雍王，不禁引动了王皇后内心的危机意识，让她对自己皇后之位的稳固性日夜忧心起来。母凭子贵，萧淑妃大有可能倚仗宠幸，取代王皇后的位置。

当王皇后查知皇帝在感业寺与女尼的那一幕感人重逢后，她的脑子里蹦出了一个大胆的计划，那就是把感业寺的那位尼姑接入宫中，让皇帝纳她为嫔妃。如此一来，既可以打压萧淑妃的嚣张气焰，

感业寺遗址

又可以彰显自己母仪天下的宽容胸怀。正是在这错综复杂的利益纠葛与无处不在的后宫内斗中，武媚娘才有了再次入宫的机会。

王皇后本来想暗中操作这件事，但是宫中有一条规矩，即后宫所进之人，必须取得皇帝同意。于是，她找到皇帝，询问他最近烦闷的原因。李治跟皇后感情一直一般，但此刻因为陷在与武媚娘的爱情里不能自拔，竟然把这件事告诉了她。

王皇后为人持重本分，但此刻为了自己的私心，便不顾武才人的尴尬身份，就开始施展自己的计划。武才人作为先朝侍妾，不管是武媚娘的名字，还是才人的身份，都是唐太宗李世民的赏赐，太宗驾崩才一年，尸骨未寒，现在要让她还俗回宫，那便是触犯了大唐律例，于法不合。李治是李世民的儿子，与武才人应属于庶母与嫡子的关系，其实算是乱伦，于礼不合；不管是公众意义上的法制；还是私人领域的伦理，谨守传统的人都以为王皇后的这个主意十分荒唐，实在不应该提出来。

但是，女人的嫉妒心能破坏她们的心智，让她们做出很多匪夷所思的事情来。比如王皇后，她为了实现牵制萧淑妃的目的，就把自己准备接武媚娘回宫的想法，如实告诉了皇帝。恰好踏破铁鞋无觅处，得来全不费工夫。李治这些天正在愁眉不展，绞尽脑汁想找到一个能和武媚娘长相厮守的办法，始终不得其法。皇后主动提出要接武媚娘回宫，真是让皇帝欣喜若狂。两人结婚七年来，李治第一次觉得父皇给自己挑选的这个老婆，也有可爱的地方。于是，夫妻两人便开始抛开成见，举行了一场秘密的家庭会议商讨。会议的主题就是采取何种途径，运用什么办法，把皇帝的心上人——武媚娘接入后宫。

最后，二人一致认为武媚娘进宫之事不能操之过急，要稳步缓慢进行。首先由皇后派人通知武氏，蓄留长发，以便进宫时，能绾起当时普遍流行的高髻；接着由皇后派特使去感业寺，以宫廷需要的名义，特召武氏进宫；进宫以后，皇后会把武氏安排在身边，先让她从一般宫女做起，然后再伺机予以提拔。这个计划缜密详细，操作性极强，可以说是万无一失。为了预防会有突发性事件的发生，比如萧淑妃的怀疑、太监的告密等，夫妻二人又商量了应对危机的措施，把所有可能的情况都考量进去。

这场密谈花费的时间很长，夫妻二人从来没有这样开诚布公地交心。谈话不仅解决了皇帝心中的一个大麻烦，也给王皇后增加了几分自信，皇帝的笑容从来没有这样开朗，皇帝的话语从来没有这样温柔，皇后一厢情愿地相信：他们夫妻的关系，将揭开崭新的篇章。

时来运转，重返皇宫

永徽二年（651）八月，秋高气爽的一天，感业寺门口，有一辆簇新轩昂的马车，气势非凡，似乎正在等着什么人。一会儿，一位美丽的女人出现在马车面前。她装扮得体，举止优雅，不过，如果仔细看她的服饰妆容，就会发现她身上的一个大破绽，那就是她高高束起来的头发，很容易被人识别出是假髻。其实在唐朝的时髦女子中，某些发量少或者年龄偏大的人，热衷于戴假发，营造一份云鬟如雾的感觉。可是这个女子的假发并不是因为这些原因，而是因为头发过短，很难做出髻的高耸效果，才不得不造假。停在她面前的是奉皇后密令来接她回宫的马车。只是她还不知道，自己此行背负着一个“秘密任务”——她将要作为皇后的绝密武器，来打压气焰正盛的萧淑妃。她步伐轻盈，正准备迈入车中。

就在将要迈入车子的一刹那，她忽然站住，慢慢转身，回眸凝望自己待了将近一年的感业寺，心中顿时涌起万般滋味。她开始反思和感悟这一年从先皇的后宫到感业寺，她的生活经历了一个巨大的转变，而这样的转变督促着这个聪明人的成长步伐。在敏锐而聪明的人那里，往往会带来深重的反思和感悟，让人的成长步伐加速。

武媚娘在这枯寂如井的生活里，发现自己心中潜伏着很大的梦想。当日子千篇一律到乏味的程度，活着也不过是行走的躯壳。如果清心寡欲、摒除杂念换来的是这样一种生活，那她宁愿要付出辛劳，达到自己的理想。在苍凉的现实面前，她的进取心与渴求成功的愿望，像八月里无所不在的桂花香，铺天盖地般地散发开来。就像第一次进宫一样，她心里再次涌起了万丈的豪情壮志。不过，没有人知道前方等待她的是什么。

实际上，武媚娘虽然进了宫，却不过只是王皇后身边的一颗棋子而已。女尼武氏被带到了皇后面前，皇后打量着这个女人，不禁感叹这个比自己大好几岁的女人，果然是天姿国色，也明白了皇帝对她痴情的原因。武媚娘即使出宫做了一年的尼姑，吃了不少苦，此刻看来，依旧那么神采飞扬。

皇后看着她，心里涌过一阵莫名其妙的反感，人是她提议接回来的，现在看到面前的女人如花似玉，她又有些不痛快。长孙皇后的榜样作用在这时候并不能起作用，又想到皇帝为了她在感业寺痛哭流涕，王皇后就更有气了。但是，当皇后想到萧淑妃飞扬跋扈的样子，想到备受皇帝喜爱的雍王，对这个出身普通，没有什么威慑力的先王侍妾，她便释然了。皇后以为，女尼武氏出身既不高贵，又有前朝侍妾的人生污点，相较于萧淑妃，是个并不值得重视的人物。更何况，武氏之所以能再次进入后宫，完全依赖于她的帮助与提携，武媚娘所拥有的一切，是自己的恩赐，未来不能不听自己的吩咐。

皇后自认为武媚娘不足以重视，可是她不知道一个道理：永远不要低估任何人。未婚前的深闺小姐，已婚后皇帝明媒正娶的妻子，这样的身份使她未能体味到生活的变幻莫测。事实上，从她的角度来说，把武媚娘召进宫的行为，可谓是“前门拒狼，后门迎虎”了。

武媚娘“二进宫”时二十六岁，此时，她拥有在先皇后宫十二年的“工作”经验，在感业寺待了一年还有一年流落江湖的生活体验，在个人能力、处事技巧方面，这些年，都积攒了丰富而有价值的内容。十几年前，她不过是个怀着远大理想，却稚嫩天真的黄毛丫头；如今，过去在太宗皇宫里经历的失败、挫折，感业寺的艰难困境，都已经成了宝贵的精神财富，她甚至已经在深刻地反思内省后，提炼出了后宫生存的秘诀。武媚娘本来就是一个聪明人，现在又被生活之手调教出一身的谋略，在李治的后宫里，她充分

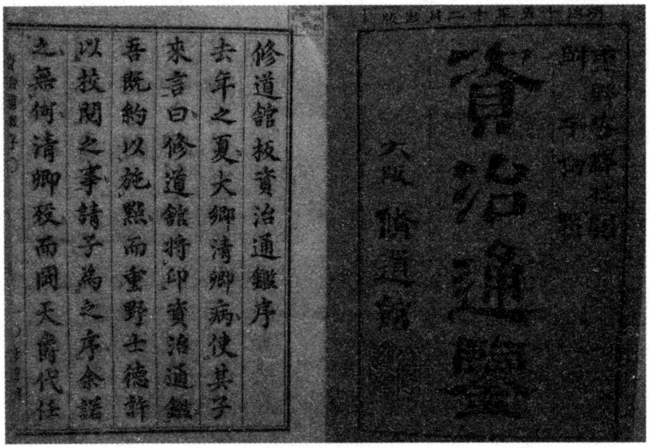

《资治通鉴》

运用自己的生存智慧，来博取李治的信赖。司马光在《资治通鉴》中就有记载：“武氏巧慧，多权数，初入宫，卑辞屈体以事后。后爱之，数称其美于上。未几大幸，拜为昭仪，后及淑妃宠皆衰，更相与共谮之，上皆不纳。”可见后来李治很宠幸她，即使王皇后与萧淑妃一起进谗言，皇帝也对她深信不疑，与之前在李世民那里的待遇相比较，武则天也算是否极泰来了。

CHAPTER

第四章 逐渐走向权力中心 4

刚刚重返皇宫的武媚娘一方面对王皇后言听计从，希望能得到她的维护；另一方面继续努力维护着与皇帝的亲密关系，享受着皇帝的眷顾，终于她在皇宫中立稳了脚跟。她通过残害自己的亲生骨肉嫁祸给王皇后，并充分利用王、萧两人的巫蛊之术，终于囚禁了王、萧二人。在打倒了王、萧二人之后，武媚娘便开始谋求皇后之位，并登上了皇后之位。登上后位的她并没有安于现状，不仅受到了高宗的倚重，而且还获得了处理朝政的权力。

在皇宫中站稳脚跟

永徽二年（651）八月，武媚娘重新回到了大唐后宫。再一次穿梭在宏伟的宫殿间，她面对的却是一张张年轻而新鲜的面孔。武媚娘的心境与前一次大不相同。

武媚娘年轻的时候，只有一句空想主义的口号“见天子庸知非福”，却在现实中处处碰壁，坐了十二年的“冷板凳”；她成熟以后才明白：心动不如行动，想到不如做到。后宫是女人的权力场，要想在人前呼风唤雨，背后就得狠下功夫。沉潜了这么多年，武则天迫切需要把积蓄的权谋、机变释放出来，大干一场，让自己的人生扬眉吐气。武则天自知她现在不过是一个宫女，虽然皇帝很喜欢她，但她对皇帝的爱仍抱着谨慎的态度。她通文史，自然知道汉朝“金屋藏娇”的典故：刘彻与陈阿娇这对表兄妹，青梅竹马，从小在一起长大。刘彻情窦初开时，甚至豪迈地宣布，自己长大后要造金屋，让表妹住在金屋里，过世间最美好的生活。阿娇的母亲馆陶公主听了这话，喜上眉梢，便在弟弟汉景帝面前大赞刘彻，并帮助刘彻登上皇位。母亲爱女儿胜过爱自己，女儿的幸福往往是母亲毕生的追求。不过，阿娇的娘不是一般人，她的哥哥就是汉景帝。汉景帝的儿子刘彻，本来在皇子中并不显山露水，可是因为阿娇的娘在哥哥面前大为赞美，汉景帝竟然就挑中了刘彻，让他当上了自己皇位的接班人。

表哥刘彻当上皇帝以后，拥有后宫佳丽三千，便渐渐忘了与表妹阿娇的海誓山盟。最后，阿娇住的不是金屋，而是冷宫。

武媚娘深知帝王的爱是最虚无缥缈的，与太宗李世民的惨痛经历，便是最直接的教训。她有过惨痛的经历。当年，太宗皇帝初见她时，不也惊为天人，赐给她名字，赐给她职务吗？可是后来的十二年，却对她不闻不问、不理不睬的不也是这个皇帝吗？虽然现在李治很喜欢她，但谁能保证明天他不会另结新欢，冷落了她呢？所以，她一定要凭借自己的能力在后宫站住脚。第一步就是讨好王皇后，谄媚他人并不容易，尤其是六宫之主的皇后，平常侍奉她的太监宫女与皇亲贵戚中的女眷们，哪个不对她上心巴结。那些奉承的话，皇后的耳朵估计都听出茧子了；皇后是大户人家的金枝玉叶，一般的小恩小惠对她也没有任何作用。是人就有软肋，武媚娘相信，皇后肯定有自己的需要，而这就是自己的突破口。进宫没多少时间，武媚娘就摸清楚皇后的需要：她要的是皇帝的爱。

皇帝的爱是后宫最昂贵的奢侈品，比任何的珍珠、玛瑙与玉石的价值都高。所有女人都变着法子吸引皇帝的注意，讨皇帝的欢心。然而这是极度艰难的事情，后宫在册可以侍奉皇帝的美女有一百多位，其他成百上千的宫女，也都虎视眈眈，期盼着帝王临幸。皇后虽然占有地位上的优势，可是在追求皇帝的爱这方面，她并不得法。正是因为如此，两个人虽然结婚多年，夫妻情分却十分淡薄。武媚娘既然知道了这一点，自然明白事情的关键因素在皇帝那里。而这个时候，武媚娘正是对皇帝有最大影响力的人。她将要通过自己对皇帝的影响，让皇后舒展深皱的眉头，把她当作同一战壕的战友。在杀人不眨眼的后宫，女人们争得头破血流，不过就是抢那个唯一的男人。毫不夸张地说，嫔妃们把皇帝的爱恋看得比命还宝贵，而武媚娘却把对自己热情似火的皇帝，引向皇后的寝宫。

不久，皇后惊喜地发现，以前一两个月才会来一次的皇帝，现在三天两头就往她宫里跑。当然知道这是因为武媚娘在皇后寝宫，皇帝正在热乎头上，频繁地跑来看武媚娘而已。不过，两口子相见既多，相处时间增加，无论如何都是件高兴的事情。更为高兴的事情还在后头呢！久未承受圣恩的皇后，竟然得皇帝眷顾，得了几次宠幸。这对皇后是个莫大的安慰，也燃起了皇后能诞下子嗣的希望。她知道，这一切都是武媚娘的功劳。不仅武媚娘的“让夫行为”让皇后很满意，而且她的“卑辞屈礼”，也让皇后很是受用。武媚娘收敛起自己所有的骄傲与自尊，像个奴婢一样，侍奉皇后。

武媚娘的谦卑与顺从是她深刻认识自己的处境而做出的反应，只可惜皇后不知道这一点，却认为武媚娘的懦弱讨好是她的自然本性。皇后开始三番两次在皇帝面前赞美武媚娘，称赞她为人处世知道分寸，举止进退符合法度。皇后确实满意武媚娘的表现，但她最主要的目的还是示好皇帝，趁机打击萧淑妃。皇后优待武媚娘，是想用语言和实际行动证明自己并不是一个喜欢嫉妒、不能容人的正宫。以前之所以与萧淑妃不和，那是因为她僭越妄上，自以为是，不知礼节。如果她像武媚娘这样大方得体，后宫肯定会其乐融融，不让皇帝烦恼操心。如果她知道自己对武媚娘的赞美会使皇帝比以前更宠爱武媚娘，甚至以后达到将三千宠爱集于一身的程度，那么，她应该会痛恨自己的那张嘴了。

后宫妃嫔的竞争是非常激烈的，她们的争宠方式也很多样，有时甚至达到了不择手段的地步；她们需要有过硬的心理素质与身体素质，如果这两方面其中一方面不好，就会早早出局；她们也需要全面的技能，如最基本的琴、棋、书、画，又如舞蹈、歌唱，最重要的是，她们还需要有炉火纯青的房中术。

武媚娘在后宫里有十二年“中层领导”的阅历，她的见识与看法与其他人并不一样。她挖掘到了一片蕴藏无限能量的群体，那便是后宫的太监宫女。他们虽然默默无闻，毫不起眼，却是后宫这个庞大机器能顺利运转必不可少的零件，更是后宫所有事情的见证人。欺下媚上的“中层领导”是目光短浅的小人，善于运用下层力量的“中层领导”才是真正的智者。他们明白，这些太监和宫女不仅能做他们的耳目，成为他们的左膀右臂，还能在他们生命的关键时刻，用忠心耿耿与舍生忘死报答平常那些微不足道的小恩小惠。聪明的武媚娘正是因为认识到这一点，才能在未来的宫廷生活中化险为夷，如之后那次惊心动魄的“废后事件”。

在讨好皇后以外，她便用更多的心思来笼络宫里的太监宫女。武媚娘虽然是以宫女的身份再次进宫，但宫里稍微有点儿眼力见儿的人都知道，这是皇帝的心上人。她也没有仗着皇帝对她的宠爱对别的太监宫女呼来喝去，而是恭敬谦和，所以大家对她的印象都很好。

性格傲慢的皇后，飞扬跋扈的萧淑妃，给这些宫女、太监拒人千里之外的感觉，大多数太监宫女虽然听命于这些主子，可在心里并不亲近她们。相反，武媚娘不仅不吝啬自己的温柔与微笑，也不吝啬自己的财物，特别是对那些心眼灵活、看得清形势的下人，她更是予以加倍的重视，赐给他们珍贵的东西。她温和亲切的态度很快便博得了太监、宫女们的赞赏。

太监、宫女们整日屈身于宫廷，身份低微，享受不到亲人的关怀与体贴，在情感方面也有巨大的缺失与遗憾。对他们而言，武媚娘的礼物不仅仅是物质方面的供给与满足，更能给他们苦涩干瘪的日子带来无限的安慰，从此以后，他们对武媚娘忠贞不贰，愿意鞍前马后地为她效劳。武媚娘并不要他们上刀山下火海，她只拜托他们一件事，那就是后宫发生的任何事情都要第一时间告诉她，尤其是皇帝和皇后、萧淑妃在寝宫发生的事情，更要早早汇报。宫女太监们都心甘情愿地为她提供情报。武媚娘掌握了这么一支"嫡系"人马，也就掌握了后宫四通八达的交通情报站，从此在宫中无孔不入，未来，这个交通情报站将要发挥巨大的作用。

永徽三年（652），高宗顺从王皇后的美意封武媚娘为昭仪，昭仪为九嫔之首，仅次于妃一级。同时，武媚娘依旧受皇帝李治的眷顾，她在皇宫慢慢地站稳了脚跟。她天性中桀骜不羁的一面，逐渐不再受理性的控制，一向对血统论或身份论嗤之以鼻的她，再也不愿居于王皇后、萧淑妃之下了。只要给她鞭子、锤子、匕首，她就有勇气与能力驾驭一匹烈马；既然给了她再一次进宫的机会，她就一定要获得自己想要的权力与富贵。

王皇后悔恨当初的决定

武媚娘进宫后，后宫的权力格局发生了巨大的变化。最先受到重大打击的便是萧淑妃。家室、美貌、年纪都与皇后相当的她，深受皇帝的宠幸，与六宫之主皇后分庭抗礼，使得后宫维持着一份独特的平衡。可是武媚娘进入后宫以后，这种平衡被打破了。皇后依旧还是皇后，萧淑妃却已经不再是集三千宠爱于一身的萧淑妃了。

萧淑妃这个貌美如花的女人，自遇到李治以后，还从未受到过这种冷落。她平常虽然趾高气扬，但她在伺候皇帝上比皇后聪明，她温顺、体贴与乖巧，最重要的是她不断为皇家添丁加口。皇帝很久没有来萧淑妃这里了，他一反常态，跟皇后唱起了“妻唱夫随”的戏码，这件事很令人感到疑惑。萧淑妃决定放下高贵的面子，抛弃往常娇嗔的赌气行为，派人去请皇帝过来。可是，开始皇帝还来驻足一会儿，说几句搪塞的话，后来干脆连敷衍塞责的话都没有了。

君威莫测，萧淑妃陷入了极大的痛苦中。她很快知道，皇帝的变心是因为那个姓武的宫女——一个来历不明的大龄女人。她好奇这个女人使了什么手段让皇帝晕头转向，但在心里还是认为，皇帝不过是在兴头上，等新鲜劲儿过去了，皇帝依旧会宠爱自己。可萧淑妃错了，后来这个姓武的女人几乎完全霸占了皇帝，她永远没有机会了。

开始是皇帝对武媚娘情有独钟，不愿意去其他妃嫔那里寻欢作乐；后来，皇帝因为害怕这个女人，竟然不敢逾越一夫一妻制的底线；再后来，武媚娘在大唐后宫实行了“独裁统治”，即皇帝只能临幸她一个人。在这过程中，李治也曾经表现出极大的反感，做出过反抗行为，但最后也都是徒劳无功的挣扎而已。

骆宾王《为徐敬业讨武曌檄》：“性非和顺，地实寒微。昔充太宗下陈，曾以更衣入侍。洎乎晚节，秽乱春宫。潜隐先帝之私，阴图后房之嬖。入门见嫉，蛾眉不肯让人；掩袖工谗，狐媚偏能惑主。”在骆宾王看来，武媚娘的“入门见嫉，蛾眉不肯让人；掩袖工谗，狐媚偏能惑主”是她不守妇道的一种罪恶，同时也印证了皇帝李治对这个所谓“狐狸精”的迷恋。

李治与武媚娘的浓情蜜意，很快便化为爱的结晶。当武媚娘知道自己怀孕的那一刹那，兴奋得无以言表，她知道有了这个孩子后，她才能进一步在后宫站稳脚跟。武媚娘虽也深知王皇后最大的梦想便是能诞下龙嗣，自己怀孕一定会招来王皇后的羡慕和嫉妒。但此时的她已经完全沉浸在了做妈妈的喜悦中，顾不得王皇后的不满，到后来，她干脆就待在皇帝给她的宫殿里，不再去皇后那里了。

她与皇后的关系淡漠了下来，这种淡漠预示着后宫里即将有风云变幻。永徽三年（652）七月，一个炎热的日子，在皇帝焦躁不安的等待中，武媚娘生下了自己的第一个儿子，皇帝给他取名为李弘，这个名字有着深刻的寓意。在以道教为主的南北朝，一直有“老君当治”“李弘当出”的传说，认为李弘才是真命天子。母凭子贵，武媚娘从微不足道的宫女被封为昭仪，一个仅次于四妃的正二品官职。想到从前在太宗王朝的才人身份，再看看现在的昭仪地位，她发出了“三十年河东，三十年河西”的慨叹。

武昭仪生完孩子，增添了一分母性美，这份美好让李治更加驻足留恋，他对武昭仪的宠爱更甚于之前。不久，武昭仪又怀孕了，接着生下一位可爱的公主，被皇帝视为珍宝，可惜小公主没过多久，却突然暴亡。皇帝怀疑是王皇后所为，并由此而疏远她。对武媚娘，为了安抚她失女的痛苦而更加关爱体贴。永徽五年（654）二月，武昭仪第三次怀孕，在同年十二月陪同皇上前往昭陵的旅途中，再次诞下了一位小皇子，这就是李贤。

从感业寺回到大唐后宫的三年半时间里，武昭仪连续为皇帝诞下龙嗣，而其他妃嫔丧失了在皇帝面前争妍斗艳的机会，更无法诞下一儿半女，武则天完全实现了专宠。皇帝作为人中之龙，拥有太多年轻女人，占有无数美女资源。皇帝李治也并没有想过苦行僧式的生活。在武媚娘没有成为昭仪以前，他也曾经四处留情，并已经有了四个儿子、两个女儿。

贞观十七年（643）四月七日，李治成为太子，就在当年的十一月二十八日，嫔妃刘氏生下了他的第一个儿子，也就是后来的太子——李忠。如果说李忠的母亲，还是位有身份的嫔妃，尚可理解李治对妃子的情之所至，那么李治的另外两个儿子李孝和李上金绝对是意外，这两位皇子的母亲都是身份低微的宫女，一位是郑氏，另外一位是杨氏，她们在诞下皇子之后，便与皇帝没有了往来。

后来李治遇到萧氏，对她异乎寻常地宠爱。萧氏先后诞下李治的第四子李素节和义阳、宣城二位公主。也因为皇帝对萧氏的宠爱，使得皇后醋性大发，把萧淑妃作为自己最大的情敌。只可惜王皇后低估了丈夫与女尼武氏的感情，

褚遂良画像

才一时心血来潮，想出了那个令她遗恨千年的主意。她只知道把武媚娘当作一把大刀，凶狠地砍向萧淑妃，却不知道这把大刀会掉转方向，他日会更为无情地砍向自己。

永徽三年（652）七月，王皇后在不安的驱使下，听从舅舅柳爽的主意，向皇帝请求立李忠为太子。皇后很少开口求人，皇帝李治听了很吃惊，并没有立刻同意。然而，长孙无忌、褚遂良、韩瑗等朝中重臣纷纷出动，给皇帝施加压力。皇帝无法抗衡群臣凝成的这一股合力，只好同意了皇后的请求。

王皇后的心虽然稍微安稳，但她毕竟没有自己的孩子，而且皇帝也不宠爱她，李忠不是自己亲生的，一旦皇帝要立李弘为太子，自己所立的太子就将面临万丈深渊，自己这个皇后也将无所依傍。想到这里，王皇后不寒而栗，她开始后悔自己当初鬼迷心窍，劝说皇帝把武媚娘接进宫来。她心烦意乱，茶饭不思，人都瘦脱了形。王皇后本来以为，武媚娘是她的心腹，在自己的调教下，会成为打击萧淑妃的绝佳武器，哪里想到，武媚娘后来却成了自己最大的敌人。

王皇后对武昭仪的仇恨，比对曾经受宠的萧淑妃更深。因为此时的皇帝对武媚娘的宠爱已经到了无以复加的地步，两人如胶似漆，别的嫔妃连见皇帝一面都难。而这一切都是自己亲手将武媚娘送到皇帝手中所造成的。想到这些前因后果，王皇后对武媚娘更是恨之入骨。武昭仪不可能感受不到皇后的仇恨，她讨厌这个女人以恩人自居的那副嘴脸。不过，她始终隐忍不发，因为一切都不到时候。此时的武昭仪，进宫不到一年的时间，就已经在后宫颇具气象。皇帝的宠爱与太监、宫女的谄媚自不必说，就是她自己的神情、姿态、心态也有了不小的变化。

武媚娘本性好强，积极进取，有远大抱负。皇帝对她的宠爱，激发了她潜藏在心里的进取心。儿子李弘的出世，更让她对前途有了更远的规划。她对皇后的态度也发生了改变，为了儿子能在大唐扬眉吐气，她不再卑躬屈膝，而是高傲刚强起来。于是，皇后与武昭仪的矛盾逐渐公开化了。《新唐书·武后传》：“一旦顾幸在萧右，寝与后不协。”就指出了皇后与昭仪的不和。

武昭仪和王皇后在后宫有过很多回的明争暗斗，而输家往往是皇后。武昭仪既通文史，又富有心机和谋略，从小生活在温室中的王皇后自然不是她的对手。宫里的宫女、太监，或者因为“跟红顶白”的传统，或者被武媚娘的礼物打动，都在背后默默帮衬着武媚娘。再加上皇帝对武媚娘无限的信任与袒护，不容许任何人对她有攻击行为。在强大的武昭仪面前，王皇后显得那么力不从心，她的憎恨发生不了任何作用，她虽号称是后宫之主，却无法获得丈夫的宠爱，也不能得到下人对武昭仪那样的尊重。

就在王皇后万念俱灰时，她想起了另外一个女人，那就是同样仇恨武昭仪的萧淑妃。王皇后最善长借助他人力量来达到自己的目的，曾经借武媚娘打压萧淑妃，如今她又想求助于萧淑妃，来共同对抗武媚娘。很快王皇后便与萧淑妃结成新的联盟，武昭仪也感受到了这个新联盟的威力。这两个地位在她之上的女人，三番两次在皇帝面前数落她的不是。就在她们像市井人家里的妻妾争宠一样闹得不堪时，武昭仪却在心里暗暗鄙视她们只知道撒气，不知道动脑子的弱智行为。她知道皇帝习惯了自己的照顾，离不开自己，不会轻易听从别人的挑唆，自己不用忧虑；她更摸清了皇帝的性格，他性情温和，不喜欢摆出家主的威风，喜欢大家和乐的美满生活，讨厌后宫的种种争吵与不和。果然对皇后与萧淑妃的“谮毁”，皇帝没听进去，反而更加宠幸武昭仪。

这样一来，武昭仪与皇后、萧淑妃势同水火，双方再也无法和平相处。武昭仪一方面害怕皇帝听多了她们的谗言，会心生想法；另一方面对她们在背后搞出的各种小动作，也觉得不胜其烦，更害怕防不胜防，最后折在她们手里。因此，武昭仪也开始了反攻行动。只是她没有像她们那样鲁莽，而是在适当的机会，她无限委屈地向皇帝倾诉自己的无奈，并对让皇帝把宝贵的精力牵连进这些小事，表示出深深的歉疚。于是，皇帝愈加觉得武昭仪贤惠体贴，从而更加疏远皇后与萧淑妃了。

后宫争斗，有人欢喜有人忧，本来也是平常的事情。皇后再怎么不得宠，依旧是国家昭告天下的国母，地位稳如磐石。可是，随后发生的小公主之死的疑案，却让大唐后宫的宁静局面发生了惊天大逆转，也让皇后跳进黄河也洗不清了。

残害亲骨肉以争权力

有过丰富案件侦破经历的侦探，往往认同一个著名的论断：在诡谲莫测的案件背后，不要被表象迷了眼睛，只需抓住一个关键点，那就是谁是事件背后最大的受益人，谁就最有可能是那个真正的罪犯。正是基于这个思路，小公主的离奇夭折，使得皇帝与皇后之间有了无法弥补的裂痕，而帝后不睦的最大受益人便是武昭仪，这就不难理解千百年来，一把怀疑之剑总悬挂在小公主母亲的头上，让她无法脱身。

这桩大唐后宫的谋杀案，一直以来都是中国男女老少讨论的热点话题。大部分人支持王皇后，认为是武昭仪自己亲手杀死了女儿，嫁祸给王皇后，以达到取而代之的目的；也有一些人不同意这个看法，他们从唐朝史料里质询检索，认为并没有特别可靠的证据可以证明是武昭仪杀死自己的女儿。相反，其他人倒有很多的嫌疑，诸如奶娘、宫女等，这在各种影视剧中得到了淋漓尽致的发挥。

让我们回归到唐朝的案发现场。不过《新唐书》里的记载不像出自史家之手，倒像是一位悲剧作家创作的“皇宫谋杀案”。

《新唐书》是这样记载的：“昭仪生女，后就顾弄，去，昭仪潜毙儿衾下，伺帝至，阳为欢言，发衾视儿，死矣。又惊问左右，皆曰：‘后适来。’昭仪即悲涕，帝不能察，怒曰：‘后杀吾女，往与妃相谗媢，今又尔邪！’由是昭仪得入其訾，后无以自解，而帝愈信爱，始有废后意。”即武昭仪生了个小女儿，王皇后曾与这个小公主逗玩，等到王皇后离开之后，武昭仪把这个死了的小公主藏到被子下，等皇帝来了，她揭开被子看小公主，发现小公主竟然死了。惊诧地问左右侍从怎么回事，旁边的人都回答说：“皇后来过。”武昭仪开始痛哭流涕，皇帝没办法查明真相，武昭仪怒气冲冲地说：“王皇后杀了我的女儿，之前和萧淑妃说我的坏话，现在竟然又这样。”于是，武昭仪得以进谗言，使得王皇后无法辩解。皇帝从这以后更加信赖武昭仪，而且生了废除王皇后之意。

史家写武昭仪的动作简直堪比武侠片中的一流高手，她“潜”毙儿衾下，“伺”帝至，“阳”为欢言，“发”衾“视”儿。如果是武昭仪想掐死自己的女儿，嫁祸给王皇后，要在皇帝面前演一出好戏，那么这一系列的动作需要紧凑严密，任何的动作、行为、语言都要演得逼真到位才能不露破绽。武昭仪是否具备这样瞒天过海的精湛演技呢？具备了这样的演技以后，是否能做到在周围宫女太监恰好都不在时进行？即使太监、宫女都不在，皇后又怎么能独自来访，且有逗弄孩子的行为？皇帝又如何从天而降，发现皇后的巨大罪恶？即使武昭仪是神仙下凡，恐怕也很难把所有的条件全都准备好。

其实，如果细心审视，就会发现，武昭仪掐死亲生女儿的恶性案件，只是人们的揣测和怀疑，并没有证物、证人作为依据。司马光在《资治通鉴》中写道：“后宠虽衰，然上未有意废也。会昭仪生女，后怜而弄之，后出，昭仪潜扼杀之，覆之以被。”司马光甚至连模拟现场的“情景剧”都不愿意展现，就直接盖棺定论，认为是武昭仪亲手掐死自己的女儿，嫁祸给王皇后。

小公主的意外死亡，让王皇后成了无辜的替罪羊，这是确定无疑的。但是用不容辩驳的语气，认为元凶一定是孩子的亲生母亲，也是非常偏激的。在当时医疗、卫生、养育条件都很有限的条件下，不仅是孩子，即使是成人，也处在一种生命极度脆弱的状况中。孩子生下来以后，不幸夭折是常有的事情。因

朱雀门

此，理智一点儿分析的话，小公主的猝死与其说是某个人有意的谋杀，倒不如说是因为看护不当而造成的千古疑案。小公主是个婴儿，被子压住了呼吸器官，屋子里的取暖设备发散出的一氧化碳气体，甚至是一种急性而不易察觉的疾病，都有可能瞬间夺走这个襁褓之中的幼小生命。在这桩疑案中，王皇后成了史上最冤枉的皇后。为什么“咿咿呀呀”的小公主，被她抚摸两下，就永远离开了人世。她无法面对哭泣悲伤的情敌武昭仪，更无法面对愤怒不已的丈夫李治。

从此以后，皇后不仅失宠，而且也失去了皇帝对她仅有的一点儿信任。十年以后，也就是麟德元年（664）三月，这位暴卒的小公主被追封为“安定公主”，按照亲王的规格举行了迁葬礼，被从禁中的德业寺，迁到朱雀门的崇敬寺。这位小公主的谥号是“思”，不知道是不是已成为皇后、拥有巨大权力的武则天，在以特殊的方式，表达对这位女儿的深情思念。

尽管武则天多年以后仍在痛惜女儿的夭亡。但她也必须承认，正是因为女儿的离世，才给了王皇后一个重重的打击，也帮助自己击退了情敌们的集体攻击。不过，这还不足以让王皇后倒下，因为缺乏证据，皇帝无法给她定罪，废掉她的皇后之位。

武昭仪本来以为公主之死，会使皇后被废掉，但结果皇后只是依旧被皇帝冷落而已，她对此感到非常失望。武则天内心的私欲与野心极度膨胀，她已经摸透了皇帝的脾气，对他有极大的影响力，从而也就有了更高的目标。她开始是想让皇帝立自己为宸妃，可被朝中的大臣一窝蜂地否决了。在他们的批评与指责下，武昭仪反而激发了无限的斗志，生了要取代王皇后之心。

她相信自己办得到，于是对皇帝比以前更加温柔，还拿出很多财物赏赐给自己手下的太监、宫女，让他们帮她盯紧了王皇后，一有动静就过来汇报。王皇后对这一切却没有任何察觉。她受到小公主之死的连累，以嫌疑犯的身份在后宫里委曲求全，也没有好好修炼自己，提高情商，培养才智，却稀里糊涂犯下了另外一桩大罪。正是这桩大罪，让王皇后最终被皇帝废黜。

后宫巫蛊，心机暗藏

伴君如伴虎，在皇帝身边踏错一步，都会死无葬身之地。所以，从妃嫔宫女们踏入皇宫的第一天，前辈们就会对她们进行培训，告知在后宫工作的诸多禁忌，她们接受培训的第一课便是：不要碰巫术。一旦跟巫术沾上边，那就是一条不归路。

所谓的巫蛊之术在今天看来，不过是些异想天开的法术。那些人用些偷偷摸摸的小伎俩，诅咒自己的仇人，希望鬼神能帮助他们达成自己的心愿。实际上，这些手段，不过是在自欺欺人。在极度高压的竞争下，需要即刻见到强大的效果，巫术既然不能借用鬼神把仇人摄魂取命，那起不到什么作用。可是很快，厚黑高手们便发现了巫术的另外一个功能，那就是利用皇帝对巫术的恐惧，对别人进行栽赃。

唐朝永徽年间（649—654），因为巫术事件，朝堂上发生了天翻地覆的变化。对于这件事，《旧唐书》记载："后惧不自安，密与母柳氏求巫祝厌胜。事发，帝大怒，断柳氏不许入宫中，后舅中书令柳奭罢知政事，并将废后，长孙无忌、褚遂良等固谏，乃止。"王皇后害怕自己地位不保，便偷偷和母亲柳夫人商量，试图通过巫术唤回丈夫的结发之义。可是事情暴露了，李治大为生气，从此以后不准丈母娘踏入后宫半步，把王皇后的舅舅柳奭降了职，还要废掉王皇后，由于长孙无忌、褚遂良等人的坚决阻止，李治才暂时中止了这个念头。

里面并未提武昭仪，却让人能从历史的烟云里读出阴谋的痕迹。“事发”两个字很值得玩味，如果王皇后与母亲确实犯下了大逆不道的罪行，那么这件事是怎么泄露出去的呢？如果这件事以莫须有的罪名加在王皇后身上，又是谁让皇帝确信无疑的呢？史官虽然无一字暗喻，可是稍微了解当时大唐后宫的人，都会把怀疑的目光投向武昭仪：后宫有大批的宫女、太监为她通风报信，王皇后的一举一动都在她的视线之内；皇帝对她有专房之宠，对她的话言听计从。此时此刻，除了武昭仪，谁有胆量和能力来跟王皇后叫板呢？

王皇后的舅舅中书令柳奭是个极为聪明的大臣，早在小公主夭折以后，他就告诫自己的妹妹，一定要让外甥女凡事小心谨慎。并且，还为自己安排了一个退路。永徽五年（654）六月，他恳求免去中书令职位，改为礼部尚书。柳奭在政治事务中，精明能干。按照常理，皇帝应该挽留这位大臣。但是，皇帝很随意地批准了柳奭的请求，这让柳奭感到很是失落。这个熟谙人事的政坛老手心里明白，外甥女的皇后之位岌岌可危了。

确实如此，武昭仪再次朝着她的目标迈进了，这一次，她想要打破惯例，提升自己的地位，由于当时贵妃、淑妃、德妃、贤妃四个位置，都是满员，于是她向皇帝提出，从正二品的昭仪破例晋升为“宸妃”，这个职位是在“四妃”以外单列的，皇帝同意了，但这个职位必须要与朝中大臣商议。当皇帝在朝堂上提出这个想法，很快便遭到了侍中韩瑗和中书令来济的强烈反对。这件事只好作罢。

这让武昭仪既失望又愤恨。她原本以为，皇帝同意的事情，一定是无可争辩的，却没有料到大臣们的反对会让皇帝屈服。这次失败也让武昭仪明白，后宫之事并不能在朝堂上得到解决，她要想实现自己的目标，必须在朝堂上有支持自己的势力，要有能为自己说话的大臣。她的这个诉求与皇帝心中的愿望合拍，皇帝急于摆脱父亲的阴影，预备大展雄风，做千古不朽的一代明君。可是很多时候，他感到自己被一张看不见的网束缚住了，无法自由飞翔。

朝堂上的对立敌人

大唐永徽年间，不管是朝中大臣，还是草莽野夫，都知道一个秘密：皇帝的母舅长孙无忌，才是天下最有权力的人。长孙无忌是长孙皇后的哥哥，曾经帮助秦王李世民发动玄武门政变，助其夺取太子之位。在李世民晚年陷入诸子夺嫡的痛苦中，也是他力保晋王李治成为太子的。

永徽三年（652）七月，他深恐得宠的武昭仪别有所图，和褚遂良等人商议，请王皇后让皇帝立李忠为太子。李忠被立为太子后，长孙无忌的权力达到了巅峰。从李世民，到李治，再到李忠，他一力促成三位太子上位。长孙家曾经出过一位皇后，还娶了皇家的四公主，家世地位极为尊贵。长孙无忌富贵威武的气势，真是睥睨天下，莫敢不从。

一天，长孙无忌与朝中官员一起聚餐，十分痛快。在这热闹欢快的气氛中，长孙无忌喝了不少酒。兴奋、激动之中，他便问众位嘉宾："你们看我无忌的富贵，与隋朝的越国公杨素比起来，谁更显赫呢？"那些奉承长孙无忌的人，赶紧说是当今的国舅爷更为富贵；那些不认同的人只是默默坐着不说话。长孙无忌看到大伙的表情，摸着胡子，缓慢地说："我可从来不羡慕越国公啊。我比不上他的只有一点，他富贵的时候已经老迈衰朽；我富贵的时候，正年轻健壮呢！"长孙无忌沉浸在大家的夸耀声里，已经忘乎所以了。太宗皇帝在病榻前，曾经将太子托付给他与褚遂良。褚遂良对朝中的官员很恭顺，所以长孙无忌在顾命大臣中，拥有绝对的话语权。

新帝登基，这位国舅爷仗着自己是三朝元老，做了很多不明智的事，如"房遗爱谋反案"和"皇后抢夺战"。"房遗爱谋反案"是指房玄龄次子房遗爱和妻子高阳公主准备发动的一场政变。这场政变牵涉诸多的皇亲贵戚，其始作俑者就是高阳公主。高阳公主个性骄横、霸道、自私，后来爱上了高僧玄奘的弟

辩机像

子辩机，她深深地被长相俊美又会谈经论道的辩机所吸引，两人很快陷入了情欲的海洋，但他们出轨的事不久也被唐太宗李世民知道，于是辩机被腰斩而死，高阳公主也被李世民痛骂了一顿。这件事让房家背上了沉痛的舆论压力，可是高阳公主不痛悔自己的罪过，却恨上了父亲李世民和兄弟李治。

李治即位以后，高阳公主又要跟婆家的哥哥房直爱分家产。她想出了一条歹毒的计策，就是诬陷房直爱对她图谋不轨。侮辱公主是一件关系国体的大事，不能马虎了事，一般人不好审理这个案件，皇帝李治就派国舅爷长孙无忌审理此案。在审理房直爱非礼公主的事件中，长孙无忌发现了一桩大阴谋。原来，高阳公主、房遗爱联合与高宗不和的驸马爷薛万彻与柴令武，打算发动政变，废掉高宗，拥立荆王李元景为帝。

颠覆政权在任何朝代都是不可赦免的死罪，长孙无忌发现这个大阴谋后，随即逮捕了所有参与的人。同时，长孙大人又利用这件事，实行了他的一个阴谋，那就是将嫌疑犯扩大，以此来除掉自己的“眼中钉”——吴王李恪。吴王李恪才能出众，人品纯良，是个出类拔萃的人杰，也很受大臣和百姓的称许。当年在考虑太子人选时，有人提过吴王李恪，太宗皇帝也有立吴王为太子的意思。但是，长孙无忌坚决反对。这有两个原因：一是因为李恪并非他的亲外甥，两人关系也不亲密；二是因为吴王不像李治那么懦弱，恐怕日后不好控制。

唐太宗晚年最听长孙无忌的意见。因为长孙无忌反对，皇帝就打消了立吴王为太子的念头。长孙无忌与吴王也从此有了心结，他害怕吴王将来势力壮大，有朝一日会找自己算账，所以，他一直盘算如何除掉这个心腹大患。现在，他等到了一个好机会。国舅爷不但把参与阴谋的李元景、房遗爱、高阳公主、薛万彻、柴令武、巴陵公主等人全部杀死，还诬陷吴王李恪与江夏王李道宗也都参与其中，并要求皇帝赐死吴王。吴王李恪临死前大骂长孙无忌“窃弄威权，构害良善”，李恪的话也的确得到了印证。十七岁就追随太宗征战，并屡建功勋的江夏王李道宗，被流配象州，在途中病死。长孙无忌的手段，后来被武后所效仿，而且“青出于蓝而胜于蓝”，比他发挥得更为老辣狠毒。因此，当长孙无忌与褚遂良被武后杀死后，有人评论，“天网恢恢，疏而不漏”。

长孙无忌处理不当的另一件事，是专横霸道，坚决反对皇帝立武媚娘为皇后。武媚娘知道长孙无忌反对立她为后，也知道国舅爷的意见很有分量，所以很是花了一番心思讨好国舅爷。最先，她拉着皇帝和她一起低声下气地恳求长孙无忌，但没有起到作用；后来，她又跟皇帝直接登门拜访国舅爷，希望在私下温馨和睦的气氛里，国舅爷能稍微通融。永徽六年（655），皇帝与武昭仪特意来到长孙无忌在崇仁坊的宅邸，来意不言自明。席间，皇帝夫妇与国舅一家人品尝美食，畅饮美酒，待到酒酣耳热的时候，皇帝又送了一份大礼物：拜国舅宠爱的姬妾生的三个孩子为朝散大夫。皇帝的特意恩赐，就是要明白地告诉国舅，作为交换，他希望能立武媚娘为皇后。当皇帝故意把话题引向皇后，面露难色地说：“皇后无子。”满以为国舅能接茬儿说下去，可惜长孙无忌竟然轻松自如地把话题引到了其他的事情上，直至席终人散，关于皇后的话题也没有再次提起。皇帝和武媚娘也只能失望地回宫了。后来皇帝又接二连三地送自己亲手画的画和金银宝器给长孙无忌，希望他能松口，可是长孙无忌只是送来的东西收下，却并不帮他立武媚娘为皇后。武昭仪眼睁睁看着长孙无忌接受重赏，却并不帮助自己，心里恨不得杀了他。但是，为了达成当皇后的理想，只好忍着这口恶气，继续祈求他的通融。

武昭仪甚至请求母亲杨太真去长孙府上拜访。到了国舅爷的府邸，杨太真姿态放得很低，语气非常诚恳，反复向长孙无忌表示爱女的心意，并希望长孙无忌能点头答应，以后必将报答他的成全之恩。可长孙无忌就是铁青着脸，不答应。长孙无忌的强硬态度，不仅没有打败武媚娘，反而更激起了她的斗志，她把目光投向了那个既依恋她又握有权力的皇帝。从十六岁被立为太子以来，李治就被唐太宗李世民带在身边，长期灌输给他为君之道。李世民不仅随时随地教育他，还在百忙之中给他写了一本《帝范》，让他有章法可循，有路径可走。所以，李治虽然本性懦弱，但是在先皇的调教下，也努力承担了上天赐予他的皇帝使命。

他刚即位为帝时，也以种种实际行动向世人表明，自己是一个倾听大臣意见、关心黎民百姓生活的贤明之主。然而，虽然皇帝有能力、有信心治理这个国家，但国舅爷始终手握大权，这让皇帝李治感到很受压抑。在一些重大案件的审定中，他甚至都没有决定的权力。比如，在“房遗爱谋反案”中，长孙无忌诬陷他的六叔李元景和哥哥吴王李恪时，他边流着眼泪，边向宰相大臣们求情：“荆王，朕之叔父；吴王，朕之兄长，朕欲免其死，可乎？”可是兵部尚书崔敦礼却大义凛然地拒绝了皇帝的求情，而这个崔敦礼正是国舅爷长孙无忌一手提拔起来的，其中的缘由自是不必再说了。

皇帝的愿望、决定无法实行，根本的原因就是他被“长孙系”架空了。皇帝再三地跟朝臣们商议废掉王皇后，改立武昭仪为皇后这件事，后来发展到不再单纯是废立之事，而是皇帝要维护自己九五之尊的体面，要为自己争取到本来该有的话语权。永徽六年（655）九月初一，皇帝与百官们举行了每日例行的早朝。退朝后，皇帝在内殿召开了一次会议，召集了四位宰相。皇帝决定公开与他们商讨废立皇后的事情。当时宣召四位宰相是太尉长孙无忌、司空李勣、左仆射于志宁和右仆射褚遂良，他们猜测，这次会议是为了改立武昭仪为皇后的事情，于是开始商量对策。他们开始想让李勣第一个发言，李勣看形势不妙，就推托有病不来参会，于是，他们决定让褚遂良做反对派的代言人。褚遂良曾经受先帝遗诏，有托孤之重，有与年轻皇帝叫板的资本。

等到三个人进入议事堂，皇帝独自坐在那里，半天没有说一句话。皇帝忐忑不安地看着面前的大臣们，最后把求救的目光送给了舅舅，他哀求地说：“妇女的罪，以没有子嗣最重，现在王皇后没有子嗣，武昭仪有子嗣，立武昭仪为皇后怎么样？”褚遂良回答说：“皇后出身于名门大家，是先皇在世时娶的，先帝还执着您的手对我说：‘我的好儿子好儿媳，现在托付给你了。’先皇的话，现在犹如在耳畔，况且王皇后也没有什么过失，恐怕您不能废了她，我不能听从您的意愿，而违背了先帝的命令，希望您三思呀！我如果因为这件事冒犯了您，我愿以死谢罪，也不敢负先帝的厚恩。”这一席话说得李治哑口无言，只好悻悻地离开了。但是，他心里依旧没有放弃，在武昭仪的鼓励下，再次燃起了与群臣们斗争的勇气。

第二天，皇帝退朝后，再次召集宰相们在一起开会，又提起了废掉王皇后这件事。褚遂良看到皇帝还不死心，恼火又焦急，当时情绪失控，口不择言，竟然大声说道：“陛下，如果您想另立皇后，请选择天下大户人家的女子，武昭仪曾侍奉过先帝，您现在又要立她为皇后，难道不会被天下人耻笑吗？陛下您若失去为人子的道德，使自己招致坏名声，祸乱的由端，就是从这里开始的。现在我触犯了您的龙颜，如果能不负先帝，我甘愿死于刀锯之下。”褚遂良兜出皇帝与武昭仪的老底，李治的脸色瞬间变得铁青。褚遂良自己越想越气，索性把大臣上朝的笏板往台阶上一放，解下头巾，磕头如捣蒜，直到头破血流。他嘴里还絮絮叨叨地说道：“请求陛下让我回家吧，老臣能力不够啊！”看到这幅场景，皇帝也来了火，大声叫人把褚遂良拉出去。武昭仪一直在帘后，看到这一幕闹剧，不由得大怒，随即高喊道：“为什么不杀了他？”

这是武媚娘在朝臣面前的第一次发怒，其声势之猛烈，胆气之高壮，决断之明确，让当时在场的诸位大臣胆战心惊。武昭仪和皇帝结成牢固的同盟，希冀废掉王皇后，刚毅的武昭仪被一次次打击，折磨得快崩溃了，她的情绪直接影响着皇帝，皇帝也整天闷闷不乐。就在皇帝与武昭仪陷入绝望时，事情却出现了重大转机。就是这个转机，让在宫中呼风唤雨的武媚娘，慢慢在政治上成熟起来，从而为将来涉足政治圈打下了坚实基础。

步步惊心终登后位

永徽六年（655）九月，唐高宗下诏，贬褚遂良为潭州（今湖南长沙）都督。这已经是撇开关陇集团，决定改立皇后的一个信号。十月十三日，唐高宗下诏：王皇后、萧淑妃阴谋害人，废为庶人，王皇后母亲和兄弟，都被除名，流放江南。王皇后已经被废，萧淑妃也因为没有贤德被废，皇后之位便空缺了，这让李义府、许敬宗等武媚娘的亲信欢呼不已。

十月十九日，刚上早朝，只见许敬宗还没等皇上坐上龙椅就出班上奏："皇上，臣有事启奏。"他的话音刚落，只见中书令来济便大吼道："许敬宗，退下。"许敬宗吓了一跳，略微颤抖地问道："本官有本启奏，关来大人何事？"来济鄙视地答道："皇上还未坐定，百官还未朝贺，你就奏事。"皇上见他们二人争吵起来，便说："好了，不要争了，朝贺就免了，许爱卿有什么事就说吧！"只见许敬宗从怀里掏出了一堆奏章，然后跪着说："皇上，武昭仪出身名门，才貌双全，德艺双馨，堪称是后宫的表率。现在皇后一位空缺，文武百官都纷纷上书，请求立武昭仪为皇后，这是奏书，请皇上过目。"皇帝一听是请立武昭仪为皇后的奏书，自是喜不自胜，便赶快说："快快呈上来。"

只见侍从从许敬宗手里接下那一堆奏章，皇上翻了几下便喜上眉梢地问群臣说："大家都同意立武昭仪为皇后吗？"李义府、崔义玄等武媚娘的亲信赶紧回答："臣等以死相荐。"李治乐得嘴都合不拢了，早朝过后，便喜滋滋地回到内殿，对武媚娘说："妥了，妥了，今天许敬宗一上早朝便启奏说百官请求立你为后，朕已经准奏了。哈哈，哈哈，哈哈……"武媚娘内心的喜悦自是不必言说，但这也都是她意料之中的事情，于是便微笑地对皇帝说："皇上可让太史令占卜大典的日子了吗？""呦，朕只顾着高兴，竟忘了这事儿了，现在就叫人传太史令过来。”“皇上，不用了，臣妾已经问过太史令了，十一月初一便是吉日。”“哈哈，看来还是媚娘想得周到啊！好，那就十一月一日。”“皇上过奖了，您现在休息会儿吧！臣妾去宫里转转，看看大典的事筹备得怎么样了。”“去吧！有你，朕真是乐得清闲啊！”武媚娘向皇上莞尔一笑便出去了。

大明殿

武媚娘穿着雍容华贵的衣服，在一大群宫婢内侍和卫士的簇拥下，巡视着。她走过中宫，走过西宫，走过大明殿，走过皇宫的每一个角落。她一路走来，一路注视着眼前的一切，她心里有说不出的愉悦和骄傲。她终于成为这后宫的主宰，成为这大唐皇宫的女主人，现在她可以把皇宫的每一寸土地都踩在脚下了，她可以想走就走，想看就看，随心所欲，无人约束，无人可攀。

十一月初一，皇城内到处花团锦簇，彩旗飘扬，宫女、内侍来来往往穿梭其间。一动不动的是值勤的羽林军，他们昂首挺胸，目视前方，手里拿着金瓜和斧钺，观察着周围的一切。册后大典的主会场设在太极宫的正殿太极殿，铿锵有力的《普天乐》响彻整个云霄，文武百官按官阶大小排列成队站在太极殿前，等候进入朝堂。随着内侍“啪、啪、啪”三声清脆的鞭响之后是一声洪亮的“皇上驾到”，只见李治穿着龙袍，戴着通天冠，端坐在御辇上徐徐而来，到了台阶前下了御辇，走进大明殿。文武百官这才在赞礼官的引导下，依次走进大殿。一系列庄重的册封仪式举行完后，武氏便在尚仪官的赞导下升入宝座，坐北朝南，第一次以皇后的身份，正式接受内官们的朝拜。接着执事官奏请皇后乘舆，于是武后便在众人的簇拥下，登上凤舆，侍从护卫凤舆启程。武后的凤舆一直抬到太极殿前。李治一改往常惯例从太极殿走出来，迎接武后，手挽着她走进太极殿。按照唐代规制，皇上是不应该降阶来迎皇后的，于是便有人拉着司空李勣的袖子说："司空大人，皇上的行为不符合规矩，是否要提醒他一下？""做好你自己的事吧！"司空李勣回答完，便快步上前，叩首对皇帝说："已绶宝册完毕，臣前来交旨。""好。"李治笑着说完便去陪他的新皇后去了。

按照唐代官制，皇后拿到宝绶后，应向皇上跪拜谢恩，才打道回后宫。可武后却没有，她拉着皇帝去参观龙案宝座，参观完龙案宝座后，又想去肃仪门会见文武百官和外国使臣。这些本来都是不合礼节的，但对如今的皇后来说却都成了例外。肃仪门的城楼两边飘扬着彩旗，站着两排乐队，城楼下是攒动的翘首以待的百官。武后在一片沉雄浑厚的音乐声中走出来，她穿着皇后的大衮服，被花团锦簇的宫娥美姬簇拥着，在灿烂秋阳的照耀下，武后那明艳照人的形象便展露在众人面前了。众人都目不转睛地看着，那些外国使臣们更是毫不掩饰自己的渴慕。这时候，武后面对着鸦雀无声的人群，靓丽地粲然一笑，是一位纯粹女人的微笑，从她的双眼里放射出一种昂然向上的蓬勃生命力。

紧接着，随赞礼官一声"参拜"的口令，文武百官和外国使臣们全都跪下，高呼："皇后娘娘千岁千岁千千岁！"武则天看着这黑压压拜倒的一片，不禁笑了，她从心里笑了，这是她期盼已久的呼声，这是无数个男人对一个女人的参拜和屈服，此刻武则天感到很满足，一种得胜的喜悦和骄傲之情油然而生。

深宫除敌，斩尽杀绝

武媚娘成了武皇后，成为大唐朝最有权势的女人。她并没有在自己的地位面前迷失自己，她深知自己来自单亲家庭，还尝受过十二年的冰冷生活，经历过种种的波折，让她有着强烈的危机感。

她的皇后之位是从王氏手里夺过来的，靠的是皇帝对自己的宠爱。武后明白，要想长久地稳坐皇后宝座，单凭皇帝的宠爱远远不够。皇帝个性优柔寡断，缺乏主见，自己的皇后宝座随时可能会被哪位才貌双全的情敌夺去。所以，现在她还不能有大功告成、万事大吉的想法。

不久，后宫就发生了一件事情，在他人眼里，这是皇帝顾恋旧情，宽厚仁慈的表现；在她的心里，却是丈夫对她的第一次不可饶恕的背叛。皇帝从十六岁当太子的时候，王皇后与萧淑妃就在他的身边，到永徽六年（655）皇帝二十八岁，早已有十几年的夫妻情分。虽然在武媚娘的耳边风下，皇帝把她们贬为庶人，但那是大怒之下的决定。时过境迁，李治再回想前尘往事，对这两位美人又起了怜惜之情。

皇帝天性温和，多愁善感，一旦遇到触发的事情，便勾起他对往事的回忆。尤其是萧淑妃，这个他曾经最宠爱的女人，给他生了一个儿子两个女儿的女人。有一天，皇帝因想念王皇后和萧淑妃，就悄悄地来到了她们被囚的地方。他看到她们被封闭在只留有一个孔洞的囚室里，维持着非人非兽的生存状态，顿生怜悯之心，便不顾从洞口发散的异常难闻的气味，向里面大声地呼喊："皇后，淑妃，你们在哪里啊？"那两个女人整天都待在这黑暗、潮湿、恐怖的地方，心情绝望到极点，身体的机能也迅速下降，耳不聪目不明，一时之间竟然没有反应过来。皇帝又大喊起来，两个人听到声音，扑到洞口，看清楚来人正是皇帝李治。往日的种种美好，如今此刻的痛苦，三个人都有千言万语，却又一时说不出来。王皇后看着皇帝，悲悲戚戚地哭泣道："我们两个人是有罪之身，已经被废为宫中低等的婢女，哪里还能享受到此等尊称呢？"

旁边的萧淑妃虽然也一样沦落到不堪的地步，却比王皇后精明得多，赶紧含情脉脉地对皇帝说："假如皇帝能念及往日情分，使我们能再见天日，请皇帝把此院改名为'回心院'，那就是我们莫大的幸运了。"李治对萧淑妃一直还有余情，听到这话，心如刀绞，即刻回答："朕自有安排。"可惜李治高估自己的能力了，后宫的宫女、太监都是武后的耳目，他探视王皇后和萧淑妃的事很快便传到了武后耳中。此时的武后早已不是昔日那个懦弱的小宫女了，听说这事以后，醋意大发，异常愤怒，发誓要采取特别的报复行动。

女人一旦妒忌起来，比凶猛的野兽还要可怕。比如汉朝刘邦的吕皇后就因为嫉妒刘邦对戚夫人的宠爱，在刘邦死后，把戚夫人制成“人彘”。武后开始报复了，她先是让人用木棒，狠狠杖打王氏及萧氏各一百下，接着又让人砍掉她们的玉手纤足，最后又让人把她们投进酒瓮中。终于几天之后，这两个可怜的女人在痛苦中死去了。据《唐新书》记载，王氏在被赐死前曾立誓：“愿大家（皇帝）万岁，昭仪承恩，死自吾分！”萧氏则咒骂：“阿武狐媚，翻覆至此，愿我来生为猫，阿武为鼠，吾扼其喉以报今日，余愿足矣！”一个是为皇帝和武后祈福，一个则是诅咒武后来世为鼠处处受猫的遏制。据野史记载，武后时常梦见王、萧二人披发沥血，恐怖无比地出现在她面前。她甚至还用巫祝的方式，驱散这两个人的鬼魂，但没有任何效果，于是她又移居到蓬莱宫，可还是摆脱不掉这两位屈死的女人。最后，武皇后只好逃到了东都洛阳。

在史官记录武后的罪恶簿上，这是血淋淋的第一笔。小公主之死，因为证据不充分，没法坐实武后是背后的凶手。王皇后与萧淑妃的被贬虽与武后有关，但还谈不上重大的犯罪行为。而王皇后与萧淑妃的死，却毋庸置疑是武皇后的“杰作”。

后宫的女人们，用尽一切办法甚至是不择手段来博得皇上的宠爱。战国时期，楚灵王好细腰美女，便有宫中女子饿死。晋武帝司马炎坐着羊车在后宫游荡，羊车停在哪个妃子门前，他就和哪个妃子交欢，于是便有嫔妃在门前插柳条、洒盐水，来吸引那些羊。赵飞燕的皇后之位是从许皇后手里抢过来的。卫子夫的皇后之位是从陈阿娇那里争到的。因此，武昭仪从王皇后手里夺取皇后之位的事情，也并不是多么不堪的事情。

然而，王氏与萧氏的惨死，却把武皇后的心狠手辣昭然揭示于天下。武后与王皇后和萧淑妃相比，可以算作胜利者。她有皇帝的宠爱，还夺取了皇后之位。她对二人的做法，在暴露她做事不留余地个性的同时，也说明了她对皇帝并没有十足的信心。

李治生性优柔寡断，实在靠不住。他下诏把王皇后与萧淑妃贬为庶人，可过了一段时间，便后悔自己的所作所为。王皇后曾经有长孙无忌的支持，还落得了一个被废的下场；武皇后，她在朝中根本没有那么强硬的靠山，拿什么来维护自己的地位呢？于是她用残忍的手段，杀死了这两位年轻的女人。这个事件，一方面展示了武皇后的凶残与暴戾，另一方面也证明了皇帝的无能与纠结。可惜这两个女人只看到了皇帝带给她们的希望，却不知道这个皇帝有多么窝囊。他因为一个随意的念头，就冒失地来探望两人。他在后宫没有多少话语权，却不把事情做得机密；既然已经答应两个女人“自有安排”，却还是纵容武后，用令人发指的手段，杀死了对他寄予厚望的可怜人。

自从武媚娘进入李治的后宫以来，她一直用温柔、体贴、能干像磁场吸引磁铁似的，吸引着大唐皇帝李治。可是，当她成为后宫之主，面前没有可以竞争夺宠的女人后，她对皇帝的态度便发生了改变。杀死王皇后与萧淑妃，这就是一件严重违背皇帝本意的事情。皇帝行动不能自专，有个人性格的原因，也有夫妻两人被捆绑在政治绳索上的不得已，不管怎样，这都说明，武皇后手里拥有了莫大的权力。

清除关陇门阀士族

显庆元年（656）开始，高宗的头痛病开始加重，于是便把政务交给已显露出具有处理朝政能力的武则天。按儒家女主内、男主外的训诫，这种做法是不合礼法的。但高宗信赖武则天，而武则天也有此爱好，所以朝廷政事便由武后全权处理。

武则天这年三十二岁，少年时代的野性淘气和感业寺的瑜伽坐功都锻炼了她的身体，于是精力充沛的她，就被推到执政皇后这种历史上绝无仅有的位置上。她的亲信大臣许敬宗受命每日在皇宫上朝的大殿西门值勤，因此武则天对朝中百事及大臣动向、态度了如指掌。高宗在前台点卯，皇后在后台决断，夫妇配合默契，大小事务处理得井井有条。

武则天辅助高宗执掌朝政，并没有忘记朝中关陇集团这一政治敌手的存在，她发誓要除掉他们。要铲除关陇集团，必须扶植亲信势力。永徽六年（655），许敬宗与李义府先后在武则天的帮助下任礼部尚书参知政事，后又兼太子宾客。这年年底，为武则天登上皇后之位立过大功的李义府又以中书侍郎身份参知政事。朝中的权力中枢已有了她的亲信，朝廷已经不再是关陇集团所垄断的局面了。

许敬宗既文才高，又老谋深算，对武则天理政起了很大作用。就他一生观之，实无大过。后人贬斥他，只是因为他曾为武则天撑腰。李义府却是个狡诈贪婪的小人，曾为了牢狱中的一位美妇，逼死大理丞。武则天虽为此十分恼火，但正值用人之际，不想让关陇人士的反击得逞，也不想让拥护她的人寒心，才没有给他定罪。

但关陇集团不会放过他。侍御史王义方上奏说："李义府在天子的眼皮底下，竟敢大胆包天，擅杀六品寺丞，罪不可恕。即使说其是自杀，也是因为害怕李义府的威势。如果这样，则生杀之柄，已不在皇上的手中了。"这样的弹劾，明显是要把李义府扳倒，但因为武后保他，因此高宗反倒责备王义方毁辱大臣，把他贬为莱州司户。

显庆元年（656）底，西突厥发生内争，朝廷命贞观老将程知节引军西征，授为葱山道行军大总管，以王文度为副将。程知节领军入西突厥，遇西突厥四万人马。前军总管苏定方率精骑五百名，冲入敌阵，大获胜利。王文度却矫旨劝程知节防守，延宕不进，后又杀死前来投降的突厥人，分其财物，苏定方屡谏不从。班师回朝，高宗查得实情，将王文度治罪除名，程知节也因逗留之罪免官。以苏定方为伊犁道行

程知节征战西突厥

军总管，再讨西突厥，大破沙钵罗可汗，此次为高宗即位以来最大的一场军事远征的胜利。高宗能明辨秋毫，获胜而罪大将，起用能人，确非往日可比，实为武则天在后台操纵的功劳。

此时，武则天已经着手按预定的计划进行人事调整。长孙无忌的亲戚，一个个被外放。先是太常卿、驸马都尉高履行被任命为益州（今四川成都一带）大都督府长史。接着工部尚书长孙祥被任命为荆州大都督府长史，这两个人一个是长孙无忌的表兄弟，一个是他的堂兄弟，显然武则天是为了斩断长孙无忌的臂膀。

长孙无忌等关陇元老已经认识到，因为武后，高宗不会像以前那样听话了。所以有必要让皇上明白女祸误国的道理，并要反击武则天。长孙无忌自武则天册立以来，虽然在编纂《武德贞观二朝史》等书，但他的眼睛、耳朵仍在关注着朝堂上的事。当然，打头阵的还是韩瑗、来济。他们的反击首先就是要为褚遂良辩解，韩瑗上奏说：“褚遂良是国家的老臣、陛下的贤相。没有听说罪状，就被赶出朝廷，如今都好几年了，百姓们都在叹息惋惜。请陛下念他是无辜受冤，稍微放宽责罚，来顺应民情。”高宗听了，说道：“褚遂良的情况，我已经知道了。但是他忤逆犯上，我才惩罚他，你们为什么说得这么重呢？”韩瑗、来济见圣上心已动，又奏道：“褚遂良是国家的忠臣，他是被居心不良的人诋毁的。您无缘无故抛弃旧臣，恐怕这不是国家的福气啊！”这些话很明显是针对许敬宗、李义府和武则天的，皇上不肯听从。韩瑗等人又以辞官相威胁，皇上也没有准许。

后来李义府又挑起一场交锋。他要为恩人刘洎平反，许多朝臣也跟着李义府起哄，但被给事中乐彦玮给顶了回去：“今天如果雪刘洎之罪，就是想说先帝用刑不当。”高宗因为对刘洎拥立李泰为太子的事还记在心里，

洛阳宫复原图

就没有同意昭雪刘洎之冤。

显庆二年（657），高宗偕武则天行幸洛阳宫，在那里住了下来，并命将洛阳定为东都。实际上，这是武则天的远见卓识。因为唐朝时四疆拓展，重心南移，长安于统治全境不利，洛阳则要便利得多。自此以后，洛阳的政治地位上升，成为新兴的经济、政治和文化中心。显庆二年（657）七月，许敬宗、李义府诬奏侍中韩瑗、中书令来济，与褚遂良企图谋划叛乱，没有主见的高宗很快便下诏贬了韩瑗、来济、褚遂良、柳爽等人，这样关陇集团终于瓦解了。

韩瑗、来济被贬的同时，许敬宗被提升为侍中，兼度支尚书。李义府也小人得志，仗着皇上诬陷与自己有仇的中书令杜正伦。高宗一气之下，以大臣不和为名，贬杜正伦为横州（今广西横县）刺史，贬李义府为普州（今四川省安岳县）刺史。

吏部尚书唐临见李义府被贬，很高兴，他趁机选与李义府有怨的张伦为剑南道（今四川和云南一部）巡察使，又以同来济关系密切的雍州司户许讳为江南道巡察使，以处置李义府，重聚关陇集团的力量。但武则天何等精明，她知道李义府虽不堪任用，但他是朝中拥武的支柱之一，所以仍在保护他。她一眼就看穿了唐临的目的，就对高宗说："唐临这个人利用权力私自选人授官，朝中议论纷纷，不撤换此人，有损朝廷威信。"于是高宗免了唐临的官。

至此，经过反复的斗争，至显庆四年（659）初，亲武则天势力在朝中形成，关陇集团土崩瓦解，只剩下难以撼动的皇上元舅、顾命大臣、太尉长孙无忌这一个孤家寡人了。

李弘登上太子之位

武则天登上皇后之位时，长子李弘三岁。第二年，也就是永徽六年（655），高宗废黜了皇太子李忠，作为皇后嫡出的长皇子李弘，被立为太子，李忠被贬为梁州刺史，离开了京城。

李弘生性温和，心肠仁慈，做事认真，充满正义感。自幼跟着郭瑜读书，所读书目都是武则天为其选定的。他从十岁开始读《春秋左氏传》，书中有许多充满权术、阴谋和杀戮之气的历史故事，其中楚子商臣的弑父故事尤其令他感到惊慌和茫然，他问郭瑜，商臣为何弑父，郭瑜回答说是为了夺取王位，李弘非常不解，儿子为什么会为了王位弑父，天理人伦难容此事，更不明白左丘明为什么会把它记载下来传给后人，郭瑜回答说是为了让后人明辨是非善恶。郭瑜的回答模棱两可，没有使李弘满足。血淋淋的历史，让李弘感到惶恐和颤抖，于是他拒绝读《春秋左氏传》，但郭瑜告诉李弘，那是武则天为他圈定的第一本书，所以他必须读完。李弘知道自己的母亲非常喜欢《春秋左氏传》，事实上，武则天一生的业绩在很大程度上也得益于对这本书的领悟和参透。最后，李弘还是放弃了《春秋左氏传》而选择了读《礼记》，他笃信纯洁而理想的儒教信条，由此李弘的成长背离了武则天为其指定的航向。

李弘身体不好，总是在病中，再加上他天生敏感而善良，于是总会为他人的不幸而黯然神伤。李弘从十三岁开始便受高宗之命在光顺门主持朝觐，虽然机会不多，所裁决的也都是些零碎小事，但他已经能够与文武百官接触了，也开始了解一些民间的世风人情了。龙朔二年（662），李弘命令许敬宗、许圉师、上官仪、杨思俭等人收集古今文集，选录出五百篇，编集成《瑶山玉彩》。《瑶山玉彩》完成后，武则天令李弘将此书献给高宗，高宗看后，十分满意，还赏赐给李弘三万匹丝帛。乾封三年（668），李弘上奏，请求追赠颜回为太子少师、曾参为太子少保，高宗同意了。

据史书记载，李弘待人处事十分宽和，对各位大臣都温恭有礼，因而许多关陇世族和朝廷重臣对他都怀有很高的期望。李弘曾想向高宗进谏，修订法律，让征辽的逃兵家属不受牵连。咸亨二年（671），高宗出行东都洛阳，命太子李弘监国。当时关中地区遭遇旱灾，闹起饥荒，李弘亲自巡视士兵的粮食，发现有吃榆皮、蓬实充饥的人，就命令家仆发放米粮以保证供给。

李弘向来仁厚，当时朝廷大量征兵，那些逃亡或者期限内没有报到的士兵就会被处死，家人也要充军。李弘为此上书进谏："臣听说军队征兵，但凡没有及时报到的全家都会被牵连，有的甚至没断罪就被囚禁，人数众多。但当中有因为疾病才逾期不到，或者途遇山贼、渡河遭难、畏惧逃亡、身负重伤等多种情形，军法却要连坐他们的亲属。军法该兼顾实情，如果不是战死就被定罪或者被逼逃亡，并牵连他们的家属，实在值得同情。臣希望可以修订法律，以后家中有士兵逃亡，也不用受连坐之罪。"高宗批准了他的请求。

东宫中也不乏国色天姿的红粉佳人，但李弘从少年时直到与裴妃大婚，也未与女色有染，这主要与他的身体状况有关，即他一直处在病弱的状态。武则天一直为李弘纳妃的问题殚尽心智，她最初选定的东宫妃是司位少卿杨思俭的女儿，在辈分上比李弘大一辈，是武后的表妹，但是这件事情以几近丑闻的结局收场，因为宫廷密探发现杨思俭的女儿与长安有名的风流浪子贺兰敏之私通。后来李弘纳裴居道之女为妃，裴妃也是个很有妇德的贤淑女子，二人感情也较为深厚。

太子李弘在高宗身体不适的时候，会在光顺门、延福殿这些地方监理国政，却不是他一个人决断，因为武则天的铁腕总会在不经意间伸过来，告诉他应如何处理各种问题。李弘清晰地知道，他的母亲武则天也正在一步一步地掌握整个朝廷的命脉，这让他感到十分压抑，于是便会经常以多种方式规劝自己的母亲要少干预朝政，而李弘对武后的冒犯，往往会换来冷淡的目光，以及恩威并重的言辞，武则天并未因是自己儿子掌权而有所放松，她以更加强势的方式攫取着权力。

事实上，李弘受到朝臣的尊敬以及高宗的礼遇等这些行为，还没有真正触动武则天，真正让武则天生起废他之心的应是他想要释放萧氏之女，李弘以他的善良和仁慈解救了萧氏之女，但同时为自己引来了杀身之祸。

外朝清算敌对势力

经过艰难的拉锯战后，武昭仪正式被册封为皇后，她深切地认识到，后宫与朝廷有着密不可分的联系。后宫大受宠幸之人，必须在前朝有呼应的大臣，才能在命运的关键时刻扭转乾坤。否则，后宫三千佳丽，皇帝往往又朝秦暮楚，即使再艳冠群芳，也有可能被废、被杀，最终落得一个凄凉可悲的下场。

于是，聪敏睿智的武媚娘开始在前朝布置自己的权力基础。武皇后想到，首先要安排自己的心腹进入权力中枢。李义府和许敬宗曾在自己被立皇后的路上立了不少功劳，自然要收归己用，予以高官厚禄，变成自己的左膀右臂。

一时之间，李义府扶摇直上，很快便进入“宰相团”，其风头真是无人能及。李义府外号“李猫”，向来狼心狗肺，这样一来更是恃宠而骄，他看上了一位坐牢的美妇人，就让大理丞送到他家里，当事情被大理丞知道上报给皇帝以后，李义府竟然派人逼死了大理丞。而皇帝不但没有惩罚他，反而把参奏的御史贬到外地。

礼部尚书许敬宗也受到非常礼遇，他每天在武德殿西门待诏，免除了很多的奔波劳苦，与其他大臣迥然有别。这一切都是武皇后的功劳。他们作为武皇后精心培训的打手，将要在接下来的剿灭政敌中，发挥巨大的作用。

显庆二年（657），注定是不平静的一年。正月，皇帝和皇后离开京师，来到了繁华富裕的洛阳。可是两人没有游山玩水，也没有访寺庙、观牡丹，而是进行了一番密集的人事大调整。人事调整的对象全部都是昔日的元老重臣。三月，褚遂良由潭州（今湖南省长沙市）都督被改贬为桂州（今广西壮族自治区桂林市）都督，桂州比潭州更为偏远荒凉。不久，许敬宗和李义府就上奏，说韩瑗、褚遂良、来济“潜谋不轨”，皇帝看了这个奏报，没有详查，就稀里糊涂地对这几个人进行了惩罚。八月，皇帝下诏把韩瑗贬为振州（今海南省三亚市）刺史，来济贬为台州（今浙江省临海市）刺史，原先在荣州为刺史的柳爽被改贬为象州（广西壮族自治区象州县）刺史。可怜褚遂良此时一身病痛，无法远迁，改贬为爱州（今越南清化）刺史。他含冤怀恨，第二年死在了这个地方。

在这么短的时间里，许敬宗、李义府步步高升，褚遂良、来济和韩瑗等被贬到蛮荒之地。这些昔日的勋阁元老频频被贬，意味着朝廷的权力格局将发生重大改变。而此时，曾经三番两次反对皇帝废掉王皇后的核心人物国舅爷，面对这种情势怎么能够没有一点儿惊恐，也没有一点儿援救的行为呢？原来在朝中惊天动地的重大改变下，国舅爷正闭门谢客，躲在京都修史撰业。在这段时间里，他主导完成了高祖太宗两朝的八十卷《国史》、隋朝及南朝梁、陈等三十卷《五代史志》。等长孙无忌修好史书，从书斋里出来，愕然发觉自己已经处在危险的悬崖边缘。他的政治同盟基本上都被打倒，而他的政敌已经成为呼风唤雨的紧要人物。

显庆四年（659），国家权力核心“宰相团”的名单如下：太尉长孙无忌、司空李勣、太子太师于志宁、侍中辛茂将、中书令许敬宗和参知政事许圉师。

许敬宗

长孙无忌虽然依旧是领头人，实际上已经被完全孤立起来。长孙大人多年的从政经验，让他预感到了不祥。四月里，发生了一个重大的政治阴谋，牵连到六位在政与不在政的宰相。先是李奉节密告太子洗马韦季方跟监察御史李巢狼狈为奸。许敬宗负责审问此案，动用了种种可怕的刑讯逼供，韦季方经受不住愤而自杀，但许敬宗并没有罢休，而是想出了一条更歹毒的计谋，用以大范围对付自己的敌人。

许敬宗的头号敌人就是长孙无忌。当初，他们两人对皇后的废立有截然不同的意见。长孙大人作为世家大族，自然鼎力支持王皇后，许敬宗一介寒门素户，把武媚娘作为晋升的阶梯，坚定支持武昭仪。而且长孙大人曾经在诸多大臣面前疾言厉色地指责过许敬宗利用武媚娘的小人行径，在众目睽睽之下，许敬宗备受屈辱，这件事让他一直耿耿于怀，成为他最大的私人仇怨。在公事上，许敬宗处处听从武媚娘的命令。前面，他诬告韩瑗与褚遂良图谋不轨，一方面是在减去对方阵营的外围力量，另一方面也是在试探长孙大人与朝廷其他大臣的反应。当初朝中的平静，让许敬宗大感惊喜。

于是，许敬宗开始实行这个更大的阴谋，他想借助这个案子诬陷太尉谋反，扳倒长孙无忌。许敬宗指使人向高宗秘密启奏，说监察御史李巢勾结长孙无忌，图谋造反。唐高宗便命许敬宗与侍中辛茂将一同审查。许敬宗奏道："长孙无忌谋反已露苗头，我担心他知道事情暴露，会采取紧急措施，号召同党，必成大患。希望陛下能果断处理，尽快拘捕。"唐高宗哭道："我怎忍心给舅舅判罪，后代史官会怎么看待我？"许敬宗举"汉文帝杀舅父薄昭，天下以为明主"之例宽慰高宗，又引"当断不断，反受其乱"的古训，催促其下决心。唐高宗也不与长孙无忌对质，便下诏削去他的官职和封邑，流放黔州。接着，许敬宗又启奏，认为褚遂良、柳奭、韩瑗与于志宁都是这件案子的同谋，褚遂良被削官爵，柳奭、韩瑗被除名，于志宁被罢官，长孙无忌的儿子秘书监长孙冲被流放岭南，褚遂良的两个儿子在流放途中被杀，长孙无忌的另一个儿子长孙铨在流放地被县令所杀。

到了七月，皇帝下诏命令司空李勣、中书令许敬宗、侍中辛茂将等人一起，对"长孙谋反"进行再审。许敬宗却偷偷命令大理正袁公瑜、御史宋之顺等人，提前赶到黔州，逼迫长孙无忌自尽，早早结束了此案。长孙无忌，三代功臣，两朝元老，为宰相三十多年，又兼太尉，却被逼自杀，也真可怜可叹。同月，皇帝又下令斩韩瑗与柳奭，对长孙祥处以绞刑，长孙、韩、柳三家全都被抄家灭户，甚至下令他们的近亲都流放岭南，男为奴，女为婢。这件案子规模之大，牵连人数之多甚至远远超过长孙无忌曾经审查的“房遗爱案”。

在这场消灭长孙派的阴谋里，武皇后没有出现，但是没有人否认她的巨大推动作用。武皇后巧妙借他人手，排除异己，自己却保持母仪天下、关爱臣民的形象，这体现了她高超的政治手腕和过人的权谋技巧。武皇后在政治上真正成熟了，可是在情感上，她与皇帝之间开始出现了危机。

面折皇帝，显皇后威严

武则天在后宫已经肃清情敌，在前朝也结下了政治同盟军。此时的她把更多的精力放在了政治上。虽然她在政治上取得了成就，但与皇帝丈夫却渐行渐远。

李治发现武媚娘和之前大不一样了。尤其是经历了王氏和萧氏两位美人惨死的事情，懦弱无能的皇帝为自己没能挽救她们的生命一直自责，又为武皇后的凶狠感到震惊。他现在才意识到，此时的武媚娘，已经不是当时温柔、宽容、体贴的武媚娘了，她变得让人难以捉摸。

武皇后已经是六宫之主了，又接连诞下龙嗣，再加上个人能力出众，她不愿意再压抑自己的个性，像以前那样委曲求全。特别是在夫妻关系上，武皇后对皇帝的钳制非常厉害。这种前后反差剧烈的行为，与其说是武后心机重，善于作假糊弄人，倒不如说是武后作为女人缺少安全感的小心思。昔日没有完全得到李治，她便千依百顺，去努力讨好他，现在李治已经是她的囊中之物了，所以她要高调地钳制他，来向别的女人宣示自己对这位男子的主权地位。

这在今天是很好理解的行为，但在唐朝就不一样了，特别是她的丈夫是国家的统治者。古往今来，皇帝在两性关系上拥有特权。曹丕说：“美人卷珠帘，深坐颦蛾眉。但见泪痕湿，不知心恨谁。”写尽了宫中等爱的女人的无奈与辛酸，即使拥有沉鱼落雁之貌的美女，只能是皇帝的被选择物。武后曾经在皇帝那里获得专宠地位，虽然她的理智告诉她，这种专宠不可能长久，但是这种理智很快就会被强烈的嫉妒心所掩盖。当皇帝有了其他心思以后，她便派人跟踪、压制、阻挠，并想要控制皇帝。宫里的宫女太监虽然忌惮皇帝的威严，不敢过分地贴近皇帝，对皇帝所眷顾的对象，却都毫不留情地打击。李治很快发现，自己偶尔夸奖了一句的宫女，莫名其妙地就失去了踪影；自己想要宠幸某位姬妾，姬妾们会百般推托，即使承恩圣上，也是战战兢兢。皇帝快要气疯了。

这个“口子”在麟德元年（664）十二月被“撕”开了。皇后发现自己与皇帝的关系日趋紧张，她在担忧之下，竟然做了一件极其愚蠢的事情，那就是秘密施行厌胜之术。为了夺回皇帝的欢心，武后命令她所信任的郭行真道士，施行厌胜之术。这件事被一个有野心的太监王伏胜知道了，就偷偷跑去告诉了皇帝。皇帝听了这个密报，不禁大怒，前仇旧恨涌上心头。于是，皇帝偷偷派遣宦官王伏胜，找来侍郎、同东西台三品大臣上官仪。

上官仪在唐朝初年是一位大名鼎鼎的人物，因为他不仅在政坛发光发热，还是当时一位著名的诗人。他的《入朝洛堤步月》：“脉脉广川流，驱马历长洲。鹊飞山月曙，蝉噪野风秋。”写得就很有味道。他的诗歌音韵清亮，画面感极强，表现出一种雍容典雅的气度，当时的人把以他为代表的这种诗风称为“上官体”，这种诗风在当时非常流行。上官仪虽然在诗歌创作上很有造诣，可是他的政治敏锐性比较薄弱。他看不清当时朝中发生的巨大变化，跟许敬宗一派关系也比较淡漠，并不属于皇后的政治小圈子。上官仪对武后干涉朝廷人事，打压对手颇为反感，现在看皇帝郑重询问自己的意见，也不再藏着掖着，就跟皇帝说了自己的真实想法，他说：“皇后参与政事，恣意妄为，天下都不服，请您废了她吧！”他甚至还草拟废除皇后的诏书，上官仪要是知道这些会让他家破人亡，一定会为自己当初所说的话后悔。就在他草拟诏书时，凤冠霞帔的武皇后没等太监通报就早已来到了他们身边。

上官仪定定神，把鼓励的目光投给了皇帝，却见皇帝脸色乌青，不住地往后退。皇帝自以为找来上官仪，写好废掉皇后的诏书，就可以得到久违的自由，却没有想到，武后早已给他布下了天罗地网，他的一举一动都逃不过皇后的眼睛。面对来势汹汹的皇后，皇帝像是人赃并获的罪犯一样，低着头，缩着颈，窝窝囊囊地待在那里。皇后满腔怒火，却故意做出一副委屈可怜的样子，哭哭啼啼地说："皇帝，臣妾为了您，不停地操劳大大小小的事情，有什么事情做得不好，您尽可以责怪我，怎么一声不吭，就要把臣妾废掉呢？"说完这话，眼泪像断了线的珠子，往下簌簌直掉。上官仪看着这一幕，知道要坏大事了，心脏猛烈地跳动起来。

皇帝对武后本就害怕，看到事情败露，早已失去了主意，又看到武后哭啼，他竟然安慰起了她，甚至还担心武后日后会找他算账。于是，这个懦弱的君主，赶紧说："我初无此心，皆上官仪教我。"把所有的责任推给了上官仪。

皇帝很快与皇后和好如初，上官大人的悲剧却开始了。武后很快就发动了清算运动。上官仪必须死，王伏胜也不能活，这两个人又恰好都服侍过曾经的太子李忠。于是，武后使用了一招一石二鸟的计策，把废掉的太子李忠也套进了死亡名单里。太子李忠是李治的第一个儿子，刚生下来的时候也风光无比：大摆筵席，朝内满朝文武都列席宴会，先皇李世民更是亲自参加，他看着襁褓中的婴儿，喜滋滋地跟群臣说："朕始有孙，欲共为乐。"贞观二十年（646），李忠在陈地为王；永徽初年，又拜雍州牧。李忠老老实实地接受命运赏赐给他的封号，过着皇子们习以为常的生活。谁知道，他的老实却让人盯上了。王皇后膝下无子，又不得皇帝宠爱，舅舅柳奭为了保住她皇后的宝座不被圣眷正隆的武昭仪夺去，便建议她请求皇帝立李忠为太子，因为李忠母亲出身低微，不足畏惧，未来王皇后可以掌控这个太子，继续享受荣华富贵。由于当时褚遂良、韩瑗、长孙无忌、于志宁、柳奭等朝中大臣一致力荐立李忠为太子，皇帝最后也只好答应了这件事。从这件事的始末可以看出，李忠之所以能坐上太子位置，是政治斗争的需要，是长孙大人把持朝纲的产物。至于皇帝本人对李忠也没有太多的父子之情，甚至还因为朝廷元老们的力荐，而对他感到有些不满。

后来皇帝对武后非常依赖，而太子李忠因为与长孙无忌等人是一派，所以也被武后视为“眼中钉”。王皇后被废以后，虽然武后的长子李弘不过三岁，但是太子之位就已经显示出非他莫属的态势。李忠知道自己肯定争不过李弘，便反复以身体不好为借口，要把太子之位让给弟弟李弘。皇帝还要做做样子，一时没有答应下来。但武后的亲信许敬宗等不及了，他受武后旨意，向皇帝建议：李弘是嫡长子，应该由他来担当太子之位。李治本来也有此意，因此就把李忠的太子之位废掉了。皇帝先是把李忠降封梁王，后来又改为梁州都督，没过多久，李忠又被迁到房州做刺史。几年之内一直被贬，把李忠折磨得狼狈不堪，每日都寝食难安。

李忠为躲避武后的加害，经常在家里穿着女人衣服来掩人耳目，还雇了身手敏捷的高手来保护自己，甚至还训练了一批情报员，让他们定期赶赴京城，刺探皇宫的重要情报。虽然李忠挖空心思想了很多招数，可是这些雕虫小技无法挽救他的生命。他的事情被人报告给了皇后，皇后把他废为庶人，关在黔州承乾的老宅子里，等待发落。恰好这时，出现了皇帝准备废掉武皇后的重大事件，武皇后在最后关头从天而降，转危为安，杀死上官仪。同时，还筹划了另一个阴谋，就是利用上官仪来杀死李忠。许敬宗上奏皇帝，诬告上官仪、王伏胜与李忠等人大逆不道，试图谋反，于是李治就把这三个人都治了死罪。如果说是武后逼迫皇帝至此，还不如说是皇帝的昏聩、懦弱、自私使得他身边的人一个接一个地遭受毁灭性的命运。当年的十二月，上官仪下狱，他的儿子上官庭芝与太监王伏胜都被处死，上官仪家被抄，女人都被送进宫里充当奴婢，一个怀有身孕的儿媳妇也被抓进宫里。后来，这个儿媳妇生下一个伶俐的女儿，就是上官婉儿。她在武后的后半生里，担当着重要的陪护人的角色。李忠死时二十二岁，膝下无子，没人给他收葬。后来还是李弘上表请求给他收葬，他才能够归之于泥土，得到安息。其他一些与武后势力不相容的政治人物，如右相刘祥道、左肃机郑钦泰，因为和上官仪关系不错，也被流放。武后与皇帝的第一场大冲突，就以上官仪、李忠和王伏胜的死亡作为代价，得到了平息。

夫妻间的裂痕一旦出现，就很难完全弥合。那场废后风波以后，李治与武媚娘的关系大不如从前，尽管两人都有意做改善，但终究无法和好如初，甚至连太平公主出生，也没有起到作用。武后想跟皇帝过一夫一妻制的生活，在封建君主制国家里，她的想法那么天真幼稚，不切实际。皇帝必然还会宠幸其他女人，武后必然还要采取种种手段进行打击，可是如果，这女人是自己的亲人呢？

显治国才能，受高宗倚重

武则天要除掉关陇集团的一个重要原因，那就是要让高宗成为一个真正的皇帝。她认为关陇集团自开国以来就活跃在政坛之上。在先皇面前都敢冒死劝谏的这些元老重臣，会处处摆布皇帝，使得皇上永远难以有所作为，成不了雄才大略的君主。

高宗决心听从武则天的劝告，把关陇集团排除在朝堂之外。但他性格柔弱无断，身体状况又不佳，这又使他难以成为武则天心目中所期望的那种君主。他虽然摆脱了对关陇集团的依赖，却又陷入了对武则天的依赖。武则天处理政事的能力，种种权谋让他敬服。特别是自永徽五年（654）起，高宗时患头疼，并伴有关节炎。显庆二年（657）后，他又双臂麻木，常常不能上朝，所以凡事都依靠武则天来决断。即使坐朝，精神也不能专注。这使他更加依赖武则天，坐朝而不决政成了高宗的惯例，大臣们也逐步习惯了这一现象。

武则天知道高宗性格软弱，需要在政事上依赖她，况且她本来就不认为女人只该养儿育女。至少她自己不愿意这样。她有能力、有雄心让高宗做出像样的政绩，像她所敬慕的唐太宗那样名垂青史。但最初她并不想抛头露面，这倒不是因为受儒家礼法所拘，而是在意臣民对高宗的看法。高宗为万民之主，应该有他的威仪和良好的形象，而他依赖性太强、百依百顺的样子会有损这种形象。

令武则天更担忧的还有他的身体。高宗正当壮年，却病魔缠身。武则天想改善他的身体状况，除了不让他为政事所扰，还想要改善他生活的环境。她觉得长安潮气太重，不利于病情的调养，于是和皇上商量，决定到洛阳居住一段时间。显庆四年（659）闰十月，车驾从长安出发直抵洛阳。在洛阳，高宗的身体真好了一些，且他自己也感到舒适。

大概是因为高宗的身体虚弱，而武则天的精力旺盛。臣子们开始议论她与高宗的私秘之事。高宗的症状也有点这方面的原因，至少是不能再过多地近女色。对这种私下议论，她感到很委屈，她和高宗是夫妻，难道让她和皇上分开才不叫狐媚皇上纵欲吗？没有她在身边，高宗还有妃嫔，她们年轻美丽，时刻希望皇上的宠幸，如此一来，高宗的身体不更糟才怪呢！他本就是皇帝，十几岁就有不少女人围在身边，想法儿亲近他，普通的宫女就给他生了几个儿子。即使高宗的病是因色欲过度引起，那也不是因为自己，而是在高宗年少的时候就种下了病根，前几个儿子、女儿的出生就是很好的证明。不过，武则天认为有必要整顿一下后宫了。

后宫制度是自古以来就有的，但武则天并不怕什么前朝制度。制度本身就是人定的，何必一定要遵行呢？因此，她创立了一种既保持帝王特权又使皇上不为女色所侵的新制度。她把皇妃改为两人，名叫“襄德”，是辅助圣德的女官，仍为一品；九嫔则改为四人，名叫“劝义”；其他女官也进行了调整，将宫中各种职司也进行了重新安排。在皇后的旨意下，谁也不敢勾引皇上，做有损于皇上身体、德行的事。

但后世以此为例说她专宠、善妒，是一个可恶的婆娘，让皇帝寒酸到只有她能同床共枕的地步，不是一个有妇德的人。

但高宗对此并无怨言，相反，他认为皇后处处在关心他、爱护他，而且还在显庆五年（660）正月，陪武则天回原籍并州，以此向世人表示自己对皇后的宠爱。

并州是初唐四大都督府之地，是北部的军事重地。此时也正是向朝鲜半岛用兵的时候，在那里指挥也很便利。唐代惯例：天子所幸之处，皆设朝堂和内殿，便于处理军国大事。并州是她父祖生活的地方，她在这里只待了一年左右的时光。那时候，她们母女孤零零地为父亲守丧，多么凄惨啊！现在，她以国母的身份衣锦还乡，不由得兴奋激动。

皇后在朝堂宴请亲戚故旧邻里，妇女则在内殿领宴。按照惯例，应由皇帝在流动朝堂接见群臣百姓，皇后在内殿接待妇女。如今皇上由于体力不支，较少露面，皇后只好代表他处理一切。

皇后身处故乡，春风得意，当场以皇上名义下诏：并州妇女在八十岁以上者，都授给郡君的荣衔。接着，他们又在并州城西郊观看大都督府练兵，检阅军队。正月底，他们又游览汾阳宫。四月，他们又回到东都。显庆五年（660）十月，高宗病情加重，按《资治通鉴》上记载："上初苦风眩头重，目不能视。"而这时由于正进行着朝鲜半岛战争，军国大事也只能由武则天全权处理。

武则天对贞观年间的政事进行过研究和总结，对前代历史也很熟悉，所以她对政事的处理很有经验。高宗自愧不如，所以即使身体好转了，他也干脆把政事交给武则天去办，自己安心静养。这在后世看来，是不可想象的，但在礼法束缚比较松弛的唐代，高宗并没有觉得这有什么不好。

CHAPTER

第五章 5

政归中宫才能初现

掌握了一定权力的武则天开始展示自己的治国才能，她在处理政事的过程中越来越意识到门阀政治的可怕，于是她开始效仿太宗重修《氏族志》，力求降低关陇世家的地位，打破门阀独断的局面，提高寒门庶族的地位。此外，武则天还充分分析了长安与洛阳的地理、经济、政治等方面的优势，决定迁都到洛阳。迁到洛阳三年后，朝鲜便发生了内乱，于是武则天便派苏定方等人前去平叛，最后取得成功。连年的征战使得百姓苦不堪言，武则天深深认识到，只有减少战争，才能使自己人心所向，于是她便采取了“息兵富民”的措施，来安定天下百姓。

制定《姓氏录》，清门阀

武则天自争立为皇后时起，就一直同关陇士族做斗争，她从中体会到了门阀政治的可怕。把持朝政的那些人都出身于历朝显宦之家，代代相荫，形成庞大的家族势力。他们还互相通婚，不仅排斥集团外的人，而且对皇家也构成很大的威胁。

长孙无忌、韩瑗、来济、于志宁、柳爽各家联姻，加上他们的门生故吏，朝堂简直就是他们几个家族的天下。这种门阀政治对稳固皇权是极为不利的，也堵塞了庶族有才干之人的上升之路。

武则天认为，只有摧毁门阀制度，才能使出身寒微而有才之士有机会施展才华。当然，任用这些没有多少根基的庶族人士，也是巩固皇权的手段。那么，怎样才能摧垮门阀制度呢？武则天最初采取了修订《氏族志》，破格任用庶族人才等措施。

《氏族志》是贞观年间唐太宗不满魏晋以来的门阀制度而委派高士廉等撰写的国家法定的贵族族谱。唐初统治者虽然继承隋时的科举制，但通过科举录用的人数仍然有限，而且任用为官，还要经过吏部考选，上升到高位要经过很长的过程。而与此同时，庇荫为官的制度仍在盛行，而且贵族子弟上升速度非常快，勋旧大臣的子孙一来就可授以高官。因此，按门第、缘庇荫、投门下等方式进入仕途仍是主要途径。

唐室天下的取得主要靠关陇士族的支持，既得天下，关陇士族集团成为稳固统治的重要基础。唐太宗选派高士廉撰写《氏族志》只是想抑制声望和地位很高的山东士族，特别是崔、卢、李、郑等山东大姓，并不会抛弃士族制度，所以对关陇大族，他仍然依靠并加以重用。

高士廉受门阀制度影响很深，他收集全国各个士族的家谱，依据史书，考证世系，分清高下，定出上上至下下共九等，不仅没有对门阀制度加以抑制，反而连唐太宗的设想也没有达到。书成后，唐太宗并不满意，于是在贞观十二年（638），太宗又命高士廉等人对《氏族志》进行修改，并明确指出："不要看几代以前的地位，只要凭现在官爵高低来定等级。"于是，高士廉等人乃改定李姓皇族为第一等，外戚为第二等，造成了一个以宗室为首，功臣、外戚和关中士族为重要辅佐，山东和南方士族为次等辅佐的氏族系统，对士族制度仍然维护。

关陇士族集团失势后，武则天想通过《氏族志》的修改来打击士族，提高庶族的声望和地位。显庆四年（659）六月，许敬宗等人以《氏族志》不叙武氏为名，请求进行修改。高宗下诏命礼部郎中孔志约等人进行修订，并命令改《氏族志》为《姓氏录》，把门第高下的意义淡化了。该书以武氏为第一等，其余望族都以在唐朝担任官品的高下为标准。凡五品以上的官员，不管其出身是士族或是庶族，都写了进去。通过《姓氏录》，武则天笼络了许多庶族出身的新贵族。

这年十月，李义府因为向山东名门望族求婚受到羞辱，一气之下上奏：山东士族崔、卢、郑、王、李等大姓不许通婚。其实，以前太宗就因为山东人士自认门第高贵，婚姻多贪取资财，抑制过他们。

显庆四年（659），高宗下诏，令陇西的李宝，太原的王琼，荥阳的郑温，范阳的卢子迁、卢浑、卢辅，清河的崔家，博陵的崔懿以及赵郡的李楷等家的子孙，不得自为婚姻，并定下嫁女接受彩礼的数目，不能例外再接受陪门财（陪门财者，即非大姓子女与大姓子女为婚，要纳财以陪门望）。

在这样重门第的社会风气之下，武则天能采取断然手段清除门阀政治，的确是进步之举。唐初官职，沿袭隋代的三省六部制。三省就是尚书省、中书省和门下省。六部就是吏、户、礼、兵、刑、工六部。三省长官左右仆射、中书令、侍中均为宰相。另外，非三省长官而居宰相职务者，加为同中书门下三品，资品不够者加为同中书门下平章事。这些宰相人数不少，构成朝廷的权力中枢。

除三省六部外，唐朝廷中央机构还有御史台。另又设立左右散骑常侍，谏议大夫、左右补阙、左右拾遗等职名。此外，还有分掌文化典籍的秘书省，掌管皇帝身边各种事务的殿中省和宫中各种事务的内侍省，以及掌管祭祀、膳食、宫门守卫等事务的太常、光禄、卫尉、宗正、太仆、大理、鸿胪、司农、太府等职。另外，还有专管学校的国子监，专掌百工技巧之事的少府监和专掌宫室营缮的将作监。

唐初地方设州、县两级，州设刺史，县设县令，边缘及军事要地设大、中、下都督府，设都督、长史、司马等职。唐初军事制度，以左右卫、左右骁卫、左右武卫、左右威卫、左右领军卫、左右金吾卫、左右监门卫、左右千牛卫共十六卫，统领全国六百三十四个地方折冲府。卫设大将军、将军等长官。遇有重大战事，则临时特设行军元帅大总管，总管统率军队、指挥战事。

为了稳固这种统治，一些英明的君主如唐太宗、武则天等致力于网罗人才，实行“任人为贤”“唯才是举”的策略，要想真正实现此目的，就必须对旧的门阀政治进行改革。因此，武则天不仅从观念上清除门第观念，而且任用一大批庶族地主出身的朝廷官员，让他们充分发挥才干。

在摧毁关陇集团的过程中立下汗马功劳的人，武则天都把他们提到重要岗位上来。如李义府、许敬宗、辛茂将、任雅相、卢承庆等。武则天还请高宗在参加考试的举子中亲自策试，从民间搜集人才。这种任用人才的政策，既加强了封建皇权，也扩大了唐朝统治的基础。

从长安迁至神都洛阳

唐初定都长安，唐高宗显庆二年（657），以洛阳为东都。此后高宗频繁往返于两都之间，以住洛阳为主，直至在洛阳病死。武则天称帝后，于光宅元年（684）

迁都洛阳。她掌权期间，除了长安元年（701）十月至长安三年（703）十月住在长安外，一直居住在洛阳。

至于武则天要迁都的原因，则有多种说法。有史书记载，武则天迁都洛阳，是因为她把王皇后和萧淑妃残忍折磨陷害致死后，心中十分不安。好像是王、萧的鬼魂在作祟，经常在梦中出现王皇后和萧淑妃披头散发、血流满面、张牙舞爪的影子，使她惶惶不可终日。先是搬进了大明宫去居住，结果没有一点儿效果，噩梦仍然每天困扰着她，让她惊恐不安。为了躲避王、萧的冤魂，武则天才长期居住洛阳并迁都洛阳。当然，长安的宫殿不仅给予她甘露，也曾给予她苦水，留下一段坎坷、如泣如诉的回忆。离开长安这块伤心之地，到八百里之外的洛阳宫，武则天感到安宁和舒适。因而，迁居洛阳至少是躲避亡灵的一种办法。但事实上，武则天之所以迁都洛阳，更有其重要的原因。

就地理位置而言，洛阳更适宜做国都。唐朝建立后，历经太宗、高宗两朝，疆土得到不断扩大。高宗总章元年（668），唐朝的疆土达到极限：其地东极海，西至焉耆，南尽林州南境，北接薛延陀界。东西九千五百一十一里，南北一万六千九百一十八里。此后直到武则天时期，疆土虽时有变化，但都大于唐朝建国初期。长安在版图上的位置偏西，失去了居中而慑天下的作用。而洛阳西接关中盆地，东连华北平原，自古就被称为“天下之中”。若就黄河、长江两大流域来说，从洛阳出发，北通幽、燕，西接秦、陇，东达海、岱，南至江淮，距离大体相等。因此，以洛阳为都可以居中而摄天下。另外，洛阳的地理形势也适宜做国都。洛阳北枕黄河，隔河遥峙太行、王屋等山，又有北面的邙山做天然屏障；南有险峻的伊阙，再南遥峙熊耳、少室诸山；西控崤函之险；东扼虎牢、黑石等关；中有土壤肥沃的伊洛平原，粮食足以自给，因此洛阳是一个“控以三河，固以四塞”的形势要地。这种险要的地理位置使洛阳具有制内御外的优越军事条件，也成为洛阳适宜作首都的主要原因。

洛阳比长安更有利于政治上的统治。当时虽说天下太平，但也存在不稳定的因素，山东一带的强盗时时出没，凡官兵到了，他们就骚扰不已，或拦路截车，或挖地为坑，或暗箭伤人。就连高宗要去洛阳休养，路途都难保平安，只好用盗贼头目与官兵一路同吃同住来保驾，才可平安到达。有一回高宗去洛阳，就是请万年县监牢中一位盗贼保驾的。天子行幸，竟由盗贼头目途中保护，这是有失体统的，武则天哪能容得。如果迁都洛阳，则有利于对这些盗贼严加防范，促使社会稳定而巩固统治地位。

洛阳在经济上也占据着一定的优势，风调雨顺，积蓄充实，粮食和物资的储备较为充足，四面的运输条件也都便利，还有运河这条大动脉，很容易将长江以南的稻米及其他物资运送到洛阳，不像长安经常饥馑，有时就连皇宫内都吃不饱肚子。高宗就曾率百司禁军等人四次到洛阳“就食”，再加上官位机构逐渐庞大，官吏日益增多，官禄开支也日益增大，所以迁都洛阳就可以摆脱经济上的困境，使朝中人心稳定。

可见，武则天迁都洛阳，是根据当时的政治、经济形势以及洛阳的地理形势做出的明智选择，绝非仅仅为了避免王氏和萧氏阴魂的纠缠，更非单纯出于荒淫享乐的私欲。武则天迁都洛阳有积极意义，它既适应了政治上改朝换代的需要，又顺应了经济中心东移的历史趋势。

解皇帝之难，东讨朝鲜

显庆五年（660）春节，是武后多年来过得最愉快的一个春节。偌大的朝廷中，所站着的基本都是自己的亲信，已经没有什么对立的敌人了。大年初一，武后和李治在洛阳宫大摆筵席，招待文武百官和各国使节，在宴席期间武后自己说了很多话，饮了很多酒，也让群臣们畅所欲言，开怀畅饮。

经过几天的新年喧闹，李治开始觉得有点儿头晕目眩，多年的老毛病又犯了。此时王伏胜接替年老体衰的独孤及，成了皇帝的贴身内侍，他扶着皇上上了床，给他掖好被子，关切地问："皇上，哪里不舒服？我去叫御医来。""算了吧。"李治摇摇头，无可奈何地叹了一口气，"病来如山倒"，再有权力的人在疾病面前也总是显得无能为力。"皇上，各地快马报来的奏章公文我都给您放在桌子上了。其中有一份紧急公文，侍中许圉师大人请您回来后马上看。""是什么紧急事？""皇上，是苏定方将军报来的，说是百济入侵新罗，已占领了三十多个城镇，新罗王请求皇上紧急增援。""把奏章拿过来我看看。"王伏胜过去，从龙案上拿来那奏章，捧到李治面前，李治翻了翻，感觉焦躁不安，浑身乏力，于是便命人请武后过来。王伏胜便交代内侍赶快请武后过来。

武后过来，先是询问了皇帝的身体，然后关切地说："皇上，您要注意休息，朝廷上的事先搁置一下，等身体好些了再处理。"只听皇帝慢慢地说道："有些政事十分紧急，片刻都不能搁置。""是什么事？"武后问道。于是皇帝就把苏定方的奏章拿给武后看，说："高句丽问题是个很大的难题，历朝历代都解决不好，朕也非常头疼。当年隋文帝调集大军，分水陆两路进攻高句丽，结果无功而返。先帝太宗时，率大军亲征高句丽，结果也是失败而归。如今本朝再和高句丽开战，也是凶多吉少啊。"武后看着一脸愁苦的李治便说："皇帝，您现在身体不好，朝廷的公文我先代您吧！"皇上正愁不知怎么解决眼前的问题呢，听武后一说，心里自然是高兴，便问武后："你每天也有如此多的事处理，累吗？""臣妾愿意为皇上分忧，不会感到累的。"皇上会心一笑，的确，武后处理朝政的能力甚至要强过自己，她能把每一件事都处理得井井有条，这让他少操了很多心。接着武后便命人去传御医，劝慰了皇帝几句便去处理龙案上的公文了。

积攒了几天待批的公文，武后几个时辰就批阅完了。对百济入侵新罗的奏报，武后陷入了沉思，仗是非打不可了，问题是能不能胜的问题。若再败了，更让这些番邦边夷轻视大唐王朝，接着会更加得寸进尺，骚扰边关。这次一定要周密地计划好，出则能战，战则必胜。于是，武后连夜派人把熟悉军务的老将李勣找来，会同程务挺以及兵部的参谋人员，紧急商讨出兵百济的事宜。

"百济和高句丽都不好打。"李勣摇摇头说，"一是路途遥远，后勤供应不上；

李勣，唐朝政治家、军事家

二是孤军深入，不适应当地严酷恶劣的自然和地理环境，当年臣跟太宗出征高句丽时……”武后扬手打断了他的话，说：“后勤供应不足就加强供应，环境气候恶劣就想办法克服，总之，这次仗是非打不可，我们决不能养虎为患，贻害无穷。”武后说着，叫兵部王侍郎，“你把本宫的意图给大家讲讲，征求一下意见。”“臣遵旨！”王侍郎走到一张地图前，指点着说：“皇后意欲兵分两路，一路配合新罗军，组成联军，实施地面突击；另一路出山东半岛，渡黄海，出其不意地在百济首都锦江边的泗沘城附近登陆，实施背后突袭。”“想法很好。”李勣点点头说，“当年太宗亲征高句丽、百济时，也有人提出类似的建议，后来大家考虑此动议有些太冒险，才弃之不用，一是怕二路大军配合不上，孤军深入，难免被分别歼击；二是怕海上气候千变万化，长距离跨海作战，凶多吉少。”“不冒些险，又怎么能实施奇袭；不奇袭敌人，又怎么能一战而胜。”武后手一挥说，“就这么定了，兵贵神速，前方吃紧，我们在后方不可畏敌不前。大人你看看，这次谁为行军大总管最合适？”“臣以为只有左武卫大将军苏定方可以担当此任，此人足智多谋，胆大心细，善打硬仗，惯于速战速决。”“大人可否愿意前往？苏定方年轻，战斗不如你经验丰富，您曾经随着先皇南征北战，论作战经验与作战方式，大人可谓是最佳人选了。”武后望着李勣说。“为国杀敌，保卫疆土，臣义不容辞。只是时间紧急，臣要赶到山东半岛，也得将近一个月的时间，不如任命苏定方就地组织力量，实施跨海作战。臣作为后援，全力保障他们的后勤供应。”

“好，那就这么定了，立即传旨，封左武卫大将军苏定方为神兵道行军大总管，新罗王金春秋为山禺夷道行军总管，率三将军及新罗兵以伐百济。”武则天下了命令。“是！”众人齐声答道。武后又和李勣等人在一块商量些作战的细节问题。等一切都弄好了，天已经蒙蒙亮了，整装待发的信使立即背着书信，在百十人卫队的护送下，快马流星地向边关驰去。

八月，苏定方等人根据武后制定好的作战部署，率领着唐朝大军从山东半岛出发，渡过黄海，在百济都城泗沘城登陆，与正面进攻的联军相配合，进行出其不意的攻击，最终大获全胜，还将泗沘城的国王义慈、王后思古和太子等王室成员全部抓获。

息兵富民，赢得民心

自从高宗继位，连年征战，士兵苦不堪言，百姓更是以当兵为耻，甚至有人为了逃兵役烫伤自己的手脚。当时轮值的士兵大都是雇用来的贫弱百姓。另外，长期战争也给国内经济带来沉重的负担，社会生产受到耽误和破坏。与此同时，国内又遭受了严重的自然灾害。尤其是当时经济最发达的河南、河北等州县，连年遭到水灾，关中也是先水后蝗，接着便是疾疫蔓延，粮食歉收，米价狂涨。

显庆三年（658）平定西域以后，唐朝终于消灭了东、西两个突厥汗国，取代了他们在亚洲内陆的霸权。并且设置了大量府州，唐朝因此建立起了自己对西域广大地区的统治，西部疆界到达咸海和阿姆河以西地区以及今阿富汗和伊朗边界。但是，咸亨元年（670），吐蕃与西突厥余部在西域连兵，唐朝被迫守安西四镇，强大的吐蕃帝国开始了与唐朝在西域的争夺，使得唐朝的西线战争不断受挫，安西四镇也时弃时置。唐朝在西域开始陷于被动。在东线，乾封元年（666），高句丽莫离支渊盖苏文死后，继任者与其两个弟兄内部争斗，使形势变得对唐朝有利。当高句丽的新首领请求唐朝协助对付他弟兄的反叛时，唐朝派出李勣率军对高句丽发动水陆大战。新罗的一支大军从南面配合进攻。总章元年（668）征服高句丽，实现了隋唐帝国几十年来的愿望。李勣经长达一个月的围攻后，攻陷高丽首都平壤，带着二十万俘虏（其中包括高句丽国王）返回中国，并把高句丽国王献到太宗墓前祭奠。一个有两万驻军的都护府在平壤设立，以治理被征服的高句丽王国。唐朝的军事力量和威望在这个时期达到了顶峰，甚至超过了太宗时期。在短暂的几年中，唐朝控制的帝国的领土比它以前和以后都更为广阔，长安的影响已到达中亚和东亚的大部分地区。

高宗朝频繁对外发动战争，可以总章二年（669）为分水岭，在此对外的征战过程中屡屡取得成功，唐朝的领土也不断扩张，还在658年设置了蒙池、昆陵两个都护府，同时把本来在高昌的安西都护府移到中亚的龟兹国，十年后又在朝鲜半岛平壤置安东都护府。但其后唐对外征战只是胜负参半。由于越来越严重的财政困难困扰着唐朝内部，滥用军事力量，超过了合理限度，并且过分延长了唐朝的防线；再加上中亚和北亚新的强国的崛起，最终迫使中国收缩自己的边境。670年，负于吐蕃，失掉了安西四镇。670年及676年，安东都护府先后两次从平壤撤移至辽东。到咸亨年间，朝廷收到的是前线连连受挫的战报。一代名将薛仁贵先是在青海大非川失败，接着又在新罗的征战中失败，这给国内的人民带来了严重的影响。在高宗初年进行的对外战争中，由于对军功赏赐丰厚，生活上富裕起来的许多平民子弟都希望通过立功获取官职，而且当时的战争时间持续也不长，往往几个月的出征即可戴功而还，所以出现了“百姓人人投募，争欲征行，乃有不用官物，请自办衣粮，投名义征”的热烈场面。到后来，随着战争持续的时间越来越长，战事也更加频繁，出征人员得到的勋赏越来越少，并且有因战败受罪责的可能，人们越来越不愿出征打仗，兵募变得困难。

为了广泛笼络人心，上元元年（674），武则天提出了《建言十二条》。这十二条建议，是皇后通过表疏的形式向皇帝提出的，后公布于天下。其中第三条便是主张息兵，以道德化天下，明确提出了停止战争，在边疆由进攻转入防守，把国家的重心转移到恢复和发展生产上来，这是高宗即位以来基本国策的一个重大转变。高宗对这样的建议也很是赞赏，便下诏令各部门实行。此外，武则天在上元二年（675）三月举行隆重的亲桑和祭祀先蚕的仪式。按传统礼仪，每年的春正月，皇帝率公卿祭先农，亲耕；皇后率内外命妇祭先蚕，亲桑。这种礼仪从上古沿袭下来，反映了男耕女织的经济生产、生活特色。武则天为了号召臣民重视农桑，打破惯例，在洛阳部山之南以隆重的规格举办这一活动，并要求朝中百官及各地朝觐使者都来参加，想通过这一举措表示她奖励农桑的决心。同年，朝廷又做出进一步的让步，即取消由于支付朝鲜和西北战事的军费而征克的捐税。

对于息兵的政策，在高宗去世后，武则天仍然是坚持的。在684年改元“光宅”的赦文中，武则天清楚地下令：“其诸都护、汉官及镇兵等，并悉放还。”武则天注意到军役长久带给百姓的不便，这个条文是她息兵主张的实现。另一方面，武则天也尽量与外族各邦修好。回纥这段时期曾受都督号以统蕃州，其余如东女国、南诏蛮、于阗、康国、契丹等首领王族来朝，也有赐物或赐封号的记载。这些外族多没有和唐朝有相连的国境，这和吐蕃、突厥不同。细心察看武则天所赐诸邦封号，不少均比前代高，表示出武后希望拉拢这些小国，利用一种远交近攻的策略，以求达到孤立吐蕃与突厥的最终目的。684年末，倭国（日本）有一批留学生和660年初期在朝鲜半岛作战被俘的军人经过新罗回国。这件事是武则天准备向新罗、倭国修好的表现。而新罗也赞同这一主张，帮助把倭人遣送返国，唐与新罗的紧张关系缓解。

武则天主张息兵并不等于她不关心国防。她主政后，西北边境出现大量屯田。它可能来自主守派的建议，受到武则天的大力支持。这个政策，在国防上收到颇佳成效。由此可见，减少远戍，屯田边防，多建友邦就是武则天得势初期的主要外交策略。三者相辅相成，基调就是以和为贵。

CHAPTER

第六章 天后走在专权的路上 6

武后早期只是帮助高宗处理一些政务，并没有完全掌权。后来高宗身体每况愈下，为了使国家能正常运作，她便和高宗并朝听政，决策一些重大事务。感受到权力的威严之后，武则天的野心越来越大，开始不满足于只做皇帝的一个副手，决定要做大唐的真正主人。于是当具有一定才能的李贤当上太子后，她便不顾亲情，毅然决然地害死自己的儿子。武则天虽然对儿子狠毒，对女儿太平公主却颇为疼爱，为她举行了盛大的婚礼。在太平公主结婚两年后，高宗李治便驾崩了，于是武则天便彻底掌握了大唐王朝的权力。

朝堂之上的二圣

长久的历练和充足的经验，使得千娇百媚的武媚娘蜕变成经世济民的多面能手，从争艳夺宠的后宫佳丽变成了国家诸多事务的政治能手。

武后政治能力的大成与皇帝的身体状况有着密切的联系。如果李治不是一个病秧子，武后不会有机会走上政治舞台的中央，施展她那罕见的领导才能。显庆五年（660）正月，三十七岁的武后在繁华的洛阳宫殿里，跟天子丈夫一起享受四海阜平的荣耀。在享受光彩荣耀生活的同时，武则天忽然开始思念故乡，此时皇帝对皇后宠爱无比，自然会满足她这一片思乡之情，于是陪同武后去了并州，却因此而犯病。

皇帝去并州前，是生龙活虎的一个人，回来以后，就弄得病恹恹的。其他妃嫔、皇亲国戚、皇子公主以及忠直大臣虽不敢言，心里却对武后有些腹诽之意。武后自己也不能不忧惧皇帝的身体，所以尽心尽力地照顾丈夫，日夜侍奉在旁。病中的皇帝看到堆积如山的奏章，不禁皱起了眉头，此时，皇后挺身而出，开始涉足政治，她的各种批复处理无不恰当合适，不由得让皇帝大为赞赏。武后之所以“处事皆称旨”，一个重要的原因是自身禀赋高超，做事敏捷干练。另外，她“性明敏，涉猎文史”，有才华，通文墨，所以能果断坚决地处理大大小小的事情。

除了本身素质过硬，武后还有两个重要的法宝：一个是经验丰富，另一个是工作勤奋。早在童年，她就随父亲到处走南闯北，对普通民情有很深的了解；在太宗时期的才人生涯中，她耳濡目染了太宗皇帝的远见卓识，学习了太宗皇帝巧妙平衡各种关系的技巧。这些过往的财富，都是她工作的资本。工作勤奋是武后的另一个标志。她是后宫之主，需要统筹后宫的诸多杂事，又要照顾生病的皇帝，所以经常起早贪黑处理皇帝交给的各项工作。武后身体素质极好，完全能担当得起后宫之母、病人的妻子和皇帝秘书这三种角色，也能扛得了三副重担。武后意志坚强，工作态度端正，同时又有强烈的事业心，所以才把国家治理得井井有条。武后的工作效果，获得了皇帝的赞许和尊重，因此武后的谏言，皇帝也都听从，并对她予以充分信任。龙朔元年（661）正月，武后请旨禁止天下妇女为俳优之戏（古代指演滑稽戏的艺人），高宗采纳并下诏禁止；龙朔元年（661）四月，高宗想亲率大军进攻高句丽，武后抗表进谏以为不可，皇帝也采纳了她的建议。武后的能力既博得了皇帝的肯定，也赢得了皇帝的钦佩，两个人的感情如胶似漆。

龙朔二年（662）六月初一，皇后以接近四十岁的高龄，在蓬莱宫含凉殿，生下了最小的儿子——李旦。李旦降生后，皇帝身体虽稍微好点儿，但并没有彻底康复，而且，他也已经习惯了皇后给他批复奏章的生活，所以，仍然是皇后处理政事。武后是如此专注与投入，凡是当天呈现的奏章，从不拖延，哪怕废寝忘食，也要把事情妥善解决。可是，她疏忽了另外一件重要的事情，那就是她作为皇后的身份，她的丈夫是天下最有权力的男人，自然拥有对其他女人的支配权和占有权，当她在某些时候，对丈夫没有侍候到位时，这个男人就另外找到了情欲的出口。

蓬莱宫

皇帝李治先是跟自己的大姨子有了私情，在这个情人死了以后，他又偷偷宠幸了她的女儿，也就是自己的外甥女，甚至想把她纳为嫔妃。皇帝对自己日夜操劳国事的皇后日益冷淡，于是借着由头，想把皇后废掉。幸好事情瞒不过武后苦心经营多年的情报系统，武后在关键时刻，快速赶到，摧垮了这个决定她命运的计划。

武后心寒到了极点，因为自己的辛苦付出，为皇帝的分忧解难，得到的却是背叛和屈辱。后来武后慢慢明白了，男人是靠不住的，只有牢牢掌握在手里的权力，才能控制国家、宫廷、家庭，才能给自己力量，于是她更注重对权力的占有了。史书记载："麟德元年（664）后，每次上朝议事，帝坐于东间，后坐于西间，政无大小，皆于闻之，天下大权，悉归中宫，黜陟、杀生，决于其口，天子拱手而已，中外谓之'二圣'。"武则天已经获得了操控朝堂的一切大权，而皇帝也只是拱手应和。

从此以后，皇帝上朝与诸位大臣议事的时候，旁边会有另外一个参与者，那就是武后。一切的人事任免，刑罚惩赏，国家任何重大的决策，都离不开武后的定夺。

天皇天后共治朝政

在国家政事决策中有重大话语权的武后，利用自己的影响力，做了不少事情。因为朝廷虽然表面上是"二圣"临朝，但实际上，李治的个性使得他一旦遇到难题，往往采取妥协或者折中的方式，大量繁重、紧急的国事，仍需要武后决策，武后便运用自己的能力，冲破门阀观念，改变了社会的不良习气。

浓重的门阀意识树立了一道观念的屏障，严重阻塞了人才的自然流通：出身低微的聪明人难得有出头的机会，官僚系统里充斥着大量依靠父辈荫蔽得到职务的庸才。高瞻远瞩的武皇后决定改变这一现象。

武皇后对门阀观念的深恶痛绝，还由于她有切身的感受。当年在争取皇后之位时，褚遂良的一句"另选大户之女"深深地刺痛了她的心。如今，手里拥有权力，她自然会对这种情况做出改变。她找人修改《氏族志》为《姓氏录》，并规定凡五品以上的官员都入谱。同时无论出身，从读书人中选拔了大量人才，给他们特别优越的地位，这一批人就是北门学士。北门学士团队的成立，有着深刻的原因：一是武则天在新的形势下，迫切需要有自己的心腹来死心塌地效忠自己；二是她需要有专属自己的“智力库”来辅助自己。于是“北门学士”便应运而生了。这个团体既是武则天治国安民的工具，同时又成为她的左膀右臂，帮助她巩固自己的政治实力。

在以皇权为中心的封建社会，哪怕是国家的一个重要决策者，也不能大张旗鼓地纠集个人的独有势力，所以武则天不能堂而皇之地张榜宣示，说自己需要建立一个专属的“智力库”。于是，她便巧妙地另外想了一个名目，即“以修撰为名”，这个名目化强大的政治力量为儒雅、从容的文人之风，使得她政治利益的动机成为“群贤毕至”的集会，不过是展示文采风流。

武后把这些文章高手传召来，准备编写一批著作。这些才俊们既想用自己的才能换取富贵与领导人的青睐，但同时也希望自己辛辛苦苦创作出来的文字能够发行于世。最重要的是，这些作品都将署上武后的名字，作为她兰心蕙质、以民为本的证明，供人阅览。于是，上元二年（675）三月，很多文人学士被武后召集在一起，进行修书撰业的重要工作，他们先后撰成《玄览》《古今内范》《青宫纪要》等书。

此外，北门学士的起用还有更直接的目的，那就是遵从武后的密令，参决朝廷奏议，分流宰相的权力。唐朝的宰相班子一般由朝廷中几位显赫权臣构成，上能参政议政，下能监督群臣，对国家有着举足轻重的影响。当年，武昭仪为了当上皇后，不断向长孙无忌示好，却毫无用处。后来还是借助李勣的“此天子家事，何必问他人”，才让皇帝意志坚定地“废后”。可见，皇帝想废后，必须要有宰相的支持才有魄力施行，更何况国家其他决定社稷民生的方针大政。所以，武后上台以后，以许敬宗和李义府为打手，对宰相班子进行了一次大清洗，重新换了一批人马。

但是，长久执政以来，武后对宰相的权力过大，一直心存芥蒂，她心里一直想要削弱宰相的控制权。而北门学士的蔚然成风，使得武后即使待在后宫，也拥有了自己强大的“智囊团”。“北门学士”不仅帮助武则天分减皇权和相权，而且在有关国家经济、军事、文化、政治等方面也为武则天出了不少良策，他们善于利用巧妙的手段，帮助武后获得极大的赞誉。

674年八月十五日，皇帝李治称天帝，武则天称天后。仅仅四个月之后，她就在“北门学士”的协助下，把自己的政治意见呈现给了皇帝，这就是充分展现她政治远见的《建言十二事》，包括劝农桑、息兵、省功费力役、广言路等十二条纲领。

李治看到这十二条政治纲领以后，对妻子的主张大表赞同，命令立即开始施行这些政策。实行了这些政策以后，国家逐渐呈现出全新的面貌。尤其是农村，农民们因为赋税的减少，劳动积极性大大提高，开垦了大量的荒田。丰衣足食以后，他们衷心感念着武后的功德。

毫无疑问，这批“北门学士”既为武后权力扩张的土壤浇灌了肥沃的舆论养料，还为她在临朝称制中立下了汗马功劳。因此，武则天也没有忘记这些功臣，他们大多数被擢升为三四品高官，甚至像范履冰、刘祎之这些人还成为宰相，后来成为她的左膀右臂。

苦心经营总算有了收获，天后的个人威望达到了前所未有的高度。她先是在麟德二年（665）十月二十八日，与高宗、太子去泰山封禅，这是中国历史上唯一有皇后参与的封禅大典；后在上元元年（674）八月十五日，高宗追尊祖先，以高祖为神尧皇帝，太宗为文武圣皇帝，高宗自称天皇，武后称天后，大赦天下。

天皇天后的称号预示着武后与皇帝的并驾齐驱，明确、公开地宣示了武后对这个国家的领导地位，这必然会引起皇帝接班人——太子的不满。权力扭曲人性，武后在政治事务中，将要脱离母亲的角色，与自己的亲生儿子展开激烈争斗。

李弘义释萧氏女，终丢性命

上元二年（675），长期病弱的李弘身体慢慢健朗起来，前所未有的健康使他富有青春和活力，也正是在这一年，武则天对自己的儿子李弘产生了忍无可忍的感情：一方面是由于他重新获得的健康，加深了武则天的戒备心理；另一方面也与他在监国的过程中伤害了她的权力和自尊有关。而李弘命归西天的直接导火线，却是因为他对义阳公主和宣城公主的怜悯和帮助彻底激怒了武则天。

李弘在与裴妃品茗闲谈中谈到了已故的萧淑妃，谈到她的亡灵变成一只黑猫出没于宫中，使自己的母后感到恐慌，也使那些当初对萧淑妃落井下石的宫女们担惊受怕。裴妃突然问李弘，是否还记得义阳公主和宣城公主。李弘听后感到十分诧异，他自然记得与他一起玩耍的同父异母的姐姐——义阳公主和宣城公主，两个美丽的女子，只是随着她们母亲萧淑妃的去世，便没有人再提及二人了。当裴妃迟疑着告诉他，他的两位姐姐都在掖庭的冷宫里，李弘感到十分震惊，因为他的母后告诉他两个姐姐是因为染病先后死去了。

李弘向来遵守儒家礼仪规范，将仁义礼智视为待人接物的准则，当他得知此事后，很快便认为这是辱没礼教和玷污皇家风范的一种罪恶。当他在掖庭宫偏僻的陋室里看见那对姐妹时，顿时五味杂陈，两姐妹曾经姣好的面容已然不在，此时的她们乱发蓬蓬，面容枯槁，目光呆滞，坐在阴暗潮湿的陋室里，抓着一团丝线，十九年的幽禁岁月使她们丑陋不堪。义阳公主很快便发现了这个不速之客，他的探访让她们充满戒心，仁慈的李弘看着面前的姐姐，哽咽着向她们说，一定会来拯救她们。他的话，让两位公主惊叫起来，她们害怕李弘的到来，因为这会让她们连苟活的机会都没有了，武后的厉害她们自然知道。

善良的李弘决定拯救两位姐姐，于是便向高宗上奏，陈述了两位姐姐还存活的事实，并请求自己的父皇能为两位公主赐婚，他的措辞中充分显示了对武后的谴责。高宗恩准了太子的奏议，对于高宗来说，他是子孙成群的天地君主，将他的儿女后代相互混淆乃至遗忘，也并不足为怪。武则天对待这件事的态度让人颇为怀疑，她把义阳公主和宣城公主的不幸归结为内宫事务的疏漏，于是便开始赞扬自己儿子的仁慈亲善之心，但是她的内心一定不是这么想的，因为她正以冰冷的目光对视着自己的儿子。

之后，武则天来到东宫，耐人寻味地问李弘："弘儿，你与两位公主有姐弟之情吗？"李弘点头，说自己与她们是姐弟，当然有着不容改变的血脉之情。于是，武则天便在脸上浮出了冷笑，她问："弘儿，你觉得两位公主是在替母受过吗？"李弘再次点头称"是"。终于武后的情绪激烈起来，她说："你从来都在怜悯别人，只是不懂为自己庆幸，假如我与萧淑妃换一次生死，你就不止是像两位公主一样适龄未嫁，恐怕早就成了萧淑妃的刀下鬼了。"武则天是在提醒自己儿子的知恩不报，也是在斥责儿子对她的叛逆，更为儿子的愚蠢而感到可笑。而李弘自己却并没有觉得做错，他认为她的母亲违反了孝悌之道，而他则守护了自己心目中神圣的礼教大义。

李弘上奏后几天，武则天操办了义阳公主和宣城公主的婚事，她为两位公主择取的驸马是两名下等的禁军士卒，义阳公主嫁给了权毅，宣城公主嫁给了王遂古。两位公主的婚嫁一时之间成为朝野上的笑谈，权毅和王遂古的名字成为行路上拾金不昧的象征，之后两位公主便随着他们的丈夫远走异乡了。

李弘拯救两位公主的事，彻底激怒了武后，她为此感到寒心，更为儿子的叛逆感到愤怒，她不能容忍他了。投毒杀人是所有宫廷最常见的政治手段，简单易行，还可以免去钩心斗角、精心布局之苦。四月十三日，合璧宫举行夜宴，武后让自己的儿子一同前去参加。合璧宫灯火辉煌，宴席上坐着的高宗、武后以及朝廷的重臣，都是神采奕奕，李弘坐在高宗的左侧，也与那些官员们寒暄着，并接受朝臣对他病体恢复的祝贺。宴席开始后，李弘吃了几片鹿肉，便去饮酒，那看似平常的淡酒，实则早已经与剧毒混合在一起了，终于李弘在饭后饮茶时发出了惨烈的呼叫，那正是投毒者等待的那种叫声。

终于李弘还是没有逃脱掉他母亲的掌心，他的生命和太子之位是他的母亲武则天给予的，最后也是由他母亲结束的，太子李弘死后，武后写了一篇《一切道德经序》，序文中她盛赞了李弘的贤德，表达了她对太子李弘之死“痛感难盛”的心情。

母子相斗，太子李贤被废

上元二年（675）六月，李治的第六个儿子、武后的第二个儿子李贤被立为太子。其实在李治与武后的几个孩子中，李贤天分最高，文武双全，不但文采出众，而且还擅长弓箭、骑马等技能。李贤被立为太子，高宗大赦天下，还命他监国，参与政事。并派张大安为太子左庶子，刘讷言为太子洗马，全力辅佐太子贤，希望尽快把他培养成一个优秀的帝王继承者。

与此同时，武后正在大范围网络人才，她借着修撰史书的名义，组织了一批自己的“智囊团”，这些人不仅埋首故纸堆，还为武后参谋政事，成为武后控制朝政的一股重要力量。武后的作为引起了东宫的不满，他们认为这些人正在以咄咄逼人的气势削弱太子的权力，于是他们便给太子出谋划策，让太子尽快修撰自己的著作，为以后登基做准备。但李贤因为害怕武后，不敢明着干，于是便借着向皇上献书的名义来组织人才。

不久，在太子东宫迅速聚集了一帮人，除张大安和刘讷言外，还有洛州司户参军格希元，学士许叔牙、成玄一、史藏诸、周宝宁等人，他们在仪凤元年完成了范晔《后汉书》的注释工作，并准备把这本书献给高宗皇帝。高宗皇帝看到这本书十分高兴，对太子大加褒扬，太子的声望提高了很多。同时，太子贤也不断扩充自己的实力，插手朝廷方方面面的工作，秘密建立自己的情报网。太子贤的举动自然难逃武后的眼睛。刚解决掉大儿子，二儿子又冒了出来。武后一路走来，已经付出了很多，她自然不想自己的半生努力化作一场空，自己落得个退居后宫的下场。于是，武后决定废掉自己的第二个儿子李贤。

主意一定，武则天叫内侍召来在外宫太医局值宿的明崇俨，接着便让明崇俨散布谣言说太子李贤是韩国夫人与高宗的私生子。谣言尽管是谣言，但它的影响力和破坏力却不可小瞧。太子集团的一些势利之徒听到这个谣言后，都疑神疑鬼，失去了干劲儿，觉得跟着太子贤不会有什么好前途，说不定因此会连累自身。因此，一些人纷纷打退堂鼓，相继离开了东宫。同时，一些朝臣和部门也看出了苗头，也都对太子贤另眼相看，渐渐地，太子贤的势力萎缩了，一些政令也行不通了。太子贤焦虑万分，便找来太子左庶子张大安询问谣言的由来和应对之策。张大安回答是来自谏议大夫明崇俨的口中，而明崇俨又是天后的亲信。接着张大安还告诉他："天后处理朝政之事多年，所培养的亲信多不胜数，请太子要少安毋躁，等待机会。"天生勇武好斗、个性刚强的李贤回答道："我堂堂太子怎么能缩在东宫任人宰割呢？"于是张大安便说："正因为您文武双全，奋发努力，办事积极主动，所以天后才把您当作'眼中钉'！太子不妨表面上饮酒纵乐，然后在暗地里秘密培养势力。""好，就依卿之计。"

从这以后太子李贤的生活作风大变，他不再像以前那样专注于文治武功了，而是把更多的精力放在酒色之上了。东宫里一天到晚都是管乐之声和女人的嬉笑声。武后的密探很快就把东宫里整日花天酒地的情形报告给武则天。武则天自然不会相信，于是便打着看儿子的旗号去一探究竟。于是在一堆近侍的簇拥下，武后来到了东宫，只见太子左手揽着美女，右手端着酒杯，眼神迷离，而他的贴身奴隶赵道生正蹲在地上替他捏脚。看到武后过来，太子这才惊慌失措地急忙跪下来请安。太子贤把手中的酒杯扔掉，打了个趔趄扑倒在武后的脚前，结结巴巴地说道："儿臣参见母后。"武后看着萎靡不振的太子问道："你一个月这样玩几次？"太子贤摇头晃脑地答道："也就……也就……十多次吧！"武后看着醉醺醺的太子，气得一句话都说不出来，一转身就带着她的侍从出了太子的院门。

后来太子暗暗派人杀了在皇帝面前诋毁他的明崇俨，这引起了武后的不满，于是便怒气冲冲地对皇帝说：“皇上，明崇俨昨天夜里被人给刺杀了。”皇上回答道：“一个旁门左道的人死不足惜。”武后见皇上不在意，便接着说：“皇上，明崇俨对您可是忠心耿耿，在您生病的时候一直伺候您啊！臣妾已令金吾卫追索凶手。”“嗯。”皇上嗯了一声。很快就有人报告是太子的户奴赵道生指使人杀死了明崇俨，武后便命令金吾卫拘捕了赵道生，还告诉皇上说追捕到了杀死明崇俨的凶手，就是太子贤的户奴赵道生，还恳请皇上批准她派人搜查东宫，皇上被逼无奈，只得同意。

赵道生的被捕引起了东宫的不安。太子焦虑地对东宫的太傅们说：“拘捕赵道生，下一个可能就轮到我了，以母后的性格肯定不会放过我，与其坐以待毙，不如搏上一搏。我打算筹集一批勇士和铠甲，必要时攻入后宫，请母后归政。”张大安不同意铤而走险，太子洗马刘讷言说：“您倒不如向皇后上书，说不定她会顾念母子情分原谅您。”于是太子李贤便决定做两手准备：一方面隔三岔五地给武后写信，说尽母子情深，去打动武后，企图让她放松警惕；另一方面，建立自己的亲信联盟，招募江湖勇士，购买铠甲和兵器，做逼宫准备。

经过皇帝同意的武后便命令宰相薛元超、裴炎和御史大夫高智周带着甲士，联合程务挺和他的羽林军包围东宫，开始进行大搜查。当薛元超高举着圣旨进入东宫时，东宫的卫士都不敢阻挡，而太子也被程务挺的手下软禁了起来。很快，薛元超等人就在东宫搜出了铠甲，并报告给了武后。武后得知以后，很是高兴，便立刻去见皇上，把在东宫搜出铠甲的事报告给了皇上，她说：“看来太子早就有谋逆的打算，想要武力逼圣上退位，这个不孝子，真是大逆不道，决不能饶恕他，应该废去他的名号，依律处死。”李治一听要处死他的二儿子，自然不同意。武后便装出一副为皇帝着想的表情说：“看到贤儿这样，我作为他的母后也很伤心，可是如果一味念及亲情，就会导致文武百官离心离德。”最后李贤还是被废为庶人，逐出了京城。

三年以后，也就是永淳二年（683），李贤被迁到巴州进行安置。到了巴州，丘神勣依据武后的密令，把李贤关在密室里，勒令其自杀，李贤死时年仅三十二岁。死后，武后追封他为庸王，还假装震怒，把杀人凶手丘神勣贬为叠州刺史，但不到两个月，就让他官复原职了。

太平公主举行盛大婚礼

刚刚处理完太子李贤，武则天又要应对吐蕃赞普向太平公主求婚之事，太平公主因为长相和个性都酷似武后，所以平日里最讨武后的喜欢。对于自己喜欢的女儿，武则天又怎能忍心把她远嫁到蛮夷之地，于是她便让太平削发为尼入住尼姑庵，以此来打消吐蕃赞普的念头。

而吐蕃使者看见太平已然成为尼姑，也不好强求，第二天，便向武则天告别，打道返回吐蕃。

打发走吐蕃的求婚使者，武则天望着女儿日益丰满的身体，开始意识到，太平已经是大姑娘了，该给女儿找一个婆家了。这天，武则天正坐在殿里寻思这事，内侍报说千金公主来了，武则天忙令人请她进来。这千金公主原本是高祖李渊的第十八个女儿，论辈分还长武则天两辈，论年龄和武则天也相差不多。她看到武则天权力日渐变大，于是便对她阿谀奉承，甚至最后还给武则天做了干女儿。她最会左右逢源，说乖巧话，所以也深得武则天的喜欢。千金公主来到殿里，便向武则天磕头请安。武则天忙说“免礼平身”，命近侍看座，而后问道：“你怎么好些天不来看我啦？”于是千金公主便撒娇着说：“天后，千金平日无事，何尝不想进宫来找您玩，但见您政务繁忙，日理万机，臣妾怕耽误您宝贵的时间啊！”“千金，我有一事相托。”“天后说话怎么这样客气，您有话就尽管吩咐。”“我是想让你打听打听，在皇亲贵戚中，有没有合适的男儿给太平选一个。她现在年龄也不小了，惹得吐蕃的赞普大老远的也跑来提亲。”“赞普提亲的事，千金也听说了，亏娘娘想出让太平公主入道观退亲的高招。不过太平公主最像天后您了，才貌双全，这天下能配得上她的也没有几人。我对这事感到很棘手，不过，倒有一个办法，不知天后同意不？”武则天含笑不语，点头示意她继续说下去。千金公主说：“我想在皇亲贵戚的望族中，筛选出一些品貌俱佳的年轻男子，然后由您做东宴请他们，让太平在一旁进行观察，看她乐意选谁便是谁了。”武后对此深表认同。于是又征求太平的同意，太平只是说：“母后认为好就好。”

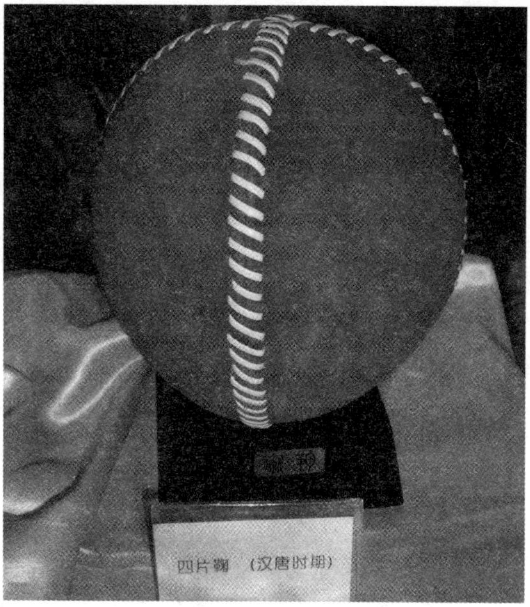

蹴　鞠

太平主张在前宫设置鞠场，让这些贵门子弟和宫中的女子比赛蹴鞠（足球）。她们在一旁观看，既可以观看各人的相貌和健康状况，又可以观察这些人的品行。于是，就按太平公主的想法照做了。没等武则天表态，千金公主就在一旁拍手叫好，连连夸奖道：“哎呀呀，太平公主简直太聪明了，太像皇后娘娘您了。她想的这个选婿的办法再也恰当不过了。试想男女同场蹴鞠竞赛，最能看出一个人的品行，简直是一目了然。”

接着侍中省前的空地上便展开了一场蹴鞠大赛，在大赛上，太平看中了一个积极拼抢的男子，这个男子的长相很好，奔跑的姿态也非常潇洒。于是武后便问千金公主这个男子的家世，千金公主说：“天后，太平公主还真有眼光，他叫薛绍，他的父亲乃是三品光禄卿薛曜之，母亲是太宗皇帝的第十六个女儿城阳公主。这孩子不但长得英俊潇洒，听说才学也非常出众。”于是武后便对太平公主和千金公主说：“那就定下这个姓薛的了，你再从侧面详细地了解了解他家庭和他本人。过几天我让礼部的人过去说。”

开耀元年（681）七月，太平公主出嫁。到底是武则天宠爱的女儿，太平的婚礼规模盛大，场面壮观，为了庆祝公主出嫁，武后还大赦天下。此外，还破例增加了太平公主的封邑，按规定皇子的封邑是八百户到一千户，公主最多为三百户，而太平公主却为三百五十户。

按照习俗，婚礼在夜间进行。附近的各县州府都派人装扮了社火故事、花灯大炮前来助嫁。百十余起社火、百十余起花灯大炮，前前后后，一起一起，此起彼伏，从含元宫西面的兴安门一直摆到宣阳坊南隅的薛氏宅第。

整个京都的晚上成了不眠之夜，稍稍富裕的人家都是张灯结彩，庆祝公主出嫁。文武百官见天后如此眷宠，谁敢不来庆贺，都备有金帛礼表，前去祝贺。一时间，京城中大街小巷，衣冠车马，填门塞户。大家小户，都来争着看热闹的场面。太平公主为了让天下百姓目睹自己的美貌，一反常态，不坐大轿，而是和薛绍一起各骑两匹枣红骏马，并辔前往薛府。打头的是鼓乐笙箫，三百人的乐队前面走着，接着是御赐的龙亭，龙亭上焚着御香，点着圣火，由八个人抬着，龙亭过后是十六个锦衣使者，各挑着八对金莲御灯。接着就是公主和驸马，公主是金装玉裹，翠绕珠围，山黛与冷绛雪，打扮得如天仙一般。新郎是乌纱帽，大红袍，簪花挂红，燕白颔与平如衡，青年俊美，惹得道旁百姓啧啧称羡。一路火炮与鼓乐喧天，花灯夹道，宛若云汉之星回；仙乐频吹，俨然箫韶之递奏。一时富贵，真的是占尽人间之盛。

到了薛家，太平公主与驸马薛绍拜过天地，入了洞房。太平公主对于她亲自选的英气逼人的夫婿十分满意，而薛绍也为能娶得天下第一公主而喜悦不已，如果不是后来薛绍招致横祸，两个人也许会美满幸福地度过一生。

高宗皇帝李治驾崩

天子李治一直有头痛与眼疾，中年时候就有日暮倦倦的气息，无法履行作为皇帝必须处理政事的职责；到了晚年，眼睛全盲，更是连基本的生活能力都丧失殆尽。

因为饱受病痛折磨，皇帝曾经请御医秦鸣鹤医治身体，秦鸣鹤主张对脑针灸，把一根根细小尖锐的针头插入脑袋，稍有不慎，就会丧命，这是非常危险的事情。果然，坐在幕帘后面的武后听了这个建议，勃然大怒，认为他这是要刺杀皇帝。秦鸣鹤赶快叩头请求武后饶命。此时，皇帝悠悠地发出了声音："就让他扎针吧，这未必不能治好。"于是秦鸣鹤平复了一下自己紧张的心情，小心翼翼地用针灸插入了天子百会、脑户两个穴位。过了一会儿，皇帝说："我的眼睛好像能看到了。"武后听后拱起手放在额头上，高兴不迭，亲自挑选了百匹丝织品赐给秦鸣鹤。

可是，秦鸣鹤也知道，针灸不过是短时间内有效，无法根治皇帝的病，皇帝实际上还是处在死亡的威胁下。果然，那一天很快就到来了。

永淳二年（683）十二月初四，皇帝改年号为弘道，大赦天下，李治想登上则天门楼宣诏，却气逆不能上马，于是便召集百姓到殿前听诏。皇帝在宣诏的时候，还是保持着愉快的心情。因为他的病经常发作，所以他也没有把不能上马当作一件大事。

当天夜里，皇帝开始感觉头晕气闷，浑身无力，呼吸困难，他卧在龙榻之上，脸色苍白得吓人，近侍们知道大事不好，有人守在皇帝床前，有人跑去叫御医，有人跑去找皇后，洛阳宫里一片人仰马翻的混乱景象。等到所有人到齐，皇帝匆匆交代了几句遗言，便驾崩了。

不久，洛阳宫的贞观殿里传出惊天动地的哭喊声，无论是宫女太监、王公贵族，还是文武大臣，人人都表现出无比的悲痛。不过有些经验老到的政客，一方面沉浸在哀伤中，另一方面密切关注着皇帝的遗诏和朝廷接下来的局势。

遗诏称："皇太子在灵柩前即位，由裴炎等辅政，军国大事有不能决断的，都听取武后的意见。"十一日，太子李显即位，为中宗。尊武后为皇太后。

皇帝的遗诏虽然适当地分配了太子与皇后的权力归属，可是却赋予了武后极大的国事决策权。皇帝李治这样安排是因为太子李显没有多少执政经验，还不具备独当一面的能力。他又了解武后治理天下的能力，才安心把权力交给了她。

皇帝临终的遗言是："天地神祇若延宕一两个月之命，得还长安，死亦无憾！"李治希望自己能落叶归根，长眠于长安。这位富有四海的天子，跟普通人的愿望是一样的，但可惜的是他只能带着遗憾离开了这个世界。

贞观二十三年（649），二十出头的李治，在长安太极殿接下父亲交给的权力之棒，在弘道元年（683）驾崩，在位共三十四年，其成败得失，现在已经有了盖棺论定的条件。

李治本性善良，害怕招惹是非，不喜欢游猎，不喜欢大兴土木，也不渴求长生之术。他没有什么远大志向，只想过清闲日子。面对生活的压力，他没有魄力与果敢处理事情，便只好为难自己。如果命运没有将整个国家交到他的手上，让他以晋王的身份毕其终生，那他将会是个不折不扣的好人。

李治温暾的性格使他总是采取温和的方式领导这个国家，与民休息。李世民晚年发动的辽东战役，对国力损耗巨大，使"贞观之治"的盛世局面出现了危机。李治在正式登基之前，就下令："罢辽东之役及诸土木之功。"因为他深知连年征战给百姓造成的巨大苦难，给国家造成的巨大负担，所以才有此诏令。正因如此，永徽年间，百姓大力发展生产，得以安居乐业。

李治接手国家以后，牢记父亲当年的教诲，勤于政事，励精图治。永徽二年（651）九月，李治下令将所占的百姓田宅还给百姓，给唐朝庶民以莫大的惊喜。永徽二年（651）十一月，皇帝又下诏："自今京官及外州有献鹰隼及犬马者，罪之。"这让那些希冀通过谄媚手段，攫取更多利益的人不禁悚然心惊，不敢轻举妄动。有意思的是，李治并不是没有父亲那样的文治武功，他在位前期，灭西突厥、灭百济、灭高句丽，使唐朝的领土达到最大。

然而，人们经常说李治是中国历史上最窝囊的皇帝。他精明的父亲与能干的老婆，好像两把标尺，时常被人用来衡量他的皇帝业绩。公正地说，李治作为大唐王朝的管理者，在很多方面都比不上这两个最重要的亲人，但是，他的一些宽容、妥协、开明的态度，不折腾、不造作的观点，对百姓是莫大的幸事。比如，在对待生死方面，他跟流芳千古的父亲就采取了两种迥然不同的处理方式。

据史传记载，唐太宗李世民曾经深信长生不老之术，并派人接回天竺方士那罗迩娑婆寐来炼制长生药，并四处搜求奇药异石。长生不老之术的说法本就不可靠，所以最后终究没有成功。等到高宗继位以后，便把那罗迩娑婆寐遣回国。

李世民是个积极主动，希望能改变命运、主宰命运的人，他企图通过长生不老之术，修炼成不死之身。而李治乐天安命，凡事想得开，看得破，所以没有像父亲那样消耗人力、物力，浪费自己的精力，做不必要的事情。这说明李治有自己睿智的一面。

但是李治的懦弱性格，也成了他执政生涯的最大软肋，让他犯下了许多重大错误。甚至有些时候，他虽是一国天子，却好像只是别人手里的棋子，任人摆布，无所作为。

在“房遗爱谋反案”和“长孙无忌被诬案”中，皇帝李治虽然没有参与其中，但他作为国家的一把手，没有知人之明，才会让这些大臣们肆无忌惮地释放人性中的恶，疯狂屠杀对手。

李治的胆小怕事，让上官仪一人独自背负武后的怒火；李治的不作为给王皇后与萧淑妃带来了沉重的灾难；李治在父亲角色方面的冷漠，使得萧淑妃两个如花似玉的女儿在深宫被禁锢了二十年。

李治这一生，虽然没有创造过什么轰轰烈烈的大事，但是百姓因为他的平和，享受到了宝贵的安宁；他虽然没有犯下罄竹难书的暴行，却也因为不作为，纵容朝臣以恶劣的手段清除政敌，冷对亲人被害的痛苦，让朝廷的权力结构受到极大的破坏。他让一批无辜的人吞下了人生的苦酒，不得不接受杀头、流放这样残酷的命运，更让自己的至亲遭受到了巨大的痛苦，制造了两个女儿的人生悲剧。

现在，他离开了人世，留下了一个精明强干的皇后与一个昏庸无能的太子，他们将要决定大唐王朝未来去向何方。

CHAPTER

第七章 7

从垂帘到第一女皇

武则天从后宫走向前朝，一步步达到权力的巅峰，在这过程中她的双手沾满了鲜血。就后宫来说，她独自承宠，决不允许高宗宠幸其他女人，之前因为高宗去探望了囚禁中的王皇后与萧淑妃，她便把王、萧二人杀了。之后因为高宗宠幸了自己的姐姐韩国夫人与外甥女魏国夫人，她便把二人暗害了。为了权力，她从不顾及亲情，自己的外甥贺兰敏之怀疑自己，她便把他杀了，自己的儿子会威胁自己的独权地位，她便把他废了。武则天虽然十分血腥，但她的确有治国才能，她所提出的《建言十二事》就使百姓颇为受益。

排除异己，独霸后宫

王皇后、萧淑妃被处死后，后宫中已经无人可以取代武则天的皇后地位了，但夺宠的人还有，这就是她的姐姐韩国夫人和外甥女魏国夫人。外间传闻韩国夫人及其女贺兰氏越来越受到高宗的宠爱，武则天妒意大发，在击败了王、萧二人之后已经再难容忍，于是在麟德元年（664）前后，秘密将韩国夫人处死。武则天对高宗生活上的过分限制，引起了高宗的不满。

武则天在稳固皇后地位以后，志得意满，气宇轩昂，无所顾忌。麟德二年（665）是武则天政途上重要的一年。如果说懦弱寡断的高宗在经历王皇后、萧淑妃的死之后还是处在混沌蒙昧的状态，那么在经历了韩国夫人和魏国夫人的死之后便开始觉醒和反抗了，再加上自己的一举一动都受到武则天的限制，于是流露出了想废除武则天的念头，他的想法很快便与上官仪和曾经侍奉过陈王李忠的宦官王伏胜不谋而合。

上官仪，陕州（今河南省陕县一带）人，精通佛、儒之学，有文才，在唐太宗年间曾参与编撰《晋书》，为起居郎（专门记录皇帝言行）。等唐高宗继位时，任秘书少监。龙朔二年（662），经武则天建议，加为银青光禄大夫、西台侍郎、同东西台三品，兼弘文馆学士。上官仪对武则天一个女流之辈在幕后执政本就不满，现在又发生了这样的事，于是便趁机对皇帝说："皇后一向专权自恣，这是人所共知的事，天下人对此都很失望，请皇上废掉她，来顺应民心。"高宗很快便想到了天下人惧怕武后的情形，于是便让上官仪草拟废后的诏书，上官仪洋洋洒洒竟然列出武后十多条罪状，但没想到的是废后的诏书还没下，武则天的情报网便开始运作起来。这事很快便传到武则天的耳中，武则天一听五雷轰顶，大惊失色，想不到她一向推心置腹的皇上竟会有这样的举动，而她却蒙在鼓里。

接着，武后在一群近侍、宫女的簇拥下，便风风火火地赶来了，只见她怒气冲冲地进入内殿，一眼便看见了龙案上刚刚起草完墨迹还未干的诏书，不由分说地一把抓过来撕了个粉碎，把纸片摔在地上，还狠狠地踩了几脚。皇帝看着怒不可遏的皇后很是忌惮，不由得往后退了几步，旁边的上官仪也张口结舌，不知该如何自处。接着武后收起自己的怒气，化为楚楚可怜的表情，用抽泣的声音对皇帝说："臣妾哪里做得不对，您可以当着臣妾的面来说，怎么能悄悄地准备废后呢？臣妾这么多年来，既要照顾卧病在床的你，还要处理朝廷上的大小政事，皇上想想，赈灾民，征高句丽，哪一件不是臣妾帮皇上处理的。"说完眼泪便簌簌地掉落下来。李治看着她也顿生怜惜之情，说有人报告她行厌胜之术，于是武后便命人把郭行真带进内殿，被打得血肉模糊的郭行真被扒光了衣服，李治一见他确实是一个太监，这才松了口气，他自己给自己找了个台阶下，说是上官仪出的主意要废后。皇后也知道不能再逼迫李治，于是便把上官仪赶出了内殿，而自己也换上一副柔情蜜意的面孔拉着李治进了寝殿。

进了寝殿后，她还不放心，于是又向皇上诉说了一遍自己的功劳和苦劳："皇上身体欠安，臣妾不辞辛苦，尽心竭力处理百官奏折，怕有丝毫差错，常常茶饭不思，夜不能寐。现在皇上却背着我，听信了这些糊涂奴才的话，竟然与他们商议要废掉臣妾。皇上如果嫌弃臣妾就请您亲自发落，或者鞭打或者贬黜，臣妾甘愿受罚。"李治看着娇媚的武后向自己不断地哭诉，也感觉好像是自己做错了，于是便百般宽慰，而武后见皇上已经彻底打消废后的念头，于是便开始对他撒娇示好，给予他无限的温柔。

武则天杀上官仪的罪名是，上官仪和王伏胜与废太子李忠谋大逆。根据唐朝刑律，谋大逆是指谋毁宗庙、山陵及宫阙，是对皇帝发泄怨恨和恶性报复，属"十恶"重罪。麟德元年（664）十二月，上官仪与其子庭芝、王伏胜皆下狱而死，女眷收入后宫为奴婢。

而这以后，武后的统治也公开化了。史书记载说："自从诛杀了上官仪全家后，高宗每次上朝，武后垂帘于御座后。上官仪事件前，皇帝还有和大臣单独接触的机会，而在事件之后，这种机会就几乎没有了。所有视朝活动都是在武后严密监视下进行。高宗已经无能为力，羽翼都被剪除了，再也没有一个像韩瑗、来济遇事劝阻的人。朝廷上没有提出异议的声音，无须制伏不肯妥协的人，没有一个人敢向武后说声“不”。

上官仪事件有承上启下的作用。自承上方面看，这是武则天的又一次反复辟斗争。此后她的皇后地位终于巩固了，朝中反对武则天的关陇贵族一派，就再也没有做过复辟的尝试。自启下这一方面看，事件为武则天的全面夺权打下了基础。武则天又一次化险为夷。在几十年的宫廷生涯中，武则天有过多次风险，甚至是灭顶之灾，也许是命运之神的青睐，更主要的是武则天为斗争做了多年的准备和铺垫，她在风浪中一次次地走了过来。而在每一次风浪之后，她获得的是政治斗争的信心和经验，在自己奋斗的征途中再上一个新台阶。

进一步掌权，垂帘听政

在李治享受温柔的同时，老谋深算的武后却在打着自己的如意算盘。虽然她知道皇帝才是废后的主谋，她却不能废掉皇帝，于是就把所有的账都算在了上官仪的身上。除此之外，她还想着要充分利用这一事件，把皇上旁边的羽翼全部剪掉，使他成为孤家寡人，再也搞不起叛逆行动，而自己也要全面掌权。

于是武后便对皇帝说：“你就是心太软，才会让这些糊涂虫有机可乘。我真怕你哪天再听信谗言，中了奸臣的计，酿成大祸。”李治答道：“有这么严重吗？”“假如今天王伏胜和上官仪废后成功，这两个废太子的旧人一定会把废太子李忠迎回宫中，和现今的太子弘发生冲突，到时京城中的两派人马一定会杀得血流成河，国家就会彻底陷入混乱状态，那时的你和我只怕连命都难保，暴尸荒野也说不定。”“别说了，你说得我心惊肉跳的。”李治听了直打战，向武后身边靠拢。武后接着说道："你就是心太软，太过感情用事，一点儿也看不出王伏胜和上官仪包藏的祸心。""你现在一说，朕明白了，多亏你及时赶到，把诏书给撕掉了，否则后果不堪设想啊！""为了避免你被小人利用，我准备和你一起临朝听政，要不然一些奸臣又会利用你的善心图谋不轨，我和你一起听政可以预防不测。"武后终于说出了自己的真正意图，而此时不知云里雾里的高宗竟同意了。

于是第二天早朝，满朝的文武百官发现了一件奇事，就是在皇帝宝座的旁边，架起了一扇翠帘。翠帘后，身着大红朝服的武则天若隐若现。于是百官都开始小声嘀咕："这不是皇后吗？她要垂帘听政吗？"皇帝听了这些碎语便说："朕身体不好，从今天开始，皇后与朕一起听政。"接着，许敬宗、李义府便上奏呈报上官仪、王伏胜等人密谋造反，人证、物证都在，还有供词。李治听了，正考虑该如何保护二人，武后便下了懿旨，命令将二人斩首示众，家族一并籍没，女眷发配到宫中做奴婢。此外其他与上官仪交往密切的一些大臣如右相刘祥道也被逐出宰相之列，左肃机郑泰也被流放。

同时，许敬宗示意背后的袁公瑜去执行武后的旨意。袁公瑜等人快马加鞭，赶到了三千里以外的黔州，赐死了废太子李忠。这位可怜的王子，一生都活在压抑与苦闷中，每天过着担惊受怕的日子，二十二岁便成了政治的牺牲品。

从这以后，武后便开始堂而皇之地临朝听政，大肆铲除异己，大规模地安插自己的亲信，太子右中护乐彦玮、西台侍郎孙处约任军国政事。天下大权尽归中宫，百官上朝，将皇帝与皇后合称"二圣"。杀了上官仪以后，武后又多添了一份罪孽，而且郭行真已死，没人能再帮助她施行法术，于是武后在蓬莱宫里便又开始做噩梦，不得已之下，武后又鼓动高宗返回东都洛阳。

泰山封禅，祭拜天地

返回洛阳以后，高宗一直病着，而武则天却精力饱满，在与敌手的较量中，她每战必胜，这使她自鸣得意。从最初进宫的一个名不见经传的宫女一路晋升为皇后，然后从后宫又一步步进入朝堂，能与皇帝上朝听政，手里握着生杀予夺的大权，能决定天下万事，一种权威和荣耀感在武则天的内心掀腾起来。以前她羡慕男人的世界，渴望能加入这个世界当中，而如今能操纵天下的这个男人却听自己的话，换句话说，她拥有操纵天下男人的能力，成了万人景仰的统治者，这使她神清气朗，活力倍增，豪气顿生。

于是，麟德二年（665）五月，她上表高宗，请求到泰山封禅。武则天提议去泰山封禅原因有三个：一是因为此时天下太平，四方安稳，百姓和乐，国力强盛；二是高宗一直抱病，认为封禅泰山可以减轻病痛；三是武则天自己想要以皇后的身份，名正言顺地参加这次大典，向文武百官和天下百姓显示自己的威严。

此外，在高宗正式下诏封禅，向泰山进发前，武后上表，说自古以来封禅泰山仅有皇上和大臣举行祭奠仪式，而女性只令太后一人昭配，这不合礼仪，认为封禅大典不应将女性排除在外，主张在封禅时，她要率领命妇参加祭献。高宗看了奏书后，觉得武后说得有道理，就同意了。这项前无古人的创举，是向数千年来的男尊女卑社会的挑战。武后所说的命妇包括内命妇和外命妇。内命妇是指后宫嫔妃，即四妃、九嫔、二十七世妇、八十一御妻。外命妇包括太长公主（皇上的姑姑）、长公主（皇上的姊妹）、公主（皇上的女儿）、郡主（太子的女儿）、县主（王子的女儿）、国夫人（一品官员及国公的母亲与妻子）、郡夫人（三品以上官员的母亲与妻子）。不仅如此，过去的封禅仪式是

封禅大典表演

在祭祀地神时，由皇帝初献，太尉亚献，公卿终献。而这次武后要求皇上初献之后，皇后亚献，越国太妃终献。这样的做法虽然令满朝文武惊讶不已，但这是皇上首肯的，他们也无力改变。

麟德二年（665）十一月，车驾洛阳从东都出发，向泰山行进，从驾的文武官员、仪仗队，达百里绵延不绝。不几日，车驾到达寿张（今山东省阳谷县南），当时，寿张人张公艺九代同居，齐、阑、唐朝都曾立陶坊族表其门。皇上和武后经过时，特地亲自登门拜望。他们问张公艺是怎么做到九代同堂的经验，张公艺连写了一百多个“忍”字呈上。高宗和武后连连点头称善，并赏赐其许多缣帛。这一“忍”字，当时武后看了不知作何感想。不过，武后精通佛理，对“忍”字有较深理解，她自己经历了种种磨难，是因为隐忍才度过了一关又一关。如不忍，她早已经死于感业寺，或者死在王皇后手上，哪会有她武则天的今天呢？只是她后来再也不想忍了，她已经忍够了。现在她有了足够的力量，可以面对任何挑战了。忍是一种人生的功力，可以积蓄无穷的力量，积蓄到不忍的时候，已是所向披靡了。

一个多月以后，高宗、武后率领文武百官和内外命妇来到了泰山脚下。各部门早已做好了准备，只等圣驾来到。他们在山南筑起了祀坛，直径十二丈，高一丈二尺，为放置亲封玉册、祀昊天上帝之用。在圆丘上覆盖青色土，四方覆盖赤、黄、白、黑四色土，合为五色土，称坛号为“封祀坛”。山上也建一祀坛，土以五色，高九尺，直径五丈，四面各设一阶，号“登封坛”。在社首山上，也筑一坛，坛分八隅，八面都有陛阶，上以黄色土覆盖，周围以赤、黄、白、黑四色土覆盖，称为“降禅坛”。正月初一，高宗在泰山南面同百官祭祀了昊天上帝，以高祖、太宗配享，如圆丘之礼。亲封玉册，攫石台，再聚五色土封之。当日事毕登山，在第二天又在“登封坛”封玉册。第三天，在社首山祭祀地神。高宗初献完毕，武后率内外命妇上山登坛亚献，越国太妃终献。因为帐幕多是用锦绣做成的，五彩缤纷，有些官员背地里笑，认为这不合旧制。第四天，高宗登上朝觐坛，接受朝贺。文武百官、中外使臣奉献贺礼，仪式也很热闹，如同正月初一的节礼那样隆重。贺礼完毕以后，下诏命名封祀坛为“舞鹤台”，登封坛为“万岁台”，降禅坛为“景云台”，接着又宣布大赦天下，改麟德为乾封年号，改博城县为乾封县，来纪念这次盛事。并给文武三品以上官员加爵一等，四品以下加一阶。还举行了盛大的宴会，群臣同乐，宴席上到处是一片欢声笑语。连续数月的封禅大典终于结束了，高宗、武后率领文武百官和内外命妇回到了东都洛阳。

一计杀三亲，另觅接班人

韩国夫人去世以后，她的女儿贺兰敏月又被封为了魏国夫人，继续受到高宗的宠爱，这引起了武后对自己外甥女的忌恨。再加上母亲杨氏告诉她的武惟良兄弟不念及恩情，和父亲去世后他们对待自己和母亲的种种欺辱，于是她决定要想个计谋，来除掉贺兰敏月和武惟良、武怀运三人。

乾封元年（666）封禅大典之后，武惟良、武怀运二人跟随满朝文武一起从泰山回来。归来以后，武则天命他们去荣国夫人杨氏的府邸，这是武则天在故意支走他们，所以才能不露痕迹地施展自己的计划。按照规定，所有州刺史都必须履行向天子献食的职责。过了一会儿，武惟良兄弟二人从荣国夫人杨氏的府邸回来，便派人将食品取来，准备进献给皇上。而此时武则天早已经挑出了几尾白色的鱼，令人送到厨房。宴席开始，武则天命人把烹好的一盘鱼端给魏国夫人，谁知魏国夫人刚刚吃下鱼，就感觉胃痛，不久口鼻流血而死。

家宴上顿时大乱，皇上没有了主张，伏在魏国夫人身上大哭不止，武惟良、武怀运更是乱了方寸，六神无主。突然，武则天沉下脸来，大声喝道："你们两个忘恩负义的贼子，真是恶毒至极，竟想用两尾白色的鱼毒死圣上。可惜皇上如此厚待你们，你们竟然做出这样大逆不道的事来。"于是武惟良两兄弟就糊里糊涂地成了刀下之鬼。这不必说，鱼中的毒药是武则天命人放的，而武则天一计杀三亲这件事曾被后人大加指责，认为她太残忍，忌妒心过重。其实，武则天之所以这样做不仅仅是忌妒和报复心的促使，而是由强烈的权势欲所驱使的，她是一个不达目的决不罢休的铁腕女人，她的最终目的是独揽国家大权。在走向权力的道路上，她不允许任何人来妨碍她、影响她，即使是兄弟姐妹也毫不例外。

武则天对高宗的感情，历来有两种不同看法：一种认为武则天把高宗视为手中玩偶，无爱情可言，甚至有杀害高宗的阴谋；另一种认为武则天对高宗还是很有感情的。后人已经无法再窥视武则天的内心世界，也许她对高宗是一种复杂的感情。但可以肯定的是，当爱情遭遇权力的时候，她绝不会因为前者而放弃后者。为了权力，一切浓情厚谊都可以放在一边，一切矛盾纠葛都可以消解；为了权力，武则天不但可以抛弃亲情，甚至也可以压制自己的感情。

贺兰敏之的下场

武氏子弟因为与武则天母女间的旧怨，遭到了无情而冷酷的打击与惩罚，终于他们都落得个流放岭南的下场。当然，武则天也没有让武氏子弟中的任何一位来继承她父亲武士彟的宗嗣和爵位，而是另外选择了一位外姓子弟贺兰敏之，令他改姓武氏，袭爵周国公。武则天让他改姓武氏继承爵位的事情，估计这一决定也得到了荣国夫人的首肯和认可，因为此时的杨氏正和自己的外孙有着非同寻常的关系，贺兰敏之做了武则天母亲杨氏的情夫，据史书介绍贺兰敏之年少潇洒，风流倜傥。乾封元年（666），八十八岁的荣国夫人情欲依然旺盛，她爱上了外孙贺兰敏之。贺兰敏之成为周国公后，武氏家族从岭南回归的希望就渺茫了。这和武则天的谋划并不合拍。武则天要攫取更大的权力，武氏家族的助力是不可或缺的。但她母仪天下，对生母当然要有所顾及，也就隐忍了这个倚仗老太太的宠爱而肆意胡为的外甥。

贺兰敏之是荣国夫人的嫡亲外孙，是韩国夫人的儿子，魏国夫人的兄长。所以尽管武则天指定由他来继承武氏宗嗣，并赐予高官显爵，但由于母亲和妹妹去世的缘故，贺兰敏之并没有完全倒向武则天这边。贺兰敏之没有胆量从正面来反抗武则天，于是便做些违背武则天旨意的事来发泄心中的愤恨。他甚至不顾一切地奸污了武则天和唐高宗亲自选定的太子妃，让李唐皇室蒙受耻辱。

贺兰敏之行为放纵，武则天早就对他有所不满，但因为顾及母亲荣国夫人，一直并未对他动手，但他和皇帝的一次谈话却为他埋下了必死的祸根。乾封元年（666）正月中的某日，皇帝痛惜魏国夫人，泪流满面地对敏之说："我上朝时看她还好好的，退朝时就没救了，怎么死得这么仓促？"贺兰敏之什么话也没有说，只是对着皇帝号哭。其实，两人心里都明白，都还有未说出的话。武则天听到这个情况以后，说了一句话："此儿疑我。"于是，贺兰敏之就非死不可了。但是，武则天还是将这件事情隐忍了四年多，因为荣国夫人还活着，离不开贺兰敏之。对武则天来说，隐忍四年的滋味必定不好受，但她还是忍下了。因为如果和母亲也闹翻，那么自己的声威和势力都会被贬损，自己的内心也无法得到安宁。四年后，也就是咸亨元年（670）九月，荣国夫人死了，一切便又可以按她的计划行事了。次年四月，贺兰敏之就被流放到雷州，半路上被人用马缰绳勒死了。

《建言十二事》定国策

武则天总结几年来的统治经验，觉得要治理好盛大的唐王朝，帝王的头脑要冷静，要实施正确的治国方针，以身示范，这样帝王才不至于头脑发热，百姓才会真心拥护。而对待臣下，不能仅仅采用高压手段，还要广施恩惠，恩威并施，才能使群臣悦服，树立帝王的权威。武则天对臣下隐藏在内心中的不满是知道的。她意识到，越走向前朝，百官的这种不满越强烈。最初她认为这也许是自己杀人太多，因此，她在上元元年（674）九月，奏请高宗将长孙无忌归葬，还让长孙无忌的曾长孙继承了他的爵位。她想通过这样的方式来平息长久以来朝臣们积压在心中的不满情绪。但后来她发现这根本于事无补，不满情绪并没有平息。这是因为她作为一个女人而执政，犯了男人们的大忌，挑战了他们男性的权威，这些大臣和当年的褚遂良、韩瑗一样，对女人执政没有好的评价。同时，她知道，大臣们还担心她这个外姓人会因此夺了李家的天下。不过，武则天完全相信，自己既有能力治理天下，也有能力驾驭群臣。她要向世俗挑战，干出一番轰轰烈烈的大事业。

她读过唐太宗很多的治国方略，也亲眼目睹唐太宗如何驾驭群臣。同时她还读过唐太宗晚年所著的《帝范》十二章，这是太宗总结他治国二十多年经验的一本书，让高宗和以后的继承者学习和效法。该书编成后，太宗曾郑重地将它授给高宗李治，并且对他说："我要嘱咐你怎样当好皇帝的话，都写在这本书里了，我死的时候就不必另写遗嘱了。"这说明此书的重要性。武则天对《帝范》的内容其实比高宗要熟悉得多，这本书共分十二章，其内容先后顺序为：一、君体；二、建亲；三、求贤；四、审官；五、纳谏；六、去谗；七、戒盈；八、崇俭；九、赏罚；十、务农；十一、阅武；十二、崇文。所谓"君体"，当然是讲为君的根本。“建亲”是指通过分封各位亲王，来抵御外敌。这两条显然是维护皇权，使家天下得以稳固持久的根本纲领。而“求贤”“审官”“纳谏”“去谗”这四条是指帝王要善于起用人才，使用人才，这是帝王的用人路线。“戒盈”“崇俭”是告诫帝王不要骄傲满足，奢侈堕落，这是帝王励精图治的治国路线。“赏罚”是告诫帝王要明法尚功，对臣民要恩威并施，这是帝王的法治路线。“务农”是告诫帝王要稳固国家的基本经济基础，这是帝王的富民路线。“问武”是告诫帝王要重视军事力量，这是帝王的强国路线。“崇文”就是尊崇文化学术，推崇文人，这是帝王的文化路线。唐太宗就是依靠这十二条，取得了世人赞誉的“贞观之治”。

武则天受到启示，也想制定自己的施政方针。她觉得唐太宗提出的富民路线尤为重要，国力要强盛，民富是基础，民不富，国力就失去了支撑。前些年的四境武功都是建立在民富基础之上的，国库空虚了，国力就弱了，要让外邦臣服就很难。她根据这一体会，结合自己执政中的得失和自己所处的实际情势，经过几年的思考，另提出了自己的施政大纲十二条请高宗定夺，这就是历史上所谓的《建言十二事》。其内容为：一、劝农桑，薄徭赋；二、免除三辅一带百姓徭役；三、息兵，以道德教化天下；四、在全国各地禁止浮巧；五、节省功费、力役；六、广言路；七、杜谗口；八、王公以下皆习《老子》；九、父在为母服齐缞三年；十、上元以前勋官以给告身者无追覆；十一、京官八品以上增加俸禄；十二、百官任职已久、才高位下者，得以晋阶升迁。前两条是武则天的富民方针，她把这一方针放在治国的首位。所谓“劝农桑，薄徭赋”就是要奖励农业生产和手工业生产，减轻农民的赋役负担。免除三辅一带百姓徭役就是免除长安周围的京兆、冯翊、扶风等地人民的徭役。而第三条是她总结了当时频繁征战，导致国力空虚的教训提出来的，既是为了减轻人民的负担，也是一种处理与周边少数民族关系的策略转变。第四条是禁止朝廷各部门的奢侈朝贺之风。第五条是要减少营建，从而减少财政开支和劳动力的使用，这一条是针对大修宫室的教训提出来的。而第六、七条是表示要让朝臣们说话，广开言路。杜绝谗言，信重大臣。她提出这两条是想取得朝臣们的信任。第八条则含有尊崇李家老祖宗的意思，因为高祖把老子李耳视为李家的远祖，武后借此表示她武则天是李家的媳妇，没有其他野心。第九条是武则天提高妇女地位的政策。“齐缞”是五服之一，是用熟麻布做的丧服。古人居丧时的衣服制度，根据生者与死者亲疏关系的远近而有不同，因此规定“父在为母服齐缞三年”，意在提高妇女的地位。第十条是不追还上元年号以前所赠给的勋官告身。第十一条是给京官增加俸禄。最后一条是疏通官员的晋升之路，量才进阶。最后这三条是较为广泛的笼络官员的一种政策，关系到各阶层官吏的切身利益。

武则天向高宗上表提出了这十二条建议，高宗李治很是赞赏，下诏褒奖赞美，并令各部门实行。为了起到表率作用，武后在上元二年（675）三月举行隆重的亲桑和祭祀先蚕的仪式。总之武则天的《建言十二事》突出了强国富民、起用和善用人才、笼络各级官僚、提高妇女地位等四个方面的政策。在她以后辅政、执政和当女皇的各个阶段，有些政策她并没有认真履行，只是做样子而已，但第一条富民强国政策她还是奉行不渝的，不管她把多大精力用来对付她的反对者，对这一条从不忽视。这是高宗、武后时期大唐国力鼎盛，人口猛增，社会稳定的基础，也是她能战胜政敌的基础。

废中宗，太后走上朝堂

高宗去世七天后，中宗李显继位，武则天封为皇太后，政事暂时还由皇太后听取和做出决定。

武则天成为太后以后的第一道政令便是安抚宗室诸王。很早以来，每在新皇帝登基之时，地尊位重的亲王就会伺机夺权，影响国家安定。因此已经对宫廷斗争规律相当熟悉的武则天首先就要让他们定下心来，不使致乱。武则天的第二步措施就是确定新皇帝的政府班子。此时，朝中重臣仅剩刘仁轨，还有刚提拔到宰相位置的裴炎等人。武则天对他们都大胆任用，以老臣刘仁轨为左仆射，裴炎为中书令，刘景先为侍中，武则天第二道措施是派遣左威卫将军王果、左监门将军令狐智通、左金吾将军杨玄俭、右千牛将军郭齐宗分别到并州、益州、荆州、扬州四大都督府任职，因为国家有皇位更迭这样的大变故，来防备不测之事的发生。高宗去世后短短十几天，武则天果断地做出这些应对措施，一下就稳定了高宗去世后的内外局势，这让整个朝野都叹服不已。

中宗李显继位时已经二十八岁。在当太子时，他的名声就很差，一门心思地玩乐，经常在京郊打猎，当时的宰相薛元超也曾多次规劝，但他死性不改。中宗的性格不仅比高宗懦弱，而且还十分愚昧、荒唐。据《旧唐书》记载他“志昏近习，心无远图，不知创业之难，惟取当年之乐”，即胸无大志，整日只知道寻欢作乐，昏昧不堪。他继位以后立太子妃韦氏为皇后，由于特别宠爱貌美而有心计的韦后，于是便晋升韦氏的父亲、当时还只是普州参军的韦玄贞为豫州刺史，豫州地处中原要塞，刺史一职管理着东都周围的地区。从一个普通的参军晋升到豫州刺史，这本来就不合规矩，但他认为韦玄贞提拔得不够快，于是在任命豫州刺史的第二天便又想提拔他为侍中，此外，他还要授以奶娘的儿子为五品的官职。中宗的荒谬要求令中书令裴炎大为费解。裴炎认为韦玄贞已经由一个小州的参军连越好几级而提拔为首都区的重要州郡刺史，没有立一寸功劳，两日之内还要提拔到宰相的高位，这不应该是一个皇帝干的事。于是裴炎便苦苦劝谏。中宗惧内却又傲下，竟然大怒说：“我就是把天下都送给韦玄贞，又有什么不可，还吝惜一个侍中吗？”裴炎听了又气又怕，就派人告诉了太后。太后看到这个儿子没出息到这种地步，再三考虑后，决定废掉他的帝位。

武则天做这个决定是冒着很大风险的，因为高宗刚死一个多月，她就要把新皇帝废掉，这会让李家宗室和文武百官有所不满，甚至有可能会有人借机发动叛乱，危及江山的安稳，但是想到中宗的昏聩，她又不能不废掉他。于是武则天便把自己想要废掉中宗的意图告诉了托孤之臣裴炎，裴炎也表示同意。接着他们就具体做出安排，并草拟好了废除皇帝的命令。

嗣圣元年（684）二月初五，武则天在东都洛阳乾元殿召集百官议政，命令羽林将军程务挺、张虔民率羽林军入宫警戒，选一些精悍的侍卫到乾元殿警戒，由裴炎与中书侍郎刘祎之负责总指挥。在中宗和文武百官面面相觑之时，宰相裴炎出列，当众宣布皇太后的命令："中宗昏厥无德，不能为一国之主，立即废为庐陵王。"于是便命卫士扶中宗下殿。中宗抗声说："我有何罪？"武太后大声斥责说："你想把江山送给韦玄贞，还说自己无罪吗？"于是便命人把中宗软禁在别殿，恢复其名字为哲。中宗的长子李重照也受牵连而被废为庶人。韦玄贞被流放到钦州（今广西钦州）。第二天，武则天改立第四子豫王旦为皇帝。李旦这年二十二岁，也不具备雄才大略做君王的条件，是一个埋头伏案的书呆子，平常不爱与人争斗，对政事也毫无兴趣。于是，武则天毅然决定令皇帝居别殿，自己以六十一岁高龄御武成殿，亲临朝政。

废掉中宗以后，朝野当然议论纷纷。为了防备万一，她任命刘仁轨为西京留守，摄左金吾将军丘神勣前往巴州，检查李哲的住处，以防李哲被人利用。并任命太常卿、检校豫王府长史王镕其为侍中，以她一手提拔的中书侍郎、检校豫王府司马刘祎之为同中书门下三品。大臣们当然对太后临朝议论纷纷。他们认为太后废掉中宗而又不让年已二十二岁的睿宗亲政，目的是紧紧抓住朝政不放，甚至有取而代之的企图，但没有人敢当面直言。唯有刚被太后任命为西京（长安）留守、已八十三岁高龄的治臣刘仁轨上奏，他一面请求告老还乡，一面劝告武太后以汉朝吕太后临朝任用外戚而被后代耻笑的事作为教训，归政给皇帝。武后看了他的奏表，便委派秘书监、侄儿武承嗣前去安慰刘仁轨，并恳请他不要告老还乡。刘仁轨德高望重，他的谏言得到太后的容纳，而且还继续受到重用，所以各种非议也就渐渐平息了。

而对于那些背后议论，企图动摇太后统治的人，武则天则采取坚决果断、严厉残酷的手段进行镇压。一天，有十多位侍从在集市上饮酒，有一人说："早知没有勋赏，还不如拥立庐陵王当皇帝呢！”其中一人听了之后把这事悄悄告诉武则天，武则天立刻便派人将这些侍卫全部捕获，关押在羽林军的狱中。经过这软、硬两手，武则天又渡过了废中宗自己亲政这一大难关，政局再度趋于平稳。

CHAPTER

第八章 政权斗争中的临朝与肃反 8

武则天继位后，大肆扶持武家子弟而打压李家子弟，这让李家的宗室诸王和忠于大唐王朝的人都感到忧心。在这种政治不安的气氛下，以徐敬业、骆宾王为代表的一些人发动了叛乱，武则天任用李孝逸、魏元忠等人平定了叛乱。这次叛乱也让武则天意识到以李氏子弟为代表的一些人对自己的不满，于是便广用周兴、来俊臣等酷吏，伪造罪状，铲除异己。这引起李氏子弟的恐慌，于是李贞、李冲等宗室亲王便发动了叛乱，叛乱很快便被武则天镇压了。她还借此机会对李唐宗室子孙大开杀戒，使得李氏家族力量大减。

徐敬业起兵反武

徐敬业、骆宾王等失意官僚起兵讨伐武后。武后召集宰相们入宫开会，商量对策。

唐睿宗即位后，只是一个傀儡皇帝，大权完全掌握在武太后手中。所以，这时的武则天身份上虽然是皇太后，实际上和做皇帝没有两样。

自古以来，太后当政无不重用外戚。西汉末年，汉成帝的母亲王太后当权，引用外戚王氏，王风和王莽长期执政。东汉时期有六个太后临朝，每位太后都重用自己的外戚。所以武太后执政以后，自然也会重用武家外戚。武家的子孙凡活着的都安排了重要的官职，封侄儿武三思为梁王，武承嗣为魏王，武承业为陈王，其他武家子孙封王的也很多。于是，武家声势显赫，成为朝廷里的新贵。

和武家形成强烈对比的是唐朝的皇室李家。李家子孙虽然早就封王，但这时遭到武后的打压，李家皇室诸王被一个个调到边远地区。这明显表现出现在是武家的天下，李家的人都被排挤在政治核心之外。武太后的举动让李家的宗室诸王和忠于大唐王朝的人都感到忧心。

骆宾王墓。骆宾王，唐代诗人，与王勃、杨炯、卢照邻合称“初唐四杰”。

在政治不安的气氛下，一些政坛失意的人如徐敬业、徐敬猷、唐之奇、骆宾王、杜求仁、魏思温等聚集在扬州（今江苏江都）。这些人的父亲或祖父都是唐朝的高官名臣，他们自己也在朝廷任官。由于种种原因，他们分别被贬官或免职，所以他们对朝廷尤其对于武后废唐中宗一事，有着强烈的不满。于是，他们商议以武力起兵讨伐武太后，推徐敬业为领袖。

徐敬业的祖父是唐朝开国名将李勣。李勣本姓徐，由于在战场立下了汗马功劳，唐高宗便赐他李姓，和皇帝同姓，表示尊荣。徐敬业占领扬州，打出拥护唐中宗复位的名号，成立匡复府。经过十几天，募集了士兵十余万人。于是，正式宣布声讨武后。由骆宾王执笔写了一篇《讨武曌檄》，这篇文告文辞典雅，气势豪壮，对武后大肆攻击，将她的丑恶行为描写得淋漓尽致。文告指责武氏施展阴谋，谗言毁谤，迷惑君王，窃据皇后的名位。又痛骂武氏亲近奸佞，杀姊屠兄，谋害君王，包藏祸心，阴谋篡夺皇位。君王的爱子被幽禁在寒宫，武家的同族却委以重任。徐敬业是唐室的旧臣，对当前局势的气愤，顺应全国民心，所以高举义旗，发誓要匡复李唐王室。

讨伐武太后的文告传到洛阳。当武后读了这篇文稿后，不但没有生气，反而还不断称赞，岂非怪事？原来武后喜爱文学，她被这篇文告优美的文辞、磅礴的气氛、锐利的笔调所吸引，一时忘记这篇文告是在咒骂她。武后在得知此篇文告是骆宾王所写以后，忽然想起了多年前有一个侍御史叫骆宾王，后来被人诬告贪污，降级到边远的地方做了一个小官。武后再看一看手里的文告，感慨地说："有这样文才的人竟流落到这种地方，朝廷没有加以重用，真是宰相之过啊！"

宦官听到武太后的话，十分诧异地说："骆宾王已经是十恶不赦的叛逆之人，太后为什么还称赞他呢？"武后说："世上奇才难得，自古明君都是惜才爱才的。你可知道贞观年间有位宰相马周吗？此人出身寒微，在骁卫中郎将常何家中做门客，代常何写了一篇奏章，谈论治国策略。太宗皇帝十分欣赏，召见马周，破格任用他为监察御史，后来当了宰相。这是用人唯才，不拘资格，所以求才若渴，是一个贤明君王应该有的态度。"宦官听了，赶紧说："太后圣明。"武太后虽然欣赏骆宾王的文章，但也了解徐敬业的叛乱是一件重要的大事，宰相们大多主张派军队去讨伐，只有宰相裴炎表示不同的意见。

裴炎说："徐敬业兴兵作乱是打着匡复庐陵王的旗号。皇帝年纪也不小了，却没有亲政，所以他们才有借口。只要太后召回庐陵王，让他继续执政，徐敬业之乱不用出兵就可以平定了。"裴炎的话让武后满腹狐疑，她想不通的是，裴炎身为辅政大臣，国内有乱事他竟然不主张平定。于是武太后便要宰相们再思考一下，便散会了。

会议刚结束，监察御史崔察向武后报告说："裴炎的用心令人怀疑，叛军的右司马薛仲璋就是他的外甥，所以，裴炎和徐敬业的叛乱事件脱不了关系。"于是，武太后下令逮捕裴炎下狱，派御史大夫骞味道审理。

巧妙用将，平定叛乱

徐敬业在扬州找到一个人，相貌很像已死的太子李贤，就宣布说："太子李贤并没有死，现在在扬州城内，我们是奉太子李贤的命令起兵反抗武后。"当然这是为了欺骗百姓而编造出来的谎言，但由于这个谎言是举着恢复李唐王朝的旗帜，自然也就有百姓响应，所以徐敬业很快就招募到了十多万人。

很快徐敬业占据了扬州。扬州是一个商业大城，经济地位十分重要，却不占据政治和军事的优势。当时徐敬业的军师魏思温主张出兵攻取东都洛阳，因为唐朝中央政府官员和武后都在洛阳，不过洛阳有重兵把守，攻取的困难性比较大。另外一些人则认为常州（今江苏武进）、润州（今江苏丹徒）容易得手，而且有利于物资的供给，主张先攻这个地方作为基地。徐敬业缺乏他祖父李勣的用兵魄力，便舍弃进攻洛阳而进取常州、润州。这个策略让徐敬业自困在一个小地区，给予武后调兵遣将反击的机会。

润州和扬州只隔四十多里。润州刺史李思文是徐敬业的叔父。徐敬业写了封信给李思文，要他举城归降。不料李思文对唐朝政府忠心耿耿，赶紧派人向洛阳报信，报告徐敬业即将进攻润州，请中央救援。

徐敬业率领数万大军包围了润州。润州刺史李思文虽然紧闭城门抗拒徐敬业，但毕竟守兵人数太少，没过几日，润州城就被攻破了。李思文被俘。徐敬业念他是自己的叔父，只是囚禁起来，并未杀害。

当徐敬业起兵的消息传到洛阳，武太后发觉事态严重，扬州经济富庶，是物资供给的重地，必须要尽快平定乱事，重新掌控扬州。

于是武太后立即召集大臣们开会商量对策，很快做出了几项决定：一是将宰相裴炎囚禁起来，并且处死，以消除反对武力讨伐的声音；二是徐敬业的祖父李勣虽然已死，仍然下诏削去李勣一切的官职，挖开李勣的坟墓，将尸体斩首，并且取消李勣和他子孙们的李姓，恢复原本的徐姓；三是派李孝逸率领三十万大军去讨伐徐敬业。

当徐敬业攻下润州时，听说李孝逸率兵指向扬州，他赶紧离开润州，领兵北返扬州，驻兵在高邮县的下阿溪（在扬州西北），又派弟弟徐敬猷带兵驻守淮阴（今江苏淮安）。

李孝逸的大军很快就到了扬州附近，先头部队和徐敬业展开了接触战。李孝逸的部队失利，这让他有些胆怯，打算暂停攻击。这时军营中担任监军的侍御史魏元忠则鼓励李孝逸要一鼓作气，扫除乱贼，还威胁他，如果按兵不动，朝廷会治他阵前畏缩的大罪。

李孝逸觉得监军魏元忠话说得有理，便打消了观望的念头，下令进攻。有一天，狂风大作。魏元忠心生一计，对李孝逸说：“现在刮起大风，风向是由我方吹向敌营。敌营四周都是茂密的芦苇，干燥易燃。如果我们用火攻，定能大胜。”李孝逸一听，就说：“此计甚好，依计而行。”到了夜晚，李孝逸悄悄派人潜入芦苇之中，放火燃烧。火借风势，立刻蔓延开来。火势冲天，烧到了徐敬业军队的营房。顿时乱成一团，有人被火烧死，有人跳到河里淹死，有人丢了武器狂奔。李孝逸的军队埋伏在四周，立刻乘机追杀。徐敬业的军队一夜之间完全被消灭，死伤不计其数。李孝逸军大获全胜。徐敬业和几个部下骑马带着妻子逃回扬州，企图先逃往润州，再乘船逃往新罗。

这时，李孝逸的大军在后追赶，情势十分急迫。晚上，徐敬业等人来到海陵县，想要渡河，却刮起了狂风，船无法行驶。徐敬业的部将王那相眼见已到了穷途末路，便想向唐朝政府邀功，将功折罪，于是杀了徐敬业、徐敬猷、骆宾王等人，带着他们的首级向李孝逸投降。徐敬业的乱事至此平定，为时不过三个月。

徐敬业的失败主要有三个原因：一是战略错误，起初不该进攻扬州、润州，而应该直指敌人的“心脏”洛阳；二是缺少军事人才，徐敬业等人都是儒生，缺乏军事才能，招募来的军队也都是乌合之众，敌不过训练有素的政府军队；三是缺少有利的环境，此时政治清明，经济繁荣，人民生活安定，这不是一个有利于起来反抗政府或武太后的环境。徐敬业的扬州起事像是在一个平静的池塘里投下一粒小石头，起了一些涟漪，却未引起大波浪。

徐敬业失败了，带来一个意想不到的后续事件，那便是出现了一群酷吏。

清除障碍，诛杀裴炎

武太后为什么要杀裴炎？因为裴炎是她称帝道路上的绊脚石。

裴炎对李唐王朝绝对忠心耿耿。当他发现武太后大权独揽，把唐睿宗当成一个木偶时，他的内心觉得不妙。如果武太后真的登上皇帝宝座，那么，天下就不是李家的，而要变成武家的天下。裴炎效忠于李唐王朝，所以当武太后要追封武家祖先为王、建立武氏宗庙时，裴炎要反对。所以当徐敬业起兵反武后，裴炎内心是赞成的。他希望武太后放手，把政权交还给姓李的皇帝，于是他直率地表示武太后应该把政权还给唐睿宗。裴炎对李唐王朝赤裸裸的死忠，被武太后看成是她通往称帝道路上的大障碍，必须要赶快除掉。

当裴炎被关到监狱时，有一个郎将姜嗣宗从洛阳奉命到长安办事。遇到负责留守长安的刘仁轨，自夸有先见之明说："宰相裴炎以谋反的罪名被关起来，我早就觉得裴炎有异于平常。"当刘仁轨再次追问时，姜嗣宗还是自夸自己知道此事。

刘仁轨十分厌恶这种小人，于是不动声色地对姜嗣宗说，要他帮忙带一个奏章回洛阳，呈给武后。姜嗣宗欣然接受。刘仁轨的奏章写着："姜嗣宗早就知道裴炎谋反而不报。"这奏章被密封起来，由姜嗣宗带回洛阳呈给武太后。武太后看了奏章，痛骂姜嗣宗知反不报，立即下令处死他。姜嗣宗不过是事后吹牛，结果却害了自己。

当裴炎下狱之时，镇守边疆防御突厥的大将军程务挺也上书武太后，为裴炎辩护，说他不会谋反。武太后看了奏章，十分不悦。有人告程务挺和徐敬业的党羽有勾结。武太后也不加审问，就派左鹰扬将军裴绍业到程务挺的军中去，杀了程务挺。程务挺是当时的名将，深得将士们的爱戴，他被杀后，军中将士无不悲愤痛哭。武太后也知道程务挺是一位杰出的将领，但她并不后悔杀了他，因为他极有可能是她称帝道路上的大障碍。

裴炎的侄儿裴伷先聪明正直。当裴炎被杀时，裴伷先写了一份奏章，封面上写着"密奏"，内文很简单，说要见武太后当面报告。武太后曾见过这个年轻人，印象很好，就立刻召见。当武太后问他，是否为伯父一案来诉冤，他说："我伯父忠于国家，反被诬陷为有罪。我对陛下所作所为感到可惜。陛下应该恢复您儿子的皇位，自己在宫中修身养性，这样可以保全武家子孙。如若不然，一旦天下大乱，就无法可救了。"

武太后听了大怒，命人把裴伷先拖下去。裴伷先被押走，还回过头来大叫："现在听我的话还不迟。"连说了三次。武太后气得拍桌子，下令把裴伷先打一百棍，流放到边疆去了。

大兴告密之风

徐敬业事件，让武太后警觉到社会上有许多人心中是反对她的。如果这些反对势力不加以清除，将会对她走向皇帝之路造成很大的障碍。对于像徐敬业、裴炎那样的明显和半明显的反对者，还容易打击，而对于那些潜藏的反对者，却不好清除，于是武太后想出了一个挖出那些潜伏反对者的方法，那就是政府鼓励告密。

当徐敬业之乱平定后，武太后大宴群臣来庆功。庆功宴后第三天，武太后就召集群臣到乾元殿。武太后态度冷峻，用沉重的语调说："朕自亲政以来，早晚为国家社稷忧心，自认为没有亏负众卿，也没有对不起天下百姓。众卿可知道吗？"几位大臣赶紧回答道："陛下恩德，泽被天下，百姓全都知道。"武太后继续说："朕侍奉先帝二十多年，一直尽心尽力，随时以天下为念。天下百姓的安乐是朕养育的结果，众卿的富贵是朕给你们的，有的人出将入相，飞黄腾达，可是为什么辜负朕呢？"

群臣们发觉武太后的语气越来越刚硬，显然是生气了，都低着头，屏息而立，没人敢吭声。武太后停了一会儿，提高嗓门，用严厉的语气说："你们中间的先朝老臣，可是倔强难制有超过裴炎的吗？你们中间有许多将门之后，可是纠合亡命之徒有超过徐敬业的吗？你们中间也有不少握有兵权的宿将，可是领兵攻战有超过程务挺的吗？你们中间有谁比这三人更厉害的，想图异谋，请你们早点儿动手，否则就该痛改前非，免得身败名裂，贻祸子孙。"武后这一番话真是赤裸裸的威吓，听得群臣胆战心惊。武太后说完，眼看跪满殿上的男性官员，诚惶诚恐地俯伏在地，一股权力欲望满足的骄傲感涌上她的心头。

群臣接受了这次震撼教育，对武太后增加了几分恐惧。他们没料到令他们更恐惧的事随后而来，那便是告密风气像燎原的野火烧了起来。

垂拱二年（686）正月，武太后颁了一个诏书，表示要将政权交还给儿子唐睿宗，自己退居后宫。这个诏书引起了朝廷上下的大震动，官员们开始议论纷纷。

不管官员们如何猜测，要面对问题的人是唐睿宗。唐睿宗亲眼所见三个哥哥血淋淋的事实，也深知母亲对权力的欲望，觉得母亲是在演戏，如果自己不识相，肯定会步三个哥哥的后尘。而他本人对权力没什么欲望，更不愿意处理烦琐的政事。于是，唐睿宗有了决定，快速去见了武太后。

唐睿宗见到武太后，态度诚恳地请求母亲不要退居后宫，要继续掌理朝政。而武太后也的确是在试探唐睿宗，唐睿宗的谦让表现让她感到很满意，于是表示接受儿子的请求。第二天，武太后向群臣们宣布，是皇帝恳求她继续主持朝政，她也只好勉为其难，继续临朝主政了。

经过这场表演，武太后手握政治大权的基础更加坚固了，于是便展开了消灭潜伏敌人的大计划，那就是提倡和鼓励告密，把藏在暗中的敌人挖出来。

有个叫鱼保家的人，徐敬业在扬州起事时，他为徐敬业制造兵器。徐敬业乱事平定，鱼保家成了漏网之鱼。照常理来说，鱼保家应该找个安全、偏僻的地方保家保命，但不知何故，他竟主动上书给武太后，说自己有一个“发明”，即铜匦，铜匦内分为四格，每格的上方有一个小洞口，可以将书信、文件投入，投入后便取不出来，除非用钥匙打开铜匦底部的门。这种铜匦最便利接收告密的书信。

武太后正烦恼不知如何推展告密的工作，得到鱼保家的投书，十分高兴。这正是她所需要的，立刻命令照样制作。铜匦很快就制作完成。四个格子漆成四种颜色，放在洛阳皇宫外朝房内。朝东面的格子漆成青色，叫“延恩匦”，专门收集求官的信件；南面的格子是红色的，叫“招谏匦”，收集批评时政得失的意见；西面为白色，叫“申冤匦”，收集申诉冤屈的投书；北面是黑色，叫“通玄匦”，收集有关天象灾变的资料和向朝廷献计谋的文书。

这铜匦的四个格子表面各自收集不同的书信，其实都是接受告密文书。任何人都可以去投书，这铜匦实在是告密的“大门”。

反对运动的镇压

大文豪陈子昂时任麟台正字的小官，可能不知太后的真正动机，以为太后仅是为了徐敬业造反一案而兴起此风和大狱，认为事态严重且不智，于是天真地上书申说。他说：“臣闻之，圣人出治，必有驱除，盖天人之符应休命也。日者东南微孽，敢谋乱常，陛下顺天行诛，罪恶咸服，岂非天意欲彰陛下神武之功哉？而执事者不察天心，以为人意，恶其首乱倡祸，法合诛屠，将息奸源，穷其党与；遂使陛下大开诏狱，重设严刑，冀以惩创。观于天下，逆党亲属及其交游，有迹涉嫌疑，辞相逮引，莫不穷捕考讯，枝叶蟠挐，大或流血，小御魑魅。……于时朝廷惶惶莫能自固；海内倾听，以相惊恐！……顷年以来，伏见诸方告密，囚累百千辈，大抵所告皆以扬州（指徐敬业在扬州起兵一事）为名，及其穷究，百无一实。陛下仁恕，又屈法容之；谤讦他事，亦为推劾。遂使奸恶之党，决意相雠；睚眦之嫌，即称有密。一人被讼，百人满狱；使者推捕，冠盖如云。或谓陛下爱一人而害百人，天下喁喁，莫知宁所。……夫大狱一起，不能无滥。何者？刀笔之吏，寡识大方；断狱能者，名在急刻。文深网密，则共称至公；爰及人主，亦谓其奉法。于是利在杀人，害在平恕。

陈子昂

故狱吏相戒，以杀为词，非憎于人也，而利在己故。上以希人主之旨，下以图荣身之利。徇利既多，则不能无滥；滥及良善，则淫刑逞矣！”

这就是批评太后借“扬州兵变”一案，假酷吏之手执行恐怖统治，因此在书中一再用“威刑”“屈法”“爱一人”和“淫刑”来作形容。以酷刑与株连来实行恐怖统治，使臣民恐怖畏惧，固然是使叛乱事件不会发生、延长、扩大或增加的原因，但是同书也提出人民思安是另一原因。陈子昂认为，百姓因为西边和北边近十年的军事行动，已经令“天下疲极”，加上大兵过后，屡遭荒年，“流离饥饿，死丧略半”；幸近年边境无事，时和年丰，人民始得休养生息。“故扬州构祸殆有五旬，而海内晏然，纤尘不动，岂非天下蒸庶厌凶乱哉？臣以此卜之，知百姓思安久矣。”淫刑违反民心，会促成社会秩序的变乱，因此陈子昂最后提出警告：“事有招祸而法有起奸，傥大狱未休，支党日广，天下疑惑，相恐无辜，人情之变，不可不察！”

其实，太后真正的动机是要削除反侧，继续临朝，巩固威权和维持声望，故此时以淫酷之刑来实行恐怖统治，基本上是以官僚为主要的打击对象，并无意要搞到人民痛苦，社会秩序失控，不利于己。有少数被陷害而又能侥幸免祸者，大抵都与他们不直接触及上述武太后的动机和忌讳有关。例如革命前张金楚案即是一例。

金楚与乃兄越石同至地方政府申请应中央的茂才科举，所司以他们是兄弟，不可两举，金楚乃将机会让给兄长。事为州牧李勣所知，感动而双举之，共赴京师，同时及第。革命前夕，金楚官至司法首长的秋官（刑部）尚书，却遭酷吏周兴构陷，将行刑，乃仰天长叹：“皇天后土岂不察忠臣乎！奈何以无辜获罪？”因此泣下，市人也为之唏嘘。须臾降敕免刑，改流岭南，时人以为是他忠正孝悌之报。金楚既是三品大臣，为何被构而后又能幸免？其实是与扬州案的后续发展有关。

原来徐敬业败亡后，其弟敬真流放绣州，逃归，复要逃去突厥。路过洛阳，得洛阳令张嗣明等人资助，但仍在定州被捕。敬真和嗣明被捕后牵引海内认识的多人，都说他们有异图，希望能因此免死；于是朝野之士被牵引而坐死者甚众，连宰相张光辅也被嗣明诬告“私论图谶、天文，阴怀两端”，而与嗣明、敬真同在永昌元年（689）八月四日被诛。敬真则牵引张金楚、前宰相现任陕州刺史郭正一、前北门学士现任凤阁侍郎元万顷、现任洛阳令魏元忠、彭州长史刘易从等人。他们都被周兴所审，构成其狱，八月十五日押至市行刑。太后念元忠曾有监军打败徐敬业之功，知他们被诬，特遣使驰往免死。使者恐怕时间赶不及，先令驰骑传声至市，当刑者听到皆喜跃欢呼，独元忠安坐自若，待使者来到宣诏毕，才徐起拜谢，表现与金楚不同，观者都认为元忠镇定。他们死罪虽免，但皆流放岭南。刘易从则没有那么幸运，他在任所被杀。由于他为人仁孝忠谨，因此临刑时吏民怜其无辜，远近奔赴，竞相解衣投地，说是“为长史求冥福”，所司估计价值有十余万之多。

类似情况在革命后也颇多发生，如“宰相狄仁杰之案”就是一例。他以地方政绩而为太后所知，拜相后不久，竟为来俊臣诬构下狱。俊臣告以若一审就承认则可减死，否则大刑伺候直至承认为止。“大周革命，万物唯新，唐朝老臣，甘从诛戮！”仁杰叹，并且自承说：“反是实。”后来其子向太后告变，使知情实，太后乃免他一死，仍贬彭泽县令。

他们是宰相要官而不能免于被构陷，即使真相明白后仍然被重重流贬，这已经算是侥幸的了。即使如此，他们的侥幸决不能代表大多数被陷的人都能有此幸运的机会，这才是恐怖之所在。

大唐臣民注意到天皇死后，太后的身份角色有微妙的变化，有此认识的陈子昂就是其中一人。陈子昂是四川人，天皇死时来到东都，躬逢太后下诏问贤，乃以“梓州射洪县草莽”的名义上《谏政理书》。书中提出他的“大愿”，即是“愿陛下为大唐建万代之策，恢三圣之功。传乎子孙，永作鸿业，千百年间，使继文之主有所守也；非甚无道，不失厥嗣。陛下可不务之哉！”并且一再重申：“愿陛下念先帝之休意，恢大唐之鸿业。”“愿陛下为大唐建万代之策。”云云。这时太后揽权的迹象还不那么明显，至于第一个直接对武太后专权废帝有异议的大臣不是裴炎，而是专知西京留守事、左仆射、同三品刘仁轨。

刘仁轨出生于隋末，唐初高祖皇帝时即已出身做官，以刚正为太宗皇帝所倚，予以不断擢升，高宗天皇大帝时以平定朝鲜半岛军功，回朝后不久便拜相，至太后临朝废帝之时已经为相十九年之久。刘仁轨此时年逾八十岁，是硕果仅存的四朝元老，为人平易，家庭和乐，儿、媳孝顺，与太后关系良好。刘仁轨夫人晚年老疾，儿、媳亲侍汤药，不敢懈怠恒逾十年。据说天后曾经召见夫人以示关怀，问道："年老抱疾，儿女在旁？"夫人回答说："妾有男及妇，殊胜于女！"天后大表嘉慰。及至夫人死，子刘浚终礼谒见，天皇问他："常见皇后说太夫人云卿夫妇俱能至孝，忠臣取于孝子，岂忘卿乎！"此显示两家平常也有来往通问。

太后在嗣圣元年（684）二月六日废嗣皇帝李显为庐陵王，七日改立幺儿李旦为新嗣帝，当时刘仁轨以太子太傅、同三品为西京副留守，留在长安辅助留守一年仅三岁的皇太孙李重照。同月八日，太后令废皇太孙为庶人，命刘仁轨专知西京留守事，另附有一信告诉他："昔汉以关中事委萧何，今托公亦犹是矣！"这时新嗣帝还未正式受册，太后也尚未御紫宸殿施浅紫帐视朝，情势混沌不明，刘仁轨嗅到政治气氛极不寻常，乃以衰老为辞，上疏请罢居守之任，并顺着太后所举汉初之例，陈述吕后祸败之事，以申规谏。以他的身份地位和在军政界的影响力，故所上表疏着实让太后大吃一惊，连忙回复慰留。唐制一般慰劳臣下是以"慰劳制书"的形式颁发，若隆重的慰劳勋贤则加用"皇帝之玺"，便是慰劳玺书。为了表示慎重，太后特别用玺书的形式，令礼部尚书武承嗣赍往西京慰喻他，玺书说：

"今日以皇帝谅暗不言，眇身且代亲政。劳远劝诫，复表辞衰疾，怪望既多，徊徨失据！又云'吕后见嗤于后代，禄、产贻祸于汉朝'，引喻良深，愧慰交集！公忠贞之操，始终不渝；劲直之风，古今罕比！初闻此语，能不罔然；静而思之，是为龟镜。且端揆之任，仪刑百辟，况公先朝旧德，遐迩具瞻。愿以匡救为怀，无以暮年致请！"

太后的答复明显表示出谦卑与敬意，不但没对刘仁轨的"怪望"不悦，反而对他的批评感到"徊徨失据"和"愧慰交集"。她明白表示仅是在皇帝居丧期间"且代亲政"罢了，恳请刘仁轨"以匡救为怀"，不要退休。因此，刘仁轨也就不再坚持请退。

我们有理由相信，太后当初可能也以同样借口给裴炎等大臣说过，所以居丧满后还政给已成年的嗣皇帝，应是守信守法的当然之事。只是太后有权力野心，丧满后仍不还政，因此才招致反对。徐敬业固然以此为名而在外起兵，其实朝内对此也有不满与反对。裴炎既是顾命宰相，能不对此关心表态吗？试想读《讨武氏檄》到批评太后“包藏祸心，窥窃神器。君之爱子，幽之于别宫”“一抔之土未干，六尺之孤何托”，而疾呼大家“共立勤王之师，无废旧君之命”时，当作何想？他的拖延议讨的方式其实就是对太后久不还政的消极抗议，而他向太后说“皇帝年长，未俾亲政，乃致竖子得以为辞；若太后还政，则此贼不讨而解矣”的讲话则更是积极的响应，甚至具有一定的代表性。可是他早不讲晚不讲，却在此时利用徐敬业起事时才讲，此举颇有“逼宫”之嫌，与刘仁轨的情况不同，所以被御史弹劾，太后也坐实其谋反之罪，想借此“杀鸡儆猴”，镇压反对。

裴炎被斩，家被籍没，年仅十七岁的侄子太仆丞裴伷先也坐流岭南。

由此可见，崇尚律令政治的当时，裴氏伯侄一再以太后揽权不当和不合法为辞，毫不畏死地始终坚持请太后还政皇帝的主张，这是国家大事，是法治和制度的基准所系，决不能以人治的种种理由为太后的违法专权作粉饰开脱。刘仁轨规谏吕后祸败之事在前，徐敬业举兵反武在中，裴氏伯侄则力言在后，甚至裴氏先不惜冒死警告，说若不还政，恐怕天下将有更大而“不可复救”的事变发生。不过，太后独揽大权的意志坚决，她的表现是由最初的“徊徨失据”和“愧慰交集”变成镇压和整肃。

翌年正月一日，太后改元“垂拱”，无异于宣示即使皇帝虽在，她也仍要垂拱而治。就在同月二十二日，当朝唯一能让太后徊徨愧慰的刘仁轨死后，太后乃着手进一步建立匦检告密的制度和手段，并通过酷吏，长期而全面地肃清潜在的异议者和反对者。在此政治气候之下，垂拱二年（686）正月，太后竟然出乎意料地下诏还政于皇帝。新嗣君早已超过丧期，做了两年的“儿皇帝”，知母莫若子，知道母后此举并非诚心实意，所以奉表固辞。太后一而不再，也毫不客气地依旧临朝称制，宣布大赦天下。

态势已经很清楚：太后不顾批评与反对，要长期临朝称制，掌握君权；现在连皇帝也表了态，若有异议和反对者，肯定会遭受无情的整肃。

在告密风炽、酷吏横行的环境里，明哲保身的臣民显然已经增加，批评与反对者则显然已经大减；太后临朝时期也并非没有，只是不敢组织串联，而化为零星个别的事件罢了。

例如垂拱二年（686）二月二日，西京东北的新丰县东南三十里有山踊出，二十八日改新丰县为庆山县，以示祥瑞出现。当时四方毕贺，但是荆州人俞文俊却上疏说："臣闻天气不和而寒暑并，人气不和而疣赘生，地气不和而堆阜出。今陛下以女处阳位，反易刚柔，故地气隔塞而山变为灾。陛下以为庆山，臣以为非庆也。臣愚以为宜侧身修德，以答天谴，不然祸灾至矣！"疏奏，太后大怒，流俞文俊于岭南，后来为六道使所杀。"庆山"被阿谀谄媚者累积而成，用以对太后歌功颂德，却被俞文俊泼了冷水，直指是太后"以女处阳位，反易刚柔"的"天谴"，太后怎能不怒！但是由此事也就可以看到当时大多数臣下的政治姿态了。

又如垂拱三年（687）五月，发生了"宰相刘祎之案"。刘祎之是太后北门学士的腹心，新嗣君即位前原封相王，他任幕僚长——相王府司马。因为参与皇帝的废立，因此太后就命他以中书侍郎、同三品拜相。他被太后倚为撰写圣旨的"文胆"，且曾被太后称为"忠臣"。刘祎之其实有太后应还政的意思，但不敢向太后进言，却私下向属下——凤阁舍人贾大隐说过"太后既能废昏立明，何用临朝称制，不如返政，以安天下之心"的话，于是被贾大隐上表告密。太后不悦，告诉左右说："刘祎之我所引用，乃有背我之心，岂复顾我恩也！"不久，就有人告他私受契丹领袖——归诚州都督孙万荣的金钱，又与许敬宗之妾私通，太后于是借机命肃州刺史王立本推按其事。立本宣敕后以敕示之，刘祎之说："不经凤阁、鸾台，何名为敕！"唐制圣旨需经中书、门下两省处理通过才能颁下，所以他的说法表示不承认此圣旨。太后大怒，以为拒捍制使——此罪是依律应死之罪。

新嗣君得知刘祎之获罪，因他曾是王府旧属而向太后进言申理，亲友知道天子亲自求情后，都向刘祎之道贺。“吾死必矣！”刘祎之却叹道，“太后临朝独断，威福任己，皇帝上表，徒使速吾祸也！”果然被赐死于家，连称赞他谢死表写得好的人也遭贬黜。可见太后应还政是宰相们的意见，只是此时已不敢公然提出，只敢私下说说；然而连私下说说也有被告密身死的危险，则恐怖可知。

太后永昌元年（689）九月又发生了《宰相魏玄同案》。魏玄同原与上官仪友好，因上官仪而配流岭南，后来遇赦还朝，在天皇晚年拜相。他又素与裴炎结交，时人因为他们始终友善，所以称他们为“耐久朋”。酷吏周兴曾误会魏玄同阻他升官而记恨在心，于是诬告他，说他讲过“太后老矣，不若奉嗣君为耐久”的话。太后愤怒，在闰九月赐他死于家，死前监刑御史劝他说：“丈人何不告密，希望能得召见，可以自我辩白！”依制告变可得蒙太后召见，有辩白的机会，狄仁杰幸而得免即是运用了此方式；但是魏玄同叹说：“人杀鬼杀，亦复何殊，岂能作告密人耶！”乃就死。此案连累内外大臣甚多，他们或坐死，或流贬。

上面诸案都与希望太后还政给新嗣君李旦有关，或者利用太后不喜欢听到此类话而进行诬告有关，可见大家都知道太后不想还政。此事之外，也有人想利用庐陵王——废嗣君李显来做文章。

垂拱三年（687）九月，“刘祎之案”发生后四个月，虢州人杨初成诈称郎将，矫制于都市募人迎庐陵王于房州，事觉伏诛。又在永昌元年（689）四月，魏玄同案（689）发生前五个月，连州别驾、鄱阳公李諲等宗室十二人被杀。李諲被杀前谋划迎庐陵王，曾问计于岳父天官侍郎邓玄挺，邓玄挺虽不响应，但仍因坐知反不告而同诛。

太后如此的高压手段和恐怖统治，将会使臣民变成三类人：或阿附谄媚，或吞声待变，而大多数则是明哲保身。对她来说，谄媚阿附者是孟子所谓的“臣妾”，而明哲保身者则是“沉默的大多数”，都可以挟之以势；至于吞声待变者则是“阴谋分子”，必须要继续肃清。在这种情势下，她已然严密地控制了这个国家，难怪李唐王室宗族开始面临空前之难。

李氏子弟因被冷遇而联反

大唐开国之初，高祖皇帝因为天下未定，于是大封堂兄弟、堂侄等宗室为郡王来藩镇天下。太宗皇帝即位后开始检讨这项政策，把这些堂兄弟、堂侄降为郡公，只有立功的才可以封为郡王。不过，这些宗室虽有封爵却没有封地，有官却没有职务，所以王室仍然“单弱”。

太常丞李嗣贞曾认为李姓宗室虽然数量较多，但都在外面做官，武则天居在宫中，控制外面的力量，易如反掌，她担心诸位亲王到时会被武则天随意蹂躏。后来徐敬业打着“匡复”的旗号，对当时的人影响很大，各位亲王对此号召也有所触动。再仔细观察一下，武则天也并不像之前临朝的太后，掌政一段时间后就把政权还给皇帝，这让各位亲王作何感想呢？

对太后的种种作为，为国屏藩的各位亲王当然不能无动于衷，于是宗室与太后的矛盾冲突开始酝酿。据说越王李贞和他的长子琅邪王李冲两父子，与韩王李元嘉和其子黄国公李撰父子、鲁王李灵夔和其子范阳王李蔼父子、霍王李元轨和其子江都王李绪父子早就对太后的废帝不满，有匡扶李姓的计划，只是时机未到而已。

终于在垂拱四年（688 年）二月，太后命情夫薛怀义主持创建布政的明堂，计划在年底完成。到了四月，魏王武承嗣叫唐同泰进献一颗声称从洛水中获得，上面写有“圣母临人，永昌帝业”八个字的白石。太后很高兴，称那块石头为“宝图”。五月，太后下诏，要在十二月亲自拜洛受“宝图”，还举行了南郊祀天大典。

下诏后七日，太后史无前例地加尊号“圣母神皇”，还做了“神皇三玺”，又在七月更改“宝图”为“天授圣图”，并大封山川水渎为神。太后此一系列举措不寻常，意味着将有大事要发生。

对李唐皇族来说，太后虽然表面上仍然尊敬他们，但她一再幽废太子和皇帝，现在又制造出如此多的奇异之事，他们已经嗅到将会有一场大的政治风暴。

这时现存的皇族之中，以高祖皇帝的儿子韩王李元嘉最为尊贵，也最被人称赞。其次是霍王李元轨。越王李贞、纪王李慎也有很高的名望。如果由他们几人领导反对武氏而匡复李氏的运动，显然是最有号召力的。在太后加尊号为“圣母神皇”，大搞“天授圣图”，大封山水的时候，李元嘉之子李譔就写信给越王李贞，就暗指太后有问题，建议最好在冬天以前解决此事。

这时，宗室正在为太后召集的事猜疑，比如东莞郡公李融，就称病不上朝，等待其他藩王的消息。韩王李元嘉利用机会传话给藩王们说：“在明堂修成时，武太后一定会找碴大肆诛杀李姓子弟，到时候恐怕李姓子孙都活不成了。”各位亲王听了都十分害怕。

之后，李譔伪造了一个皇帝的诏书给琅邪郡王李冲说，皇帝被幽禁了，希望各位亲王能救他。李冲得到消息，又伪造了一份诏书说，武则天将要颠覆李姓王朝，而传位给武姓子弟，于是宗室们决定起兵。起兵前李贞写信给七姑父寿州刺史赵瓌，请求支持。赵瓌高兴地答应了。起兵响应的人是要匡复自己的李氏主权而不是单纯的“谋反”。

不过事出意外，急躁的李冲不等与宗室们配合好，就在八月率五千兵出发了，还通知韩王、霍王、鲁王、越王、纪王等起兵接应，攻占洛阳。太后听说变动，立刻命令左金吾卫将军丘神勣统兵征讨。

李冲的急躁暴露了宗室们的意图和行动，使得太后能将他们一网打尽。除了他的父亲越王李贞外，所有原本打算参与行动的人都来不及配合，甚至不想配合。结果，李贞与李冲都在洛阳被斩首。

事情平息之后，丘神勣不分敌友，杀尽博州官吏，毁坏上千的百姓家庭；张光辅也纵容士兵在豫州烧杀抢掠，百姓蒙受了很大的损失。恰巧遇上狄仁杰出任豫州刺史，才阻止了张光辅的暴虐行为，不过等张光辅回到朝廷后，反而告了狄仁杰一状，狄仁杰又被降为复州刺史。

接下来就是陆续的秋后算账，根据《通鉴》的综合研究，直接与此案有关的肃清情况如下：垂拱四年（688）九月，太后想杀韩王、鲁王等，只是苦于没有证据，于是让周兴等酷吏进行逼供，于是韩王李元嘉、鲁王李灵夔、黄国公李譔、常乐长公主夫妇等人都被他们胁迫致死，就是他们的亲戚朋友，也一同被诛杀了。十月，东莞郡公李融被他的亲信诱导陷害，被当众斩首了，家属也都被杀，高子贡也受到牵连被杀了。十一月，济州刺史薛颛和其弟薛绪、驸马都尉薛绍和李冲有串通，薛颛和薛绪被杀，薛绍因为是太平公主的丈夫，只是打了一百杖，后来就在狱中饿死了。十二月，霍王李元轨和李贞都被废去王的封号，后在押往黔州的路上中途死了。纪王李慎并没有参与这次行动，也在永昌元年（689）七月被牵连下狱，但在临刑时被放了，在押往巴州的途中也死了，他的各个儿子也都相继被杀，家眷被流放到岭南。

以上涉及谋反的几位亲王，不仅自己被杀，而且家属、亲友、部属也都受到牵连，被杀，太后甚至像当年对付王皇后跟萧淑妃一样，把和这个案子有关的皇族一律改姓为“虺”氏。虺是一种毒蛇，可见太后厌恶之深。

神皇是这时臣民对太后“圣母神皇”的简称，至此已将当年为了安抚而加拜一品大臣的地尊位重的亲王一网打尽，但意犹未足，从此期间一直至天授元年（690）九月革命以后，除了少数之外，其他皇族几乎都先后被神皇假酷吏之手而受到迫害，或死或流，不一而足。笔者曾经以《旧唐书》所载初期皇族子弟二百一十五人做考察，他们从高祖皇帝以来发生事故者共有一百一十三人。其中在武后掌权后被杀或贬卒者有六十三人，占宗室事故率的百分之六十；若加上武后时因罪流徙、削爵或潜逃者十四人，则竟达百分之七十三之高。主要的屠杀惩罚都在革命前进

旧唐书

行，遭难的皇族也以高祖和太宗二帝的子孙与他们的女眷为主，而连及亲党数百余家。诸王、妃、主被害者皆被就地草草掩埋，幼者则没为官奴，或者藏匿民间为佣保，因此《通鉴》在革命前一个月叙述神皇杀宗室十二人时，就特别声明说："唐之宗室至此殆尽矣！"

神皇除了残杀亲女婿薛绍和诸宗室以外，对高宗天皇大帝所出的子孙又如何呢？

早就被监视的天皇庶子泽王李上金和许王李素节，此时一个任隋州刺史，一个任舒州刺史。天授元年（690）七月，武承嗣使周兴罗织他们二人"谋反"，因此被征召入都，李素节行至都城南的龙门驿就被缢死。李上金先入都，先被囚于御史台，听到李素节被杀，因为恐惧而自己上吊死了。之后，他们的儿子也是杀的杀，流放的流放。

至于神皇的嫡三子废帝庐陵王李显一家，现已被软禁于房州，嫡四子现在的皇帝李旦则被安置于别殿，不得有所参与，形同傀儡；所以垂拱三年（687）闰正月，当时仍为太后的她，封皇子李成美为恒王、李隆基（后来的唐玄宗）为楚王、李隆范为卫王、李隆业为赵王，也仅是做给臣民看看罢了。

惨死的嫡二子——已故废太子李贤一家，原来软禁于巴州，其子李守义在垂拱四年（688）徙封永安郡后病死，李光顺则在革命后封安乐郡王后被诛，而世传此二子皆被太后鞭杀。李贤尚存一子一女，子李守礼在革命后的天授二年（691）八月被立为嗣雍王，女则被封为长信县主，皆赐姓武氏，这时现在的皇帝已被降为"皇嗣"，赐姓武氏，李守礼与皇嗣诸子都被幽闭宫中，不出户庭达十余年。

这是母后担心儿皇帝治国的经验与能力不足，要让他有更多历练学习的机会，培养他成为好皇帝吗？这是主母保护夫家子孙亲属的正常或正当方式吗，或是家庭虐待？读者或许可以自我判断。此时，皇帝自身难保，当然也就不能保护其他家庭成员和家族成员了，他们必须自求多福。

当然，在皇族大难中，还是会有极少数人能够讨得神皇欢心的。神皇的掌上明珠太平公主不用说，她在夫婿薛绍被杀后，母后也没让她做多久的寡妇。

不久，神皇就要她改嫁给侄儿武承嗣，因武承嗣有病而罢婚。后来，神皇又看上堂侄右卫中郎将武攸暨，乃杀武攸暨之妻而令他与太平公主配婚，这时距离薛绍死后才一年多。

例如高祖皇帝之女、高宗天皇大帝之姑千金大长公主，她以巧媚事神皇，推荐薛怀义做神皇的情夫，并自请降格为神皇之女，改姓武，因此为神皇所爱，改封延安大长公主。又如成王李千里，其深谋远虑，机巧地投神皇所好，多次进献符瑞异物，因而能免于祸难，并且让神皇对他“稍见亲近”。不过，像这种事例并不多见，真正的事实是神皇剪除宗支决不手软。

消灭李氏诸王

神皇对李唐宗室子孙大开杀戒，获得大胜。她踏着李唐皇族的尸体，一步一步走上皇帝的宝座。

唐高祖、唐太宗的子孙几乎被杀光，只有少数幼弱者被流放到边远的蛮荒之地，甚至连已故太子贤的儿子，也就是神皇的孙子也惨遭毒手。

琅邪王李冲在博州起兵时，宗室诸王有的来不及准备，有的犹豫观望，并没有响应。只有越王李贞（李冲的父亲）没有袖手旁观，起兵响应。李贞私自养了家童千余人，战马数千匹，用家童和战马就可以打仗。

李贞的第一个目标是攻打上蔡县。当攻入上蔡县时，接到李冲兵败的消息，他惊吓得不知所措。李贞自知这场战争是以卵击石，难以取胜，便决定罢战休兵，亲自到洛阳去请罪，来谋求一条生路。

在李贞正去洛阳的路上，新蔡县县令傅延庆率领了两千军士前来投效李贞。当傅延庆看到李贞垂头丧气地准备到洛阳向神皇请罪时，便对李贞说：“我现在率兵前来就是协助您的，您怎么退缩了？您如果去洛阳请罪，心狠手辣的武氏一定会杀了您的。”于是李贞惶恐地问：“依你之见，我该怎么办呢？”傅延庆道：“如今，只有拼死一战，此外别无生路。如果您高举义旗，奋勇杀敌，诸王一定会纷纷响应，匡复社稷的大事必定成功。”

李贞听了傅延庆的话，觉得有道理，决定继续用武力去讨伐神皇。他隐瞒住李冲被杀的消息，重组自己的军队，还建立了自己的小朝廷。

李贞部署完成，前线快马来报，洛阳朝廷已派了大将军曲崇裕率领十万大军前来讨伐，离蔡州城只有四十里。李贞赶紧命小儿子李规和女婿裴守德前去迎战。李规和裴守德很快就被打败，逃了回来。

李贞十分恐惧，下令把蔡州城门全部关闭起来。中央大军把蔡州城团团围住。城里的人趁着黑夜，在城墙上缒下绳索，纷纷沿着绳索爬出城去，投降归诚。城里军心涣散，人心惶惶。曲崇裕的军队轻易地就进了蔡州城，将李贞、李规父子和裴守德等人的头割下来，送到洛阳去报捷。

琅邪王李冲起兵七天就失败，越王李贞起兵二十天失败。李冲和李贞迅速惨败是有原因的：

第一，李冲和李贞在起事之前都没有战略的规划，这种没有计划的战争注定失败。

第二，缺少军事人才。李冲和李贞不能指挥、统御军队，遇到敌军，便溃败了。

第三，李冲和李贞招募来的军队都是乌合之众，缺乏纪律，士气低落，一遇到风吹草动，就会一哄而散。

第四，李冲在起事前要求分散各地的宗室诸王同一时间举兵，然而诸王没有响应。因为诸王绝大多数是平庸无能之人，再加上他们手上也没有强大的军队，所以没人响应。李冲、李贞得不到诸王的支持，很快就力竭而终了。

第五，李冲、李贞的起事得不到民众的支持。在神皇专政时期，国内经济繁荣，人民生活安定，大体上社会大众对朝廷和神皇并没有什么厌恶感。所以，当李冲、李贞起来反抗神皇时，民众不会热情拥护，更不愿意加入反抗的行列。

李贞和李冲父子的乱事，让神皇觉得，这正好是一个铲除李唐宗室势力的大好机会。于是她令监察御史苏珦查办韩王、鲁王等宗室诸王中的年长者是否和李贞、李冲通谋。苏珦查案后向神皇报告，韩王、鲁王等没有和李贞、李冲通谋的证据。

这时有人告密说苏珦与诸王通谋。神皇召苏珦来诘问。苏珦说："陛下承先朝托付，应以仁恕为心。诸王的确未与叛逆李贞、李冲通谋，怎能把他们强行拉进逆案之中呢？"

神皇看看苏珦一副书呆子的样子，完全不能体会自己的心意。也没有为难他，便改派周兴来查办此案。周兴是有名的酷吏，接办此案，立刻大展身手，发动告密，伪造证据，要将唐朝的宗室和与宗室有关联的人一网打尽。在酷吏们铺天盖地的罗织下，李氏宗室几乎全部遭殃。

武氏子弟的存亡

武则天刚入朝时，曾用铁鞭、铁锤、匕首来驯服太宗桀骜不驯的狮子骢，同样在政治斗争中，她也毫不犹豫地运用这种方法来对付自己的亲人——武氏家族。武则天早年与其家族的感情十分恶劣：她和母亲杨氏对她的两个哥哥武元庆和武元爽，可以说是怀着仇恨心态的，因为他的父亲武士彟去世以后，家里就由他的两个同父异母的哥哥掌握，他们对杨夫人十分冷谈，甚至还欺辱她们母女，杨氏一直都对此怀恨在心。

武则天在攫取权力的过程中，她需要一群人帮她卖命。在开始阶段，还没有人能为她所用，亲眷就成了她天然的同盟军。在权力和感情的天平上，武则天一向倾向于前者。她没有嫡亲兄弟，好在还有两个同父异母的哥哥，以及一些堂兄弟，其中较知名的是武惟良与武怀运，两人都是武则天的伯父武士让的儿子。

东封泰山之前，武则天试图解开家族矛盾这个结，她提升了兄长们的官职，武怀运由瀛洲长史提拔为淄州刺史，武惟良由始州长史提升为卫尉少卿。武则天的用意，是想博取兄长们的感激之情，使他们能为自己所用。但事情的结果却出乎她的意料。史书记载：一天，武则天的母亲荣国夫人杨氏设酒宴，席间，她重提旧事，说起了当年家族内的矛盾，对武惟良说，“你们记得当年的事吗，今天有什么话讲？”她原想在昔日不肖的家族晚辈面前出一口恶气，让他们在女儿的权威下对自己毕恭毕敬，对女儿的提拔感恩戴德。哪想到，武惟良回答说，“我们有幸因为功臣子弟的身份位列朝廷，早早走上了仕途，但是我们对自己的能力有正确的估计，所以不求官员闻达。不敢靠着皇后的裙带关系加官晋爵，对于皇后的提拔，我们诚惶诚恐，并不以之为荣。”武惟良等并没有表示感激之情，他们认为自己的官职是承继父辈得来的，甚至满足于原来的官职，而皇后对他们的提升，是一种“妄得”，他们反为自己的提升感到忧虑，觉得皇后的提升会让他们招致祸患。

对于不识抬举、忘恩负义的武惟良，杨氏自然是十分愤怒，于是便把武惟良的话一五一十地转告给了武则天。武则天听了异常震怒，她决定要使用她的驯马哲学，来驯服她的族人。历史上曾经有过一些在皇后当权的时候采取疏远态度的外戚，不愿意卷入激烈斗争的旋涡里去，他们往往赢得声誉。武惟良等人的不合作态度如果被宣扬出去，士族社会将向他们脱帽致敬，而这对于皇后的事业来说，将带来不利的影响。皇后决不能向外面的人说，自己想给予外戚权力和尊荣，但外戚并不买账，因此自己要惩罚他们。皇后只能说，不是外戚疏远自己，而是自己疏远外家。这样，荣誉将会降临到皇后的头上。于是，她给皇帝上了一通表疏，表示了一种异乎寻常的谦逊态度，她说：“提升武惟良等人的职务，将给人一种印象，好像是皇后‘私于外家’，而这并不是我真正的态度，因此请皇上把他们贬到外地吧！”

于是，武惟良被贬为检校始州刺史，武元庆为龙州刺史，武元爽为潦州刺史。武怀运本来就是外官，便继续做淄州刺史，武元庆到了南方的龙州就死了，武元爽却死得不那么容易，他又被二度流配到更荒远的地方，遭受控告，被处以死刑。这二人的死，远在千里之外，一个野蛮的荒僻小县，在清平安乐的朝廷上并没有引起一点儿波澜。武氏家族从此被搁置岭南，他们在岭南一待就是八年。岭南是唐代流放罪人的地方，高宗在位前期，流放到岭南是一件极为痛苦的事，那里的环境十分恶劣，而犯人所受的苦楚也不必言说，皇帝虽然经常大赦天下，广施恩典，但对于流人，却采取了这样一种冷酷甚至残酷的态度。乾封元年（666），皇帝在泰山脚下发布了大赦令，但这个命令有一个附加规定：流人不许返还。这道诏书冻结了流人返还的可能性，武氏家族中被流放岭南的人也感到了绝望和无奈。

虽然武氏家族大部分人都遭到了灭顶之灾，但在武氏宗亲中，宫廷之中还有两个深受皇帝宠爱的人物，那便是韩国夫人和她的女儿，也就是武则天的姐姐和外甥女，她们都是武则天引入宫中的，现在她们却都成了皇帝的慰藉，而武则天却被冷落了。表面上，武则天对姐姐和外甥女仍同往日一样亲热，但不久韩国夫人便死了，据说韩国夫人在死之前一直发烧，昏睡中总说胡话，大喊她活不成了，有人要杀她。武则天以隆重的葬仪埋葬了她的姐姐，而高宗却因为韩国夫人的死陷入了很大的伤痛中，为了缅怀韩国夫人，高宗便把她的女儿贺兰敏月封为魏国夫人。涉世未深的魏国夫人因为皇上的宠爱而变得欣喜若狂，却不知道她早成了姨母的“眼中钉”，武后早想把自己的外甥女也一同“拔掉”了，只是她还在等待机会。

上元元年（674），高宗在泰山封禅时关于“流人不许还”的诏书在行使了八年之后终于解禁，武则天召回了一批人。在被召回者之中，主要是武氏家族中的人物，如武则天的侄儿武承嗣、武三思等。诸武子弟在领教了武则天翻云覆雨的手段之后，比他们的父辈聪明多了，他们对武则天没有丝毫的不满或不敬，只有顺从和依附。他们拥护武则天的权威，亦步亦趋地紧跟其后，成为武则天夺权的一支重要依靠力量，为武则天的统治摇旗呐喊。

CHAPTER

第九章 9

太后立势显威严

在与异己的斗争中，武则天一再获得胜利，此时的她变得威严而自傲。于是她开始收纳男宠，薛怀义因为长相魁梧，获得了武则天的好感，于是武则天对他十分宠爱，还命他修建明堂，明堂竣工后，武则天十分满意，在那里大宴群臣，祭祀天地与祖先，尽显自己的威严。同时她还大兴告密之风，任用酷吏周兴设计陷害自己的敌对力量。

收纳男宠薛怀义

洛阳大集时，千金公主的侍女成儿在逛街时碰到了一个在街头耍枪弄棒的男子，名叫冯小宝。千金公主好养男宠，成儿见他模样端正，就将他带回了公主府。千金公主得知成儿带回了一个俊朗的小伙子时，眉开眼笑，直接让他将冯小宝带了进来。

光线从窗棂间射进来，照在千金公主的胖脸上，千金公主笑得嘴都合不拢了，把冯小宝揽在怀里，教他如何“按摩”。冯小宝借着酒劲儿，放开手脚，纵情揉弄着千金公主。千金公主搂着冯小宝，痛痛快快地过了几天。

这天是罢朝休息的日子，千金公主听说太后最近身体不舒服，便进宫探望，她深知太后的病源，于是就把冯小宝也带进了宫。冯小宝第一次进宫伺候当朝太后，不免有些紧张，但很快就放开了手脚。太后沉浸在做女人的幸福之中，把他留在了身边。

太后为了奖赏冯小宝，竟然命人花二百万两为其重建了一个规模中等的白马寺。为了掩人耳目，还让冯小宝剃度，并为他改名为薛怀义，与驸马薛绍（太平公主的丈夫）合姓，命薛绍以义父之礼对待冯小宝。于是，作为白马寺的大住持，薛怀义便可以以讲经为名，随时奉诏入宫伴驾了。

薛怀义自当上白马寺住持后，便狐假虎威，为所欲为，使得神都洛阳治安状况持续恶化，这引起了官府的注意。大理寺、金吾卫虽然对薛怀义很不满，但薛怀义毕竟是太后的男宠，他们也是无可奈何，不敢出头。但右台御史冯思勖坐不住了，他自告奋勇，表示要由自己亲自挂帅，惩治这帮无法无天的流氓和尚。冯御史说干就干，在确定了抓捕名单后，中秋节前一天，即八月十四日夜，冯御史决定，抓捕白马寺这一伙乌合之徒。

第二天，薛怀义便找武三思去说情。一些罪轻的和尚被放了出来，罪证确凿的恶和尚则被冯御史投进了大牢，按律惩处，或流放或杖责。一时间，大得人心。白马寺流氓和尚的嚣张气焰不得不收敛了许多，洛阳城的治安秩序也恢复了许多。

洛阳白马寺

垂拱四年（688）正月，司礼博士周悰请求太后在神都设立武氏宗庙。武太后听后，大为赞许，便问周悰："武氏宗庙该起什么名字，又当设立几个室呢？"

周悰便大胆提议设立七室，大臣们都觉得周悰的提议太过分了。凤阁舍人贾大隐环顾左右，见反对声鹊起，便指责周悰。

主意一定，贾大隐出列，上前一步，连连摇手说："不可，不可。自古以来，只有皇帝家的宗庙才可称为太庙，才可立为七室。周悰明知故犯，居心叵测，欲陷太后于不义，此可斩也！"

周悰一听贾大隐的话，吓得脸色蜡黄，可怜地看着太后。太后摆摆手说："周爱卿也是一片好心。众位爱卿可以讨论讨论究竟起什么名字，立几室最合适。贾爱卿，你既然提出反对意见，你先说说你的想法。"贾大隐挠了半天头，才吞吞吐吐地说："要不然，立为五室吧，宗庙起名为'崇先庙'。"贾大隐怕武太后生气，忙又加上一句："臣想列六室，但列六室不大好听，按古风俗，要么列七室，要么列五室。"武太后见列武氏宗庙为七室的时机确实也不成熟，只得怏怏地点点头，首肯了贾大隐的话，决定将武氏宗庙定名为"崇先庙"，建成五室，择日开工。

讨论完武氏宗庙的事，武太后环顾群臣，又问："有谁知道'明堂'是怎么一回事？"见太后出言考问，便有臣子回答："明堂是上古祭祀上帝和祖先的场所，也是古代帝王宣明政教的地方，举凡朝会、祭祀、庆赏、选士、养老、教学，均在此举行。”太后听了十分高兴，说：“我想要效仿周朝制度，建一个明堂，作为祭祀布政的地方，怎么样？”群臣一听，这才知道太后问“何谓明堂”的真正意图。最后，太后下令将建明堂一事交由弘文馆的学士们讨论，三天以后，拿出建筑方案。

接受任务的弘文馆学士们不敢怠慢，终于做好了设计方案，呈请武太后圣裁。“设计的明堂建筑式样很合我的心意。”武太后手拿着草图频频点头，又对众学士说：“不过，你们这个明堂的选址不好，太远了，不方便。”“太后，这是根据周朝定制，并按天文地理等推算出来的。”学士们奏道。“过去的事就不能改了吗？”太后训斥了学士们两句，手一挥，说：“本宫决定拆乾元殿，在旧址上盖明堂。”晚上，太后便将盖明堂的事说给薛怀义听，并决定让薛怀义做总指挥，同时，武太后还承诺在明堂建好以后，论功行赏，封薛怀义个爵位，免得让人看轻他。

垂拱四年（688）二月十一日，明堂开始破土动工。在奠基仪式上，武太后特下了一道诏书，向天下人阐明了建造明堂的重要意义。而作为太后关注的工程，朝廷上下对此也极为重视，要人给人，要物给物。经过工匠们三百多个日日夜夜的劳作，垂拱四年（688）十二月二十七日，规模宏伟、巍峨壮观的明堂终于落成了。

明堂总高二百九十四尺，方圆三百丈，一共三层。下层依法四时，各随方色；中层法十二时辰；最上层是九条龙捧着一个大圆盘，圆盘上有一个展翅欲飞的铁凤，高约一丈。铁凤外表用黄金装饰，熠熠生辉。明堂中间有巨木十围，上下通贯，栌撑借以为本，下施铁渠，为辟雍之象。

明堂，也叫天宫，是隋唐洛阳城中轴建筑群上著名的七大建筑之一。

落成之日，武太后在文武百官和薛怀义的陪同下参观明堂。太后对明堂是啧啧称赞，武承嗣听了太后的称赞，赶紧为薛怀义表功，请求重赏他。太后便说：“封怀义为梁国公，拜左威卫大将军。”太子通事舍人郝象贤赶紧启奏：“薛怀义只是名义上监造明堂，实际上并没起什么作用，而且古今以来还没有和尚被封为大将、国公的。”武三思插话说，太后话语既出，便没有更改的。旁边溜须拍马的人也纷纷附和，向薛怀义连连竖起大拇指。

薛怀义听到众人的赞赏，更是扬扬自得。武太后为其赐名为万象神宫。贾大隐听了，忍不住上前拍马说：“‘万象神宫’，真是一个好名字，‘万象’，是万象更新啊！‘神宫’，是圣明通神啊！”武太后听了贾大隐的解释更是高兴，当即传旨全民庆贺万象神宫落成，因此要大赦天下。武氏子弟和那些善于拍马逢迎的人立即跪在地上，大呼“英明”。

薛怀义纵恣，终究惹祸

武则天生性爱统治、征服、扫平敌人，攫夺大权。武则天的确是当时最精明强干的政客，胜过那些渊博的儒臣，也能胜过历代雄心大志的皇后，所以她的消遣也与历代皇后不同，即广招面首，大概只有与雄健的男人或俊美的少年调情放荡，她才能够获得身心的愉悦。

除了性格上的强势以外，还有人认为武则天广纳面首是因为她把满足性的需要当作养生保健的重要手段。武则天享年八十二岁，这在历代皇帝中，属于高寿。她之所以能有这样的高寿，除了接受佛家和道家的养生思想和学说，注意起居饮食和思想情志，并且重视导引术等体力活动之外，还有一点便是与她晚年在性生活方面过得愉快和满足有关。武则天在六十八岁那年，由于接纳了中意的面首，她感到无比的高兴，于是决定改变年号，便将天授二年（692）改为如意元年，不久她又再次改元，将如意元年改为长寿元年。

由于薛怀义把武则天伺候得体贴入微，深得武则天的喜欢，于是武则天便为他建造了白马寺，让他任住持，有利于他自由出入宫中。薛怀义不但是面首，还是女皇的得力助手，他曾组织大批高僧从《大云经》里找出了所谓女主降临的预言，为武则天建立新朝提供了舆论准备。而薛怀义仗着武则天对他的这份恩宠，便开始作威作福，欺压朝臣，但武则天对他一味袒护，可见对他宠爱之深。得宠后的薛怀义逐渐厌烦了在宫中的生活，不愿陪伴年老的女皇，就以白马寺为据点，在外面胡闹，他把河内老尼、嵩山韦什方、老胡等一帮人笼络在周围。这班人以神仙自命，而薛怀义俨然是他们中的主神。

有一次，这位大和尚薛怀义从皇宫前门进宫前往武则天的宫院去，大摇大摆地穿过门下省的大厅。门下省侍中苏良嗣向他招呼行礼，薛怀义假装没看见，没有还礼。苏良嗣大怒，便呵斥道："你这个和尚怎敢如此无礼，你进来干什么？"薛怀义捋胳膊，卷袖子，打算把他拿手的摔跤本领露几手，在朝廷宫门里咆哮一顿。结果苏大人令侍卫制伏了他，还打了他两个嘴巴。受了欺辱的薛怀义赶忙跑到武则天的宫院英贤殿，大诉委屈。武则天听了大笑起来："你不是应该从北面进来吗，怎么从前门进来了呢？"由于武则天不愿意把事态扩大，让这事传出去会使自己的名誉受损，所以也没有治苏良嗣的罪。

武则天不愿意让这位大和尚离开自己，也不愿让他到外面街上散播宫中的丑闻，于是便派他管理皇宫和御花园；薛怀义告诉武则天他懂得建筑，至少会盖房子，因此这便成了他公然进入宫廷后院的借口。后宫中嫔妃的住所一向只许女人进入，现在允许一个真正的男人进去，自然会

御花园一景

引起不少的闲言碎语。虽然也有御史上表，禁止薛怀义随便出入后宫，以保“宫女之贞”，但武则天看了表书之后觉得很可笑便置之不理了。

不久武则天的情感有了转移，吸纳了新的面首。薛怀义恼羞成怒，一把火烧了武周帝国的标志性建筑——明堂，同时这把火也揭穿了一个薛怀义所设的骗局，他所组织的一堆神仙，竟然没能阻止这场大火，甚至连预告也没有。于是武则天便大声斥责河内老尼：“你常说自己能预测未来，为什么没有预测出明堂的大火？”于是“神仙们”便都遭到了灭顶之灾，老尼及其弟子被没为宫婢。韦什方闻讯自杀，老胡逃走，只有薛怀义还暂时留了下来。这事情发生以后，武则天虽然觉得很丢脸，但又不好发作。因为她知道这是薛怀义大发醋意放的火，为了保全自己英明神武的名誉，她便对朝臣说，只是因为工人疏忽，一堆麻引起了火。她下令要重新建筑这座明堂，还命薛怀义来督修，以此来掩人耳目。

但是薛怀义似乎野心不小，企图建立一支自己的军队，于是便组织一些健壮有力的百姓，把他们剃度为和尚，蓄养在白马寺。武则天虽然会纵容他别的行为，对于他的这种蓄养军队的做法，却决不能容忍。于是派侍御史周矩来处理此事，把那些武僧都发配到荒远之地，只留下了薛怀义。于是被剪除羽翼的薛怀义就势单力薄了，但对于自己的侥幸生存，他并没有心存感激，而是对武则天出言不逊。薛怀义的行为让武则天很是头疼，因为他是她的面首，用法律审问只会引起文武百官的嘲笑，一不小心，自己的名誉和尊严就会毁在这个粗人手里。但薛怀义也必须得除掉，而且得做得干净利索，不露痕迹。于是她决定要让自己的女儿太平公主来办这件事。

于是太平公主令人给薛怀义去送信，说有事跟他商量。随后找了二十几个健壮的妇人，都拿着绳子、扫把。等薛怀义一到，这些壮妇们便出来，把好多绳索往他身上套，把他绊倒在地，随后便用木杠和扫帚棒子往他身上乱打。薛怀义大声吼叫，但他自己的仆从早跑光了。这时，太平公主所找来的卫士们也从隐蔽处跑出来，一拥而上。太平公主当场下令把薛怀义处死，尸体送到白马寺烧化了事，面首薛怀义终究因为自己的狂妄和愚蠢丧了性命。

镇压藩王勾结反叛

武则天以李家媳妇的身份夺取李家天下，和李唐宗室的关系变得紧张而复杂。她消灭李唐宗室的大政策是既定的，但又不能露骨地对李唐宗室进行杀戮，那样就会失去一部分人对她的支持。于是她便充分展开自己的手腕来对付宗室，既能不露痕迹地把他们消灭，又不会影响她圣明女皇的形象。

“扬楚事变”（“徐敬业叛乱”）发生后，在选派对付叛军统帅的问题上，武则天通虑全局，深谋远虑。反叛发生后一个多月，武则天调集了一支三十万人的大军，派出镇压叛乱，三十万大军的统帅最后被定为李孝逸。李孝逸是高祖堂弟淮安王李神通的儿子，和李世民同辈，是高宗的叔父。这样一个人物，挑选来做讨叛军的统帅，是否合适呢？武则天考虑虽然朝中有许多良将，但大多与裴炎集团有着密切的联系，而当时武则天与裴炎集团的关系正处于微妙的变化中，李孝逸是来自西南方面的人物，与裴炎集团没有关系，于是武则天这次钦点李孝逸。李孝逸是在高宗朝末才兴起的人物。武则天临朝称制后，提拔他为左飞将军，待他不薄。他不是武氏兄弟要打击的目标，在朝中关系也比较简单，所以武则天要重用他。

尽管如此，起用一个宗室去讨伐一个自称为李唐王室而战斗的所谓“匡复”政权，这种做法是否危险呢？其实武则天任命李孝逸，有安抚李唐皇室的意义，因为叛军打出的旗号是匡复李家天下，她派出的统帅恰恰是李唐皇室的成员，这样是对叛乱集团在政治上的一个有力打击。最重要的是，武则天也没让李孝逸独掌平叛大军的统帅权，她还派亲信做监军，又派少数民族将领黑齿常之参加会战，这也算是阳谋中的阴谋吧。

“扬楚事变”后涉及李唐宗室的重大事件是“博豫事件”。武则天与李唐宗室之间的关系在高宗去世之后是极为紧张的。太宗的弟兄中以韩王李元嘉、霍王李元轨最为知名。武则天封他们为高官却无实权。而两都的将卒、羽林军将军，都在武则天的侄孙辈手中，这样李唐宗室就自内而外空了。那时她正在推行灭李方针，社会上也大量流传着天后要杀尽李唐宗室诸王的消息。之后，紧张关系有所缓和，但在“扬楚事变”之后，武、李关系紧张的局面又出现了，武则天要灭李唐宗室的传言流布开了，而武则天也将对皇室采取新行动了。

明堂竣工后，武则天要举行一个盛大的典礼，太后发下诏书，通知包括李唐皇室诸王在内的州刺史，要求他们做好准备，在明堂竣工之日，必须如期来朝明堂。李姓诸王很清楚自己的处境危险，知道是武则天为他们设的一个陷阱，于是他们决定先发制人进行谋反。

接着在散居各省的李姓诸王便开始互传消息，决定联合起来谋反，大部分李唐皇室中的人都不同程度地参与了反对武则天的密谋，但真正举兵起事的只有博、豫两州。博州的行政中心在今山东聊城，刺史李冲是太宗之孙、越王李贞之子。他在垂拱四年（688）八月举兵起事，武则天命左金吾大将军丘神勣为行军总管以讨伐，兵未至而李冲已绞杀，博州平定。豫州刺史李贞于八月举兵于豫州，以响应李冲。武则天命曲崇裕为中军大总管，领兵十万进行讨伐，九月，李贞自杀。李贞起兵后约二十四日而败。

“博豫事件”以后，武则天可以把李姓诸王一网打尽，于是武则天就命大酷吏周兴来审理此案。周兴以他独特的手段，得到了武则天所需要的“密状”，他胁迫李元嘉、李灵夔、常乐公主等自杀。以杀韩王、鲁王等人为起点，武则天开始了对李唐皇室及亲附于他们的士族的大规模屠杀。

在垂拱四年（688），被屠杀的人有东莞公李融，青州刺史霍王李元轨，江都王李绪，武则天唯一的女儿太平公主的丈夫薛绍，还有殿中监裴伷先。裴伷先是唐室佐命功臣裴寂之孙。薛、裴两家都是关陇集团中数一数二的高门。第二年被屠杀的有：辰州别驾汝南王李炜、连州别驾鄱阳公李諲等十二人。九月，鄂州刺史嗣郑王李璥等六人被杀。天授二年（691）的后半年，株连的关系性质越来越广泛、越细微，可以说，李唐皇室宗族大多数人及重要的王公都已消灭殆尽。从李唐皇室的族谱就可以看出来五家完全灭门（霍王李元轨、韩王李元嘉、舒王李元名、徐王李元礼、越王李贞），只有盲王李元签、纪王李慎、许王李素节的少数子孙还得以残存。幸免于死的儿孙都被流放到亚热带的地方，有的充作奴隶，有的潜踪隐迹，不得出面。

武则天借“博豫事件”基本上完成了摧毁李唐皇室的任务。李唐皇室成员除了李显、李旦等极少数几个人还保留李氏这个姓氏外，绝大多数皇室成员都已被剥夺了亲属籍，这就为武周帝国的建立奠定了基石。

周兴谋私权，武太后除奸

上百个甲士手拿火把，一拥而进。韩王府顿时热闹起来，王府里的看家犬大声咆哮不停，王府的仆人手持木棒赶紧跑过来护卫。周兴懒得和这些下人说废话，一挥手就将这几个家仆拿下了。众甲士按照周兴早就做好的吩咐，直扑后厅韩王李元嘉的卧房。

这时，韩王李元嘉已闻声披衣起床，他挺身站在门口，对冲过来的众甲士厉声喝道：“你们擅闯王府，难道不怕杀头？”甲士们见韩王白衣白裤、银须飘飘的样子，有些犯怵，不知不觉地往后退了两步。这周兴奸笑着过来了，对韩王说：“我奉命来拿你，你也别摆什么王爷的架子了，乖乖地跟我走吧。”“周兴，你凭什么抓本王？”“凭什么？有人告你参与贞、冲叛乱。”周兴一招手，甲士们持刀围了上来。

韩王李元嘉感叹了一下，转身进屋，特意换上亲王朝服，随周兴等人走了。到了刑部，韩王被直接带到刑讯室，周兴坐在主审席上，先叫人扒去韩王的亲王朝服，然后又命人给韩王来了“醋灌鼻”，韩王从怀里摸出唐太宗赐予的免刑免死金牌，周兴一把抓过“免死牌”，细细观看，嘴里“啧啧”地称赞不停，可随即便丢进了旁边的火炉里。韩王大惊失色，想要跳起身去抢，结果被两个打手死死摁住了。

古代丹书铁券——免死牌

按照周兴的命令，打手们开始往韩王的鼻孔灌醋酸，可怜年迈的韩王被呛得涕泪横流，连连咳嗽，浑身直颤，喘不过气来。周兴看韩王被折腾得差不多了，才命令停止。而后周兴亲手把韩王放出来，一方面讨好，一方面又开始逼供，让他承认是李贞、李冲父子的主谋人，还让招出十个宗室弟子。韩王就是不招。周兴把韩王李元嘉带进重刑室，交代打手们把重刑室内的铁锥、铁笼头、带刺的木棒等刑具，挨个给韩王试。自己便来到了前厅，周兴和衣躺在床上，想象着韩王李元嘉等囚徒受刑时的痛苦样，不禁奸诈地笑出声来，他还决定借着这个案子，把一些平时和自己过不去的人都罗列进去，将那些李氏宗亲，一个个一步步地铲除。到那时，自己就是太后的功臣，可以青云直上了。

周兴正做着升官发财梦的时候，一个人来到床前轻声告诉他，韩王招了。周兴满意地点点头，下了床，从旁边的抽屉里摸出一张纸，用手指点着纸说："该指供谁我都安排好了，这是第一批黑名单。"连夜炮制完谋反者的材料后，第二天早朝前，在武承嗣的陪同下，周兴去见神皇太后。一场腥风血雨就此开始。

太后接过名单，直夸周兴办事妥帖，能满足自己意愿。周兴紧接着叩首请奏，立刻抓捕那些李姓宗室，神皇太后当即同意，还让上官婉儿捧出一把金鞘宝剑，授予周兴。辞别神皇太后，周兴怀抱着尚方宝剑，目空一切地往外走。过了十几天，黑名单上的鲁王李灵夔、黄国公李撰、常乐公主以及他们的亲党三百多人，先后被收捕到洛阳。

接着，韩王李元嘉、黄国公李撰、鲁王李灵夔、常乐公主的宗党三百多人，都被绑赴刑场。一声炮响，刽子手抡起鬼头刀，三百多颗人头落地。洗掉浑身的血腥味，周兴即赶到皇宫大内，向太后汇报。太后先是褒奖了周兴，接着便说：“还有许多暗藏的谋反者，要深挖穷追，扩大战果，你明白本宫的意思吗？”于是周兴赶紧又抖落出济州刺史薛颢、薛绪、薛绍，又因为薛绍是太平公主的丈夫，他还支支吾吾了半天，但武则天告诉她，即使是薛绍，只要参与叛乱，就都得死。接着，太后还命令他把霍王李元轨和金州刺史江都王李绪也一同抓捕到洛阳。

公主府里的后花园，太平公主正和驸马薛绍一起逗弄幼子薛崇简荡秋千玩耍。近侍骑御马长驱直入，急唤太平公主，说：“太后有旨，太平公主即刻入宫觐见。”太平公主知有急事，忙撇下薛绍爷俩，急步赶往前院，吩咐备车，急驶出公主府。

拐过一条街，见一队队甲士提刀向自己家的方向冲去，感觉有异。于是令一个家仆去打探原因，家仆很快回来报告，那帮甲士把公主府给包围了，而且还捆了门房老刘。家仆还请求太平公主回家去看个究竟。太平公主命车驾掉头回去，刚走十几步，就变了卦，命车驾仍按原计划直奔皇宫。

一进皇宫，太后看着匆忙赶来的太平公主，冷着脸问：“你知道本宫为什么急着把你召来？”太平公主磕头施礼后说：“孩儿不知母后召孩儿何事。孩儿出门后，见数百名甲士赶去围住了孩儿的家。”“有甲士围住了你的公主府，你怎么不掉头去看看怎么一回事？”太后接着问。太平公主虽然心潮涌动，但嘴上沉着地回答，因为是母亲急召，所以就先赶到皇宫。听了这话，太后点了点头，便问：“薛颢、薛绪参与琅邪王叛乱的事你听说过吗？”太平公主回答说不知道。“驸马都尉薛绍也参与了谋反你知不知道？”武太后突然厉声问道。太平公主心中一颤，稍后又平静地答道：“江山是母后的江山，若薛绍胆敢反叛母后，孩儿必亲手杀了他。但在平时，孩儿也没看出他要反叛母后的意思。”太平公主的回答无懈可击。武太后起身走了两步，又问：“反叛者要杀头的，薛绍也不例外，你对这事怎么看？”“孩儿坚决听从母后的裁处。”太平公主强忍住悲痛，大声地说道。听了女儿的话，武太后笑逐颜开，便让太平公主把孩子接来，一同住在宫里。太平公主心里苦涩难当，嘴里却不敢说，她深知母后为人苛刻的个性，自己稍有不慎，就会失去母后的信任，葬身于万劫不复之中。太平公主想，如果自己替薛绍说情，不但救不了他，恐怕也会搭上自己。太平公主谨慎地权衡利弊，决定忍痛割爱，与驸马薛绍划清界限。

至于薛绍，刚开始被绑到刑部监牢还不以为意，当周兴假意地给他递茶，追问怎么与琅邪王他们通谋，他还把茶泼到了周兴脸上。周兴摸着被烫得火辣辣的脸，倍感受辱，眼里射出一丝阴冷的光。“即日起，”周兴下令，“不许薛绍出牢门一步，不准给他送水、送饭。”周兴决定渴死饿死薛绍。同时，周兴也加紧炮制薛绍的黑材料，两日之内，竟搜罗了半尺高的材料。总而言之一句话，谋反是实。

同时，济州刺史薛颉、薛绪也被押解到京都，他俩到了牢狱，就先挨了周兴一顿杀威棒，接着就是醋灌鼻，接二连三的酷刑，薛颉、薛绪被逼得屈打成招。一盏茶的时间，两人谋反的材料就整理完了。

周兴带着这哥仨的材料，兴冲冲地去见神皇太后。见了这一尺多高的谋反案宗，太后恨得直咬牙，直接命令开刀问斩。周兴见太平公主在殿帐后若隐若现，嘴上卖乖，谏道：“臣以为驸马薛绍身份特殊，不宜与薛颉、薛绪两人一起到市曹问斩，臣以为……”“嗯？你想放了薛绍？”武则天阴着脸问道。“放了当然不可能，不如让他在监牢里自尽，以保太平公主的颜面。”太后点点头，说：“就照你说的去办吧。”

十月辛酉，济州刺史薛颉及其弟薛绪被斩于市曹，薛绍也于同日饿死在监牢里。十一月乙酉，司徒、青州刺史霍王李元轨也因知情不报，而被流放到黔州，在中途死了。江都王李绪、殿中监公裴承先也被杀了。

在周兴大行淫威、大行杀戮之时，另一个酷吏来俊臣在一旁也摩拳擦掌。他不甘落后，欲分一杯羹。周兴将除尽李氏宗室一事交由来俊臣处理。连州别驾鄱阳公李諲、辰州别驾汝南王李炜、广汉郡公李谧、汶山郡公李蓁、零陵郡王李俊、广都郡公李王寿等都在列。来俊臣等人押着纪王李慎，挑着二百多颗人头，雄赳赳、气昂昂地赶回了京城洛阳。来俊臣此行贝州，不但破获了二百多人的谋反大案，而且顺手又把纪王给押了回来，太后大为高兴，很快安排时间在朝堂接见了他们。太后册封来俊臣为正五品御史中丞。

来俊臣升了三级兴奋异常，当即表忠心道：“臣誓为陛下的江山社稷尽心尽力。”武太后笑了笑，问：“你打算怎么处理纪王？”来俊臣答道：“回陛下，纪王李慎的案子已经审理完结，先是他密谋参与越王谋反案，再就是这次赵王李贞聚众谋反，纪王也逃脱不了干系。依律当将纪王处斩。”武太后轻描淡写地说：“斩就斩吧，对谋反之人绝不手软。”

这时，魏玄同也上来恭手奏道：“启奏太后，纪王谋反案查无实据，且越王叛乱时，虽与纪王联络，但遭纪王拒绝，独不与合。至于赵王李贞之地百姓谋反，案子本身就闹不清楚，更与纪王毫不相干，请太后明鉴。”夏官侍郎崔察等人也出班请道：“请太后明鉴！”见这些大臣为纪王求情，武太后十分不高兴，鼻子哼了一声，忍忍气说：“那就把纪王免诛，改流巴州吧。”

散了朝，周兴和王弘义来到来俊臣的家中，摆开酒席，庆贺来、王二人的升迁。席中，来俊臣感激地对周兴说：“幸亏周大人帮我说那几句好话，不然，我这次升迁的事，就让魏玄同那老小子给搅黄了。”

周兴干了一杯酒，发狠道：“当年我在做河阳令时，高宗皇帝召见我，想要提拔我，不知谁背后说我的坏话，高宗又不用我了。当时我不知道这事，每天朝堂前候命，苦苦等待提拔的消息。魏玄同对我说，‘你还是离开吧’。”来俊臣说：“只要秉承太后的旨意，大杀李唐宗室，还愁没有高官做？”

这时，房门一下子就被推开，一个家人急步跑进来，着急报告武大人来了。话音刚落，门口就蹿进来好几个随行的侍卫，在厅内的两旁站立，随后走进来一个人，进门便朗声大笑，说道：“下了朝就喝酒，来大人的日子倒是过得很滋润啊！”来的这个人不是别人，正是武则天的亲侄儿、武则天当前第一红人、宰相武承嗣。来俊臣一见，急忙命令家仆撤下席面，重新摆上一桌好酒好菜。

利用酷吏大肆铲除异己

在等上菜期间，武承嗣从怀中掏出了一张纸，太后已经批准了连州别驾鄱阳公李谭、辰州别驾汝南王李炜等十二人的案子，周兴于是便探到武承嗣的耳旁，询问是不是将这些人全都置于死地。武承嗣轻轻地点了头，并告诉在座的几个人，无须大费周折地去审问案情，也不用选择杀头的日子，直接在第二天上午把这些人推到法场问斩就可以了。

王弘义认为这倒是一个立功的绝好机会，于是便毛遂自荐，承担监斩官的职责。武承嗣看了看满眼放光的王弘义，答应了他的请求。来俊臣和周兴也在一旁晃动着拇指，哈哈大笑。武承嗣又拍着周兴的肩膀，说要交给他一个更大的案件，让他审问。

嗣圣元年（684），徐敬业起兵失败之后，他的三弟徐敬真受到牵连，被流放到绣州，在石场做苦力，生受其苦，后来听说哥哥徐敬业没死，逃到了突厥，于是趁机从石场逃了出来，打算前往突厥与哥哥会合。他身无分文，在路过洛阳时，便壮着胆子去找祖父徐世勣的旧部下，洛州司马弓嗣业、洛阳令弓嗣明，请求资助。起初，二人因为害怕受牵连，便躲避着他，后来还是念在其祖父徐茂公的面子上，资助了他。有了钱财的徐敬真便招摇过市，衣着华丽地前往突厥，在路过定州时，被当地官吏识破，押送到了洛阳。司马弓嗣业得知此事，自知难脱干系，便自缢而死。弓嗣明也被武三思抓了起来，武承嗣前来就是让周兴审理此案。

第二天，在刑场上，与李氏宗族一同被绑的还有徐敬真、弓嗣明二人，周兴对二人说，只要肯承认谋反，并供出同伙，就可以保二人性命。弓嗣明没有谋反，便不招供。周兴见他不招供，也不理会他，便让王弘义处死李氏宗族，但李氏宗族因为血统高贵，就是不下跪，王弘义感到有些焦急。于是，周兴便让王弘义命人挑断他们的脚筋，然后一脚踢下去，便没有不跪的了。王弘义照做了，李諲等十二人滚在地上，哀号不已。

徐、弓二人看到这场面，吓得胆战心惊，之后李諲等十二人被抡起的大刀斩死，徐、弓二人被喷得满头都是血，二人看了直哆嗦，于是便招供了，弓嗣明被强迫一定要诬陷人，便决定诬陷一些为非作歹的人。

他首先诬陷的是内史同凤鸾台平章事宰相张光辅，周兴一听是宰相张光辅，十分高兴，一会儿便命人拿着招供的材料来见武则天。武则天开始不信，但一看供状上写着："张光辅自诩文武双全，私自招揽一些巫婆神汉来私论天文……"便给他下了死令，就这样张光辅与徐敬真、弓嗣明以及弓嗣业的兄弟弓嗣古一同被处死了。之后，又杀了相州刺史弓志元、蒲州刺史弓彭祖等人。随后，又炮制出了一些材料，说尚书张楚金、凤阁侍郎元万顷、原洛阳令魏元忠也曾参与徐敬业谋反之事，应当问斩。

在魏元忠等人问斩的当天，刽子手手持大刀打算执行死刑，死囚们失声痛哭，之后魏元忠还神态自若，没有半点儿畏惧之色。周兴看见他如此，便大骂他不知生死，魏元忠听了之后并没有生气，只是以蔑视的眼光斜了他一眼。周兴见状，十分恼怒，便命人立刻执行死刑，就在将要问斩的那一刻，远处传来了飞骑的呼喊："刀下留人，太后有赦免。"周兴一听，立刻放下手中的死签，命令刽子手停手，接着两个近侍飞马过来，宣告太后免去魏元忠的死罪，改为流放岭南，其他人等也随着魏元忠流放。魏元忠听了宣召，慢慢地从地上站了起来。

魏元忠，宋州末城（今河南商丘）人，早年在做太学生的时候，意气风发，志气倜傥，从来不把举荐放在心上，所以多年来一直没能升迁。当时有一个叫江融的人，任左史的官职，撰写了《九州设险图》，全面记载了古今用兵成败方面的方法，魏元忠看到后，觉得此书十分有用，于是便对这本书的内容进行训释解说，他自己也在这本书中参悟了很多用兵的方法。仪凤四年（679），吐蕃不断侵犯边境。魏元忠到洛阳上密封奏章，论说朝廷命官用兵作战方面的优缺点。唐高宗看了很是惊叹，于是授他为秘书省的官职，令他在中书省听调遣，不久任监察御史。

忠臣也难逃杀身之祸

周兴为没能除掉魏元忠等人十分懊恼，后来他得知魏元忠获免是因为魏玄同等人求情，于是便对魏玄同怀恨在心。很快，周兴便炮制出了一份密奏，说魏玄同曾对人说，太后已经年迈，不如侍奉嗣君。武太后最不能容忍让位还政，于是一拍龙案，即刻便赐了魏玄同的死罪。

周兴等人拿着圣旨便要去魏玄同家，但转念一想，是自己诬赖魏玄同“不如侍奉嗣君耐久”，于是便担心魏玄同会与他对质，如果传到太后的耳朵里，就不好办了，于是心生一计，决定找御史台的人前去宣召。他们找到了御史房济，房济一听去给魏玄同宣布死令，立刻反对，但他终究还是不敢拒绝，只好捧着圣旨来到了魏玄同家。

魏玄同正在自家院子乘凉，看房御史过来，赶快迎接，让他上座，命人上茶，房济哪有心思喝茶，默默地把怀里的圣旨掏出来，让魏玄同自己看。魏玄同拿到诏书后，只是摇头叹气。房济也十分痛惜，便劝魏玄同也来个密告，在武太后召见后，再进行申辩。魏玄同听了只是摇了摇头。家中人一听说魏玄同要被赐死，失声痛哭。魏玄同便劝慰家人道：“我已经七十多岁了，也够大的年纪了，一生未曾做过什么亏心事，即使是死，也没有什么遗憾了。”于是看破红尘的魏玄同便自己进了屋子，又因为担心家人会难过，便掩上了门，就这样从容赴死了。

魏玄同是定州鼓城人，原是魏徵家族的后裔，他的始祖为钜鹿太守魏歆，魏玄同曾被封为钜鹿县男。曾高中进士，后升任司列大夫。因为与上官仪文章属和而被流配岭外，上元初年（674）被赦还。工部尚书刘审礼曾向武太后推荐魏玄同有时务之才，武后拜他为岐州长史，累迁到吏部侍郎。遗憾的是，一位贤德忠臣又死于酷吏之手。

一天，刚上朝，武承嗣便指使宗楚客向武太后奏报大将军梁郡公李孝逸有反心。此时李孝逸正站在武官队列中，一听有人诬陷说自己谋反，立马急了，一把拽住宗楚客的衣领，便大喊："你满嘴胡话，我怎么可能有谋反之心。"宗楚客身材矮小，被身材高大的李孝逸一拽，便缩成了一团，倍显狼狈。武则天见状，命令道："把他放下。"被放下来的宗楚客来不及整理衣裳，就跪在地上，向武则天哭诉："太后明鉴，现在当着您的面，他都敢这样放肆，可见他必有反心。"李孝逸见宗楚客咬定他不放，也跪下了，连磕几头道："臣一向忠心于武太后，怎么会有反心呢？您难道忘了臣平定徐敬业时的汗马功劳了吗？"他希望借自己的眼泪和往日的功勋来保全性命。可武则天是何等人物，怎么会被眼泪打动，她指着宗楚客说："你尽管直言。"宗楚客偷窥了武承嗣一眼，武承嗣对他暗暗地点了点头，他又接着说："李孝逸曾经和臣说过，'他名字中的逸字，含有兔，兔乃是月中之物，当有天子之份'。"李孝逸一听他胡话连篇，便责问道："你血口喷人，我几时和你说过这样的话？"李孝逸转向武太后道："臣平时从来不与宗楚客来往，又怎么会和他说过这样的话呢？"

武太后感觉宗楚客的话深合己意，便板着脸对李孝逸说："无风不起浪，你如果没有说过，怎么会有人诬陷你？要不是看你在平定徐敬业之乱中有些功劳，我今天决不饶你。死罪可免，活罪难逃，就赐你流放儋州。"武承嗣听到太后发了话，立刻向殿内的侍卫招手，摘掉了李孝逸的官帽，剥去他的朝服，把他逐出了宫殿。

不过是一个早晨的时间，凭着宗楚客的三寸不烂之舌，一位功勋卓著的大将，就沦为了阶下囚。可怜这位李氏子弟，曾一心效忠于武太后，终究还是落得了这样的下场。

武承嗣看着李孝逸被流放，心里高兴极了。下朝后，便随着武则天的步辇，邀功讨好似的，一路为武则天扇扇子。过了中门，武则天的步辇被禁军将领黑齿常之给拦住了。他直挺挺地跪在步辇之前，武则天看是黑齿常之，便问他有什么事，只见黑齿常之连磕几头后，便启奏武则天说："臣听说梁郡公李孝逸被削籍发配了，臣深知李将军的为人，他一向胆小怕事，为人处世都十分谨慎，绝对不会说出那种'名中有兔，当有天子之份'的话来，他对太后一向忠心耿耿，绝不会有谋反之心的。"

武则天听后，笑了笑说："这件事与你无关，你不必为他开脱，做好自己的本职工作就可以了。"黑齿常之听了，知道武太后绝不会有赦免李孝逸之心，于是便起身，立在一旁，为武则天的步辇让行。武承嗣则走到黑齿常之旁边说："做好你的羽林将军就可以了，多管闲事会引来杀身之祸的。"哼了他一句，便随着武则天的步辇离开了。等步辇走出一段，武则天便对武承嗣说："这个百济人留不得了。"武承嗣顿时心领神会，奸笑了一下，对武则天允了一声诺。

黑齿常之，本是百济（今朝鲜）人，于龙朔三年（663）归入唐朝，骁勇善战，富有谋略。仪凤三年（679），吐蕃扰乱边境，他随洮河道大总管李敬玄出战。当时，右卫大将军刘审礼等人被俘，李敬玄怯战退兵，被困于承风岭（今青海化隆西南），他率五百名敢死士夜袭吐蕃军营，为其解围。因功勋卓著而被授予左武卫将军，兼检校左羽林军，任河源军副使。调露二年（680），他又在河源（今西宁）率兵击退吐蕃军的进攻，升任河源军经略大使，对稳定西北起了重要作用，吐蕃十分忌惮他。嗣圣元年（684）升为左武卫大将军，后又任江南道大总管。垂拱二年（686）率军击败了突厥的进攻，进封燕国公。他治军严整，爱惜士卒，不营私利，为部下所敬服。

永昌元年（689）十月，武承嗣暗中指示周兴以谋反罪将黑齿常之拘捕下狱，黑齿常之知道自己终究难逃一死，又不想受酷吏们的侮辱，便自缢而死。

就是这样一个深孚众望、战功卓著、为唐朝边境安定做出巨大贡献的将军，因为稍稍不得武太后的心，也难逃杀身之祸。可见，武则天为了帝位，杀人是不看对方身份与贡献的，只要是不合己意，影响自己统治的人，即使是忠臣也难逃杀身之祸。

改革科举，选拔人才

武则天要想走出帷幕，从太后登上皇帝的宝座，只靠武氏子弟与酷吏的支持是行不通的，她必须拥有更广泛的支持群体。武则天对此深有感悟，在从感业寺再次返回皇宫以后，她就开始培养自己的心腹。当上皇后，特别是开始处理朝政以后，她提拔了大量的寒门庶族。在她打算临朝称制后，更是注意选拔人才。

大量的史实已经证明，在越王李贞发动叛乱以后，宗室贵族以及亲李派的种种行为，让她更加感觉自己力量的不足。所以她才会大肆利用酷吏来铲除异己，但是她知道，这样的强制手段并不能根本解决问题，要建立新的政权就必须依靠那些有真才实学的人。所以，武则天在重用酷吏的同时，还采取措施来搜罗人才，以充实自己的力量，这主要表现在对科举制度的改革上。

科举是通过考试选拔官吏，由于采用分科取士的办法，所以称为科举。分科考试，取士权归于中央所有，允许自由报考，这与察举制的推荐人才方式具有明显的区别，主要以成绩定取舍。科举制从隋朝开始实行，在唐开始兴起，包括科举和常举两种形式，与九品中正制相比，无疑是一种较为进步的选官制度。因为它可以摆脱高门贵族的垄断，改变“上品无寒门”的局面，使那些有才学之士得以进入仕途，而统治机构也可以获得新鲜血液。

高宗统治时，由于高宗和武则天的重视，科举制有了较大的发展。在唐高宗统治的三十四年中，通过科举考试而进入仕途的大约有六百三十人，最后成为宰相的有四十七人，由科举出身而做官的有十一人。并且，还不断改变考试的科目，取消“秀才”一类，提升“进士”一类。但是，制度仍然存在一些缺陷，有的年份并不开设考试，有时科目较少，中第人数有时多有时少。比如，永徽五年（654年），只有一个人中了进士，而第二年，即永徽六年（655）却有四十六个人都中了进士，由此明显可以看出，这样的科举考试还不能实现搜罗人才的目的。

面对这种情况，武则天在掌握大权以后，特别是在平定越王叛乱后，采取了一系列的有效措施，对科举制进行改革。主要包括以下几个方面：首先，每年开设科考，使科举取士常规化，不会出现停止或者取消科考的政策；其次，对考试科目进行调整。重点开设进士科，对其他各科也适当发展，降低明经科目的地位，这主要是希望士子能活学活用，有治理朝政的才能，避免一味只读圣贤书，抱着儒家的经典不放。增加明法科中第人数，垂拱四年（688年）光是明法科中第就达到三十人。再次，扩大科举的规模，不断扩大录取的人数，还增加了一些科举科目。这些改革无疑具有重大的进步意义。

从武则天所进行的这些改革来看，她更注重招揽一些关心时政、思维敏捷、富有远见卓识的人，使得所搜罗上来的人才，真正能为自己所用，他们能够针对朝堂上的问题，提出解决方案，而不是一些只会背诵儒家经典的书呆子。同时，科举制度的壮大，进一步打破了官在世族的局面，使寒门有才学之士有机会施展自己的才能。

科举制对人才的吸引力越来越大，当时张文成曾说：“乾封以前，选人每年不越数千；垂拱以后，没岁常至五万。”可见由于科举制的改革，人才成倍涌现。当然，这些被提拔起来的寒门庶族会感激武则天的知遇之恩，他们多是血气方刚的青年，自然会矢志不渝地支持武则天的统治。事实上，武则天也真正得到了一些实用的人才，张柬之、裴耀卿等人就是在此时及第的。

此外，武则天还创立了殿试。载初元年（690）二月，武则天在东都洛阳洛城殿亲自策问天下贡士，这是科举史上的“殿试”之始。为了这次殿试，武则天提前一年就下诏让文武百官五品以上者荐举贤才，特别注明人数不限多寡。及至考试正式开始时，由四面八方赶来应试的考生足有万名之众，云集洛城殿。

武则天急需选出能为武周政权服务的人才，因此非常重视这次殿试，亲自临考，所问都是她时时思考的时政问题。因考生上万，科目又多，考试持续了数日之久，可谓盛况空前。在这次殿试中，青年士子张说脱颖而出，他文笔俊秀，言辞锋利，文采飘逸，直指武则天重用酷吏的弊端。武则天钦点其为对策天下第一，当即拜为太子校书，从此步入仕途。

从《文苑英华》的记载来看，武则天所开创的这次殿试，至少分“蓄文藻之思”“抱儒素之业”等八科举行。每科按照惯例策问两至三道题，各科内容不尽相同，但所考的题目也与当时的政治均有着密切的关系。例如，嗣圣元年（684），武则天临朝，想要稳定局势，便针砭时弊，策词标文苑科问：“问，朕闻北辰端，伫众彦以经邦；南面居尊，俪蝦材而纬俗。……今欲革因循之弊，蹑稽古之踪，此志虽勤，其途未遂。为是旌贲爽于前代，英杰寡于今晨。伫尔昌言，朕将亲览。”直接向科考士子表明自己想要革除当今朝政上的弊端，要追随先人的功勋，并表明自己一直勤勉地致力于此，但仍然没有达到目的，希望科考士子提出革除弊端的方案。

永昌元年（689），武则天正在积极准备称帝，策贤良方正科问，第一道即为：“朕闻体国经野，取则于天文；设官分职，用立于人纪。……未知何帝之法制可遵？何代之沿革斯衷？此虽戋戋束帛，每贲于邱园；翘翘错薪，未获于英楚。并何方启塞，以致于兹？伫尔深谋，朕将亲览。”直接陈问，遵循哪位帝王的方法才能称帝。这时，正值她称帝前夕，所以考的策问，便是如何能够称帝，实际上也是为她称帝寻找支持人群。

由以上两例可见，所问都和当时的政治活动密切相关，都体现了她想要得到当前自己面对问题的方案。武则天在打击宗室贵族与李派人士的同时，还在继续网罗人才，通过发展科举制、创立殿试等措施，她得到了一些处在社会中层人物，主要是中小地主或庶族地主的支持。这是武则天走出帷幕、迈向皇帝宝座的关键一步。

走出帷幕，临朝称帝

“男女之大防”是维持夫为妻纲、男尊女卑的儒教伦理道德的重要手段。按照封建礼仪，男女是不能随便见面的。在儒教的忠诚维护者看来，如果男女随便见面，日日相处，必然会克制不住人的本性，做出有违君子和淑女风范的事来，特别是女子的贞、静、贤、淑等美德也就没有了，如此一来，女子从属于男子，受男人支配便会成为一句空话。因此，女子自古以来便被限制了行动的自由。

武则天为了树立一种有道明君的形象，也曾迎合儒家伦理道德，组织人撰写《烈女传》《女则》之类的书，倡导道德教化。但她更多地表现出对女子的同情，打破了这些男尊女卑的陈规旧习。她在所撰写的《建言十二事》中的第九条就有“父在为母服齐缞三年”意在延长为母亲守丧的时日，提高妇女的地位。在泰山封禅时，她又一改女子不能封禅的旧规，亲自率领内外命妇登山祭祖，在祭祀地神时，她自己还是亚献，让越国太妃作为终献，有意地去打破陈规旧习，让妇女也有机会参加到男子的活动中去。

在武则天执政几十年的时间里，她一直是垂帘听政，接待臣下和接受朝臣、万邦使者的朝贺，与堂下的文武百官总是隔着一道翠帘，虽然很不适宜，但她作为皇后、太后，天下女子的楷模，却又必须这样做，按宫廷规则行事，向传统习惯低头。而现在，她既然要做一国之君，又怎么能还与臣下用翠帘相隔，不是以面目相对呢？她在《臣轨》中一再阐明“君臣一体”的观念，如果君臣不能面对面进行交流商谈，又怎么能做到君臣一体呢？她要做君王，驾驭天下，应该像所有男性皇帝那样，展现皇帝的风采，以及自己非凡的威仪和气度，从而让万民敬仰。因此，武则天决心打破女子不能见外人的旧制，走出帷幕与臣民面对面地接触、交谈。在拜领“宝图”的大典中，她已经撤去了帷幕，光彩照人地主持庆贺仪式了。

垂拱四年（688）十二月，武则天率领睿宗去拜“天授宝图”。朝廷内外的文武百官、少数民族各部落的酋长、邻国的使节也都启驾随行，沿途盛大仪仗，逐队行进，雅乐齐奏。等到洛水，司礼官员已经设起祭坛，武则天亲临致祭。她头戴冠冕，身穿缞袍，徐步登坛，睿宗随后而行，焚香点烛，案前供着“天授宝图”。首先由凤阁侍郎张光辅宣读诏书，诏曰：“夫河出图，洛出书者，尧、禹之盛事，国家之大礼。到其礼者，不可以臆断，不可以情求。皆上顺天心，下符人事，朕今稽古，率由旧章，然后可以交神明，可以膺福祐。今有渔夫唐同泰者，于洛水之滨，拾得一瑞石，上有篆书曰，‘圣母临人，永昌帝业’。宛如尧禹曲台之故事。朕至圆丘，秉承先圣之礼文，受图拜洛，而致太平之书，籍由衷之典，法天地而行教化，辩方位而叙人伦。其义可以幽赞神明，其文可以经纬邦国。乃使圣朝叶昭旷之涂，天下知文物之甚，岂不幸甚！”念完诏书后，武承嗣才唱道：“请太后登坛受图。”武则天神色庄重，缓步登上前面的小台子，双手从龙案上的金盘子里拿过瑞石，端详了一番后交由后面的近侍收起来。而后，武则天擎起三炷香，望空拜了三拜，口中念念有词。把香插到案上的金香炉里。此时，鼓乐声大作，四下里早已安排好的上万名羽林军将士，一齐爆发出雷鸣般的呼喊声——“天赐宝图！君权神授！”“圣母临人，苍生纳福！”呼喊声此起彼伏，一浪高过一浪，站在礼坛上的武则天频频向众人招手致意，呼喊派的呼喊声停下来以后，武则天乘兴让张光辅宣读封洛诏书：“洛水之神献宝有功，封其为‘显圣侯’，洛水为‘永昌洛水’。加特进，禁渔钓，祭祀比四渎；瑞石出现的地点名为‘圣泉图’，于其侧，勒石曰‘天授圣图之表’；将此泉沿岸一带改称为永昌县；洛水之东南嵩山改称为‘神岳’，封其山神为‘天中王’、太师、使持节、大都督。”喧闹一时的“受图封洛”仪式在文武群臣且惊且疑的目光中结束了。武则天率领着睿宗皇帝，下了礼坛，钻进了御辇，扬长而去。内外文武百官、部落酋长依次站立，祭坛上陈列着各种奇兽异宝。乐队依旧演奏着武则天亲撰的《唐大享拜洛乐章》十四首，已经配曲让乐队演奏。在她的十四首歌词里，武则天大做神灵的文章，极赞上天对她的恩宠，利用了儒家的“天人感应”说来表现她的政绩。

CHAPTER

第十章 女皇治术，神道设教 10

武则天为了向天下人宣告自己皇权得来的合法性，便利用佛教为自己造就意识形态的舆论，而佛教和祥瑞就成了最好的工具。武则天命人翻译佛经《大云经》，声称自己是化佛而来，引导人们相信是神在护佑她统治大唐。后来，武氏子弟又为她寻找了很多祥瑞之类的东西，在朝野上掀起了一番“造神运动”，目的也是在表现女皇的命定性。

武则天与《大云经》

历史上在进行改朝换代时，统治者都既要抓住群臣的心，还要引导民心向己。于是意识形态领域的争夺便成为一场没有硝烟的战争。武则天是以弱势斗强势，所以能为她所用的力量便是少之又少。她所做的每一件事都是对时代传统的巨大挑战，当时社会上思想信仰的两大主流——儒学和佛教都已为武则天所用，前者为她的“革命”理论铺好了路，后者则给她提供了女主可以统治天下的意识形态。

其实唐高祖、唐太宗时期对佛教的态度都是很坚决的，因为李氏家族把道教创始人李耳作为自己的祖先，所以一直都是提高道教的地位，对佛教则采取打击与抑制并用的政策。太史令傅奕运用儒家理论三番五次地请求废止佛法，道士们攀附皇室权贵无中生有地诬陷佛法，这都使佛教在夹缝中勉强获得生存。

弥勒净土宗

武则天登上皇后宝座之后，她开始把佛教作为一种争夺权力、营造声威的良好工具。武则天的佛教行为表现得最为醒目的，当推其与玄奘的相互酬答、为法门寺舍利造金银棺椁以及请玄奘为李显剃度，等等。如果把这一切看作是武则天从高僧大德和隆重的佛事入手，在佛教领域中与高宗一争高下，则是更为恰当不过的。正是在这种形势之下，高宗利用佛教这一貌似与政治无关的领域，乘武则天即将生育之时，发出了“致拜君亲”的诏敕，“令道士女冠僧尼于君、皇后及皇太子其父母所致拜”，试图打击武则天的气焰，试探朝野各界的态度，为把即将失控的大权从武则天手中夺回做一个准备。但在武则天的操纵下，这场不见硝烟的斗争最终以高宗收回“拜君”成命而告终。

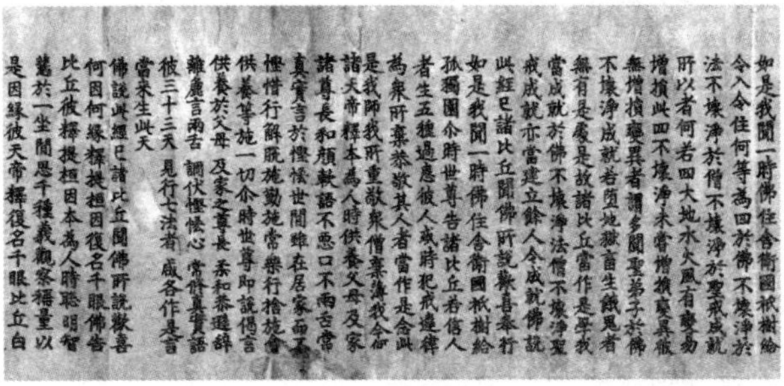
如是我聞一時佛住舍衛國祇樹給
令入令住何等為四於佛不壞淨於
法不壞淨於僧不壞淨於聖戒成就
所以者何若四大地水火風有變易
增損此四不壞淨未曾增損變異彼
無增損變異者謂多聞聖弟子於佛
不壞淨成就若墮地獄畜生餓鬼者
無有是處是故諸比丘當作是學我
當成就於佛不壞淨法僧不壞淨聖
戒成就亦當建立餘人令成就佛說
此經已諸比丘聞佛所說歡喜奉行
如是我聞一時佛住舍衛國祇樹給
孤獨園尒時世尊告諸比丘若信人
者生五種過患彼人或時犯戒違律
為衆所棄恭敬其人者當作是念此
是我師我所重敬衆僧棄遣我今何
諸天帝釋本為人時供養父母及家
諸尊長和顏軟語不惡口不兩舌常
真實言於慳悋世間雖在居家而不
慳惜行解脫施勤施常樂行捨施會
供養等施一切尒時世尊即說偈言
供養於父母 及家之尊長 柔和恭遜辭
離麤言兩舌 調伏慳悋心 常修真實語
彼三十三天 見行七法者 咸各作是言
當來生此天
佛說此經已諸比丘聞佛所說歡喜
何因何緣釋提桓因復名千眼佛告
比丘彼釋提桓因本為人時聰明智
慧於一坐間思千種義觀察稱量以
是因緣彼天帝釋復名千眼比丘白

《大云经》部分内文

7 世纪时，弥勒净土宗在中国广泛流行，在这种情况下，便出现了武则天是弥勒转生的说法。这种弥勒转生说最初出现于垂拱四年（688）。这年四月，武承嗣伪造瑞石，称瑞石从洛水中得来，石头上有铭文曰：“化佛从空来。”从空而来的化佛，便是弥勒。这是武则天所倡弥勒转生说的最初形式，它是以“灵异”“祥瑞”的形式出现的，而不是以佛经的形式出现，所以这种说服力不是很大。

武则天的情夫薛怀义在这方面立有大功，史书记载：薛怀义与法明等人造《大云经》，陈说天命，称武则天是弥勒佛下生，李唐气运衰微，武则天代表天命建立周朝。当时一部不重要的《大云经》有两种现成的译文。经中包括弥勒佛即将下凡为女神和君临世界的预言。流传至今的一个版本对武则天时代作了令人咋舌的预言，它描述道：“谷米丰熟，快乐无极。人民炽盛，无有衰耗、病苦、忧恼、恐怖、祸难……邻比诸土，咸来归属……尔时诸臣即奉此女以继王嗣。女既承正，威伏天下。”薛怀义发现《大云经》里有女主降生成佛之文，就取旧译本加以新的疏解，巧为附会，为武则天篡位制造舆论，证明她的“革命”符合佛教的授记。他们还将武则天说成是弥勒佛下生，套用南北朝以来流行的“皇帝佛”“皇帝菩萨”的说法，把女皇塑造成当今的“皇帝佛”。

武则天非常高兴颁布了这一教义，还在全国各州兴建由国家维护的大云寺，把《大云经》布告全国。九名编写注疏的高僧被封为县公，恩准披紫色袈裟。

一千多名佛僧被授予圣职，这意味着武太后公开承认自己是弥勒佛转世了。弥勒转生说的正式出笼时间是在天授元年（690）农历七月。两个月之后，武周帝国便宣布建立。由此可见，此说与武则天称帝，关系何等密切。自此以后，一般的官僚，也大讲弥勒转生说。武则天称帝后更是力倡佛教，因为她自己就是一个佛。在天授二年（691）武则天下旨，凡在行进的行列之中，和尚与尼姑必须排在道士之前。

佛教在武周帝国建立过程中，起着巨大的作用，它与恐怖政治构成帝国的两大支柱。但薛怀义事件对佛教这根支柱产生了严重的冲击。薛怀义是个粗暴冲动的人，他在证圣元年（695）的新年朝贺中被武则天公开冷落后，就纵火焚烧明堂，这对武则天的弥勒转世理论是个沉重的打击。根据佛教，相传弥勒在元旦诞生，因此信众在每年元旦举行弥勒诞生法会。佛教传弥勒在兜率天宫弘法，而武则天耗费巨大人力、物力修建的明堂就是要表明自己要仿照弥勒弘法，明堂正是兜率天宫。当时人们叙述女皇建明堂的意义，是“百神受职，万国来朝。既配帝而严禋，亦统天而布政”。可见明堂对于统治的重要性。它却偏偏被弥勒转世理论的倡导者所烧毁，这是多大的讽刺。终于武则天采纳了太平公主的计划，把薛怀义诱至宫内秘密处死。

近现代研究魏晋南北朝隋唐佛教史的大家汤用彤认为：在薛怀义被处决之前，武则天与佛教僧徒的关系主要是“勾结奸僧”。而在薛怀义被处决之后，则是“崇礼高僧”。由“勾结奸僧”到“崇礼高僧”是武则天与佛教关系史上的重大变化。在高僧中，华严宗的法藏、实叉难陀，禅宗的神秀最受宠礼，在武则天与以上三人的交往中可以看出，他们与薛怀义无任何关系，和以武承嗣为代表的武氏家族以及酷吏也无任何关系。他们的被礼尊，纯粹是因为本身所具备的条件。

臣民对佛教的信仰因薛怀义事件受到了严重的冲击，武则天想维护这根支柱，便采取了礼尊高僧的办法：礼尊高僧能使武则天获得巨大的政治利益，法藏的哲学、神秀的修行，在信徒眼中具有极高的威望。高僧们也利用武则天这一心理，为她制造了一些灵异。其中最重要的是圣历二年（699）三月十八日那一次，当时，法藏在佛授记寺讲经，突然发生了地震。武则天极为兴奋，便把地震解释成“如来降迹”，武则天就是要引导人们相信，神仍在护佑武周帝国，并没有因薛怀义事件而减少对武则天的爱护。神秀所起的欺骗作用更大。自从武则天对他下拜之后，许多人也跟着对他下拜。王公以下，数以万计的京都臣民对神秀顶礼膜拜。武则天的下拜，掀起了一股佛教狂热。武则天终于挽回了薛怀义事件给她带来的损失。

天人感应致太平

女皇相信超自然能力，又为了革命的需要，当时出现了很多征应、祥瑞之类的东西，这都属于广义的政治神话，目的就是为了烘托革命的正当性和女皇的命定性，也可以说是朝野的一种“造神运动”。天授二年（691）二月，曾经被唐太宗所杀的李君羡，就是一个被故意捏造的政治神话。所以，对历朝记载的灾异祥瑞应引起注意，因为它们是当时政治思维与气候的表征。

唐朝的《仪制令》就规定祥瑞出现一定要及时禀奏，不能浮夸虚构。如果有作假祥瑞的，会被判处两年的刑罚。女皇当权以后，为了培养和制造有利的意识形态，经常用武氏子弟或驸马们做国子祭酒，把祭酒上任日开讲的经题改成判祥瑞案三道，目的就是要通过教育系统来达到自己的目的，可见女皇对符瑞图谶、天人灾异是相当重视的。

长寿二年（693），正月初一下大雪，武则天问侍臣：“听说下雪会使百谷丰登，不知是不是真的？”左丞姚踌回答说：“元日降雪确实是祥瑞的征兆。”武则天说：“我领导国家有方，心里装着百姓，现在五谷丰登，就是祥瑞，即使获得麒麟又有什么用呢？”武则天独掌大政以后，知道自己获得政权的正当性会被臣民质疑，为了确立王朝的正当性，巩固她的权力基础和声望，她便刻意强化她的统治和天意的关系，才不断自我推崇，同时也对祥瑞充分利用，以有利于统治，向群臣强调她顺应天意来实行统治，她的政绩是得到上天嘉赏的。臣民都知道她的意思，投其所好，于是便纷纷去献尊号、献祥瑞，长久以往，祥瑞便越出现越多，不过有时也会闹出笑话。

比如天授元年（690），在朝廷上下的请求下，武则天用上天降临祥瑞的方式来实行革命，并接受了“圣神皇帝”的尊号。长寿二年（693）九月一日，魏王武承嗣等五千人上奏，请求女皇加尊号为“金轮圣神皇帝”，于是武则天便同意了他们的请求。九日，武则天在万象神宫接受了这个尊号，并大赦天下。在她称“金轮圣神皇帝”时，臣民都知道女皇喜欢祥瑞，于是争着进献。

一天，杭州钱塘县有个叫聂干的人在水里发现了一只绿毛龟，刺史崔元想要把它进献给武则天，上奏的文书里，称金轮圣神皇帝是由佛所降生的。又有一天，有一个想当官的人献了一块有红点的白石头，说是在洛水得到的。宰相们都问他哪里奇异，这个人回答说：“这块石头的中心是赤色的，所以进献给女皇。”李昭德怒气冲冲地斥责他：“这块石头是赤胆忠心，难不成洛水中别的石头都要谋反吗？”旁边别的大臣都开始大笑起来。

长寿三年（694）五月，武承嗣等二万六千多人又上表，想要加“越古金轮圣神皇帝”尊号给女皇。女皇在天门楼接受尊号，按照以往的惯例大赦天下，赐群民聚会饮酒，改年号为延载。695年正月初一，自己加封号为“慈氏越古金轮圣神皇帝”，仍然按照以往的惯例大赦天下，赐群民聚会饮酒七天，改元“证圣”。九月，举行合祭天地的南郊大典后，女皇又自己加尊号为“天册金轮圣神皇帝”，仍然按照以往的惯例大赦天下，并破例赐酒九天，年号改为“天册万岁”，来表明自己是君权天授。圣历三年（700）五月，武则天因为服用长生不老之药有作用，于是又大赦天下，改元“久视”，停用“天册金轮圣神皇帝”的尊号，赐群民聚会饮酒五日。

从她屡加尊号的事例来看，女皇最初是要强调她是佛教的圣王与佛，后来则是强调她是天册的金轮圣王。无论女皇自己是否对此真的相信，总之这的确是她造神愚民的重要手法之一。女皇此意图明显而强烈，因此这些年也就祥瑞所在更多见了。

例如表示女皇福寿政绩的有：某一年的八月十九日，史官上奏称天上出现老人星，于是武三思率文武百官四千八百余人上奏，认为是“天册金轮圣神皇帝”长寿昌隆的迹象。又有一天，天上普降大雨，百官上奏认为是“天册金轮圣神皇帝”谨慎用刑的结果。

释迦牟尼讲法

关于表明君权天授的有：有一年，衡州进献了一块龟形的石头，上面有“大周”字样，还有卦象，左边有“王武九千”和水火金木土字，北边有“井”字。宰相们于是上表道贺，认为这是上天的命令，要让“大周”来统治国家，帝王的宝座要长久绵延。之后，又有一块祥瑞的石头，上面有“武帝李彰、好生临国、永保吉昌”等字，宰相们认为是女皇受上天之命统治国家，上天降下祥瑞来表彰她，还将这件事载入史册。

更妙的是连佛教事物也被利用上了，比如一天女皇向百官展示千叶瑞莲，百官都认为这朵莲花是卢舍那佛和无量清净佛两国的莲花，是“天册金轮圣神皇帝”的福瑞。又比如京兆府新丰县出现了一座庞山，女皇以为是祥瑞，便改新丰县为庆山县；又过了十多年，京兆府万年县县令郑国忠又说京兆府的县界霸陵乡有庆山和醴泉出现。京兆尹武攸望于是派人前去查证，证明这是祥瑞，还引图谶、诗传歌颂了“天册金轮圣神皇帝”一番。不仅如此，武攸望还命张说作了《贺崛山表》，说庆山和醴泉出现后，有天竺的高僧到这里来，证明这座山是释迦牟尼讲法的地方——祇阇山。可见中国的福瑞还不够权威，还把梵僧也牵扯进来。

不仅女皇所笃信的佛教被利用，就连被她压低地位的道教也不能免。例如她为太后时，据说虢州阌乡县出现了界老君，鹤发童颜，还授予邬元宗语。百官认为这是武则天道德高尚，普降百姓恩德，所以才会出现这样的祥瑞，于是纷纷上奏道贺。到了女皇晚年，仍然因为祥瑞而发生过一些糗事。比如长安元年（701）三月下大雪，宰相苏味道认为是祥瑞，率百官来进贺，殿中侍御史王求礼劝止他们，质疑说："三月雪为瑞雪，腊月雷为瑞雷乎？"苏味道不听。大家进入以后，只有王求礼不祝贺，反而向女皇直言说："现在天气明媚，草木兴荣，此时下雪是灾害啊，怎么能说是祥瑞呢？道贺的人都是在阿谀奉承啊！"女皇不高兴了，还罢了朝。

《新唐书》《旧唐书》和《资治通鉴》等书对女皇时期出现的灾害时间常有明确的记载，却因为祥瑞出现频繁而又可能造假，所以很少明确记载祥瑞出现的时间与次数。不过，有些出现时间不确定的祥瑞，也值得一提，可以看出女皇神道设教的手法和情况。

关于表明君权天授的，除了上边提到的衡州出现的"大周"奇字，龟形瑞石。还比如，一天，曜仪院内发现了八十一只麒麟的痕迹，群臣都以为此麒麟的出现是表示因为金轮圣神皇帝将要到此游览，这里才会出现奇异的迹象，看到这样特殊的祥瑞，这象征着金轮圣神皇帝的清明政治。所以请求把这事昭告天下，还送到史馆去记载。

至于其他象征女皇仁德、刑清政肃、天下太平的祥瑞，更是屡屡出现。例如凤阁李侍郎曾进献了一头瑞牛，上奏说瑞牛因为体形非同一般而呈现出美好，这是上天的赠赐，所以瑞牛的出现代表着女皇的道德超越千秋万代，这是超越千年的特殊祥瑞。一天，在旧明堂前面长出几根笋，百官又上奏，认为是女皇的仁化感动了神灵，才会有这样的征兆，这象征着女皇会圣寿无疆。类似这样的事情不胜枚举。既然女皇相信和喜欢这种东西，朝臣们一定会拼命去寻找和讨好。

如果祥瑞出现真的能表示君主的仁德和神圣，那么即使古代任何一个圣王，生前似乎都没有那么多的符应祥瑞出现。大周女皇真的那么仁德神圣，以致招来那么多的符应祥瑞吗？答案恐怕会令人有疑窦。

在武则天统治时，有突厥、契丹、吐蕃等国相继侵扰，大周国家安全大有问题之时，为何当女皇出示在同一枝上长了四个灵桃时，大家却表示这是“四个太子长在一枝上，表明四海将要归为一统，不同却能化作同，表明不同的四方民族能归为一个国家”的天下太平之象，如果大家在盛平时粉饰太平、鼓吹迷信也就算了，绝对不能在国家有战争之际。当契丹大举入侵，大周紧急抵抗，全力迎战时，中道前军总管名将王孝杰在前线捉到一只金睛白鼠，也来插上骗神弄鬼的一手，使全军振奋，认为是敌人投降的证据。想要愚弄百姓的人绝对不能自己愚弄自己，当王孝杰拿这只老鼠上报时，战场最高统帅武攸宜不但相信了这事，更又上奏说，老鼠就象征着敌人，他们白天躲起来，晚上才敢出来，现在白天出来，被我们抓到，这也就意味着是上天要灭亡敌人。这话一出，朝廷内外、全军上下都陶醉于胜利的气氛之中，最后就是因此轻敌而导致丧师辱国。

众多祥瑞之中，起码有一事应是真的。善于化妆的女皇，让左右侍奉她的人都觉得她并不衰老。一天，她告诉秋官（刑部）员外郎李敬仁，说去年长了一颗新牙，今年又长了一颗。于是李敬仁上表，说人见时“看到女皇所居住的湛露殿的五间屋子，一直没有修葺都漏雨了”，因而推崇她“控制自己的欲望给别人减少麻烦，体恤百姓的饥寒而情愿居住在坏了的屋子里，应该受到祖先的护佑和百姓的爱戴”。又引《诗》《易》《道藏》和《幽记》等书，说老了长出牙齿是长寿的征兆，是因为她受到上天的福佑，并不是勤快修炼就能达到的，并请求向天下宣告这事，并让史官记载。是的，这年女皇已经六十八岁，在革命三年以来一切比较成功如意，所以在天授三年(692)四月将年号改为“如意”。如今又为了重长牙齿，在九月宣布大赦天下，改元为“长寿”，以回应上天的恩赐。这时女皇忙于革命事业，还没有把更多的精力花在求神拜佛上，也没有大兴行宫来享受生活，因此她能长寿而容貌不衰，真是“福力之所招”！

利用佛教，大造舆论

前面说到太后临朝时所用的第一个年号是“光宅”，革命之后便以“圣神皇帝”作为尊号，并把这个作为底衔，三年之后又把“金轮圣神皇帝”作为第二个底衔，然后一再向上加尊号。其实“光宅”和“金轮”两个名号是佛教政治上常用之词，唐代佛教信徒都不陌生。“金轮”，据古印度传说，征服四方的转轮王出生时，空中出现此轮宝，预示他将来的无敌力量。“光宅”，是指光大所居。张说在天皇朝撰《大唐西域记序》，也用“金轮”的称号比喻唐太宗，称“太宗文皇帝金轮纂御，宝位居尊”，盛赞唐太宗的操控能力。《唐陈州龙兴寺碑》中说如来“因缘处帝王位，俾庶类咸若谓之光宅天下，令众生修善，名为庄严佛国”。重在夸赞佛法的无边，能够照耀天下。总之，女皇用这两个名字，意在借用佛教来巩固自己的统治。之前提到她最初是想强调她是佛教的圣王和佛，后来则更是直接强调她是天册的金轮圣王。这种发展究竟怎么展开，又有什么意义呢？

女皇幼小的时候曾经穿过僧尼的衣服，青年的时候又在感业寺做尼姑，当了皇后以后，更是以种种方式奉献佛教。垂拱四年（688）四月在武承嗣伪造瑞石——天授圣图之后，六月又得到上有《广武铭》的瑞石，称“化佛从空来，摩顶为授记，光宅四天下，

泾川大云寺

八表一时至，民庶尽安乐，方知文武炽”云云，表示虔信佛教的女皇已经开始了迷信佛教的行为，意图利用佛教的授记来实行她的革命和统治。载初元年（690）七月，薛怀义与东魏国寺僧法明等十人造《大云经》来陈说符命，夸赞神皇是弥勒下凡，当代唐朝是阎浮提主。这是女皇利用佛教来进行“革命”的一大里程碑。

《大云经》记载，佛在灵鹫山大会答复大云密藏菩萨之问，预言净光天女在佛出世时以妇女身体当国王，实际上就是菩萨；又预言等乘大王的女儿增长在父亲死后继位为王，用佛教正法来治国，阎浮提中所有国土全来奉承，没有违抗的人，成为净实增长佛。此外，“薛师”等人还选取佛经译本进行编造加工，穿凿附会，为女皇的篡国成功制造了革命的意识和理论，使她能顺利进行革命，并改元“天授”，证明她的革命符合佛教的授记。

弥勒信仰从南北朝以来就是佛教的救世主信仰，女皇、薛怀义等人进行曲解发挥，并套用了北朝以来流行的“皇帝佛”和南朝梁武帝倡行的“皇帝菩萨”等说法信念，来塑造女皇就是当今的“皇帝佛”——弥勒菩萨降生成女皇佛。

道教是李唐王室祖宗之教，可供女皇利用有限，儒教特别是正统儒家则反对妇女窃权乱政，所以笃信佛教的女皇必须向佛教寻求援助。天授元年（690）十月二十九日，圣神皇帝颁下诏令，在两京以及天下各州都建大云寺一所，来保藏新注释的《大云经》，并使僧人升高座讲解，使得这些佛教教义都能普及到民间。至于原来撰疏的僧徒们都被赐爵为县公，并且还赐给他们紫袈裟和银龟袋。这对讲究四大皆空的佛教来说，是空前的创举。宗教与现实政治搞得关系如此密切，不知是福还是祸呢?

天授二年（691）三月，武则天进一步颁下《释教在道教之上制》，说：“自今以后，佛教应高于道教，穿僧尼的衣服要在戴黄冠以前。”明显提升了佛教的地位，高于儒教、道教之上。

由于女皇抬高佛教，所以连西域来唐的胡僧也受到鼓舞，其中南天竺僧达摩流支尤其值得注意。达摩流支就是菩提流志，早在永淳二年（683）就被天皇派人迎接到唐朝，但因西域当时还是属于吐蕃势力范围，所以他们一直等到长寿二年（693）王孝杰收复安西四镇后才到达洛阳。根据皇嗣重新登基后所御撰的《大宝积经序》，天后圣帝曾经命他到东都洛阳居住在大福先寺翻译佛经，他翻译出《宝雨经》《华严经》等经十一部。《宝雨经》在长寿二年（693）九月三日，由薛怀义以"大白马寺大德"身份监译、达摩流支宣译的形式，在佛授记寺译成。这部经的卷一宣扬佛法说："实是女身，故现女身，为自在主。"意思是说本来就是女人的身体，现在又换回来女人的身体，这就是自在主。这实际上是薛怀义、达摩流支加上去的。女皇从此也利用这部经为自己做宣传，并如同《大云经》一样颁布于天下。她又另命一批胡僧法藏、地婆诃罗、实叉难陀等人在佛授记寺重译《华严经》，到大周圣历二年（699）十月十八日完成。女皇一面令法藏大师在这个寺庙宣讲，自己亲自去听讲；一面为新经作序，即《大周新译大方广佛华严经序》。女皇在序中将《宝雨经》和《大云经》并列同提，可见对此两经予以同等的重视，原因就是因为两经所载的授记，可以供她利用于政治。

但是，无论女皇原来是净光天女、增长女王还是日月光天子，终究不是弥勒菩萨。弥勒菩萨意译为慈氏菩萨，因此简称为慈氏，是释迦牟尼大弟子之一。据佛教传说，转轮圣王又称为转轮圣帝，分有铁轮王、铜轮王、银轮王和金轮王，他们有长寿、健康、端貌、丰财等四德，把正法当作教化，国土丰饶，人民和乐，尤其是金轮王，他是佛教政治理想的统治者。因此，为了要应她是弥勒佛降生的授记，女皇必须要对此有所表示。她的对应表示方式是加尊号。

其实人君生前加尊号由女皇所创，而她的尊号也最多，连被推翻后复辟的唐天子所上的"则天大圣皇帝"一号在内，她生前总共有六个尊号，死后追赠的还不算在内，的确是"行之者异于古"。女皇尊号的底衔是"圣神皇帝"，表示己身既圣且神，此外不断转加的尊号都各有用意，也的确是"言之者惑于今"；但这是出于女皇刻意的"造神运动"，是她假神道以惑众的重要手段，以利其统治。

神道教化的设施

女皇做神皇帝时就把乾元殿拆建成明堂，堂北有比她高出约一倍而内贮大像的“天堂”，既高大雄伟，又富丽堂皇，明堂一共有三层：下层模仿四季，中层模仿十二个月，上层模仿二十四个节气，神皇为它起名为“万象神宫”。稍后，又颁下《亲享明堂制》，表示要效仿古代的圣王，也以神道设教，化育万物。689 年正月一日，神皇亲自到万象神宫举行隆重的宴会，改年号为“永昌”。三日，在明堂接受百官的朝贺；四日，又在明堂布政，颁布《九条》来训诫百官；五日，在明堂大宴群臣，第一次明堂宗祀布政的大典才告结束。自此每年都到明堂进行一次大的聚会，重大的施政方针也都在这里宣布。

明堂是儒家传说的圣王制作，与中国古代神道设教的政治有关，那么女皇又为什么命名它为“万象神宫”呢？根据佛教相传弥勒在元旦诞生，所以信徒每年元旦举行弥勒诞生法会。不过，弥勒现在兜率（欲界六天的第四层天）弘扬佛法，天宫有大神，发誓为弥勒造善法堂时，额上出现了五百亿颗宝珠，光形成四十九重微妙宝宫；兜率天又有五百亿的天子，造作宫殿，立誓布施弥勒，庄严兜率天宫，使兜率天成为特殊的国土。可见明堂和天堂的兴建和使用，虽然与儒家的传说有关，然而也与佛教的传说有关，难怪后来重造明堂、天枢等建筑，女皇不仅接受外国君长的献钱，甚至也向僧尼税钱助造，并且每年元旦都会在明堂布政，朝见群臣以及外国的君长使节。

女皇大搞神道设教的高峰应是在七十岁——延载元年（694）。以后的那几年，正是“万象神宫”遭蒙火灾的前后几年。

女皇的爱好一定会影响百姓。先是长寿年间，有一个居住在麟趾寺的老尼姑自号“净光如来”，称能知晓未来，常和自称是生于三国时期的嵩山人韦什方等人传播谣言，迷惑百姓。女皇对他们都很信重，并且赐韦什方武姓。长寿三年（694）初，东突厥默啜可汗继位以后开始侵扰边境，这时，因为用兵而财政紧急，朝臣已经有捐出两个月薪来作为军饷的建议，武三思却突然率领四夷君长，请求铸造天枢。天枢的兴造，据说先由时任大周将军的景教徒波斯阿罗憾出面召集各位番王来参与，而其规格形式也受到西域各国柱石文化的影响，所以这很有可能与景教徒想在这次的造神运动中插一手有关，女皇则趁机锐意借重胡族文明和他国宗教在华的影响，来增强她的神圣性和国际声望。

建议在延载元年（694）八月提出，第二年四月就完成了，宰相姚璹做督作使，经费主要来自四夷君长的捐钱。他们虽然集捐百万亿钱，但是买铜铁完全不够，只得又从民间征用农器来凑足。天枢修造得金碧辉煌，光照日月。天枢是由武三思作文，来纪念大周革命的功劳，贬斥唐家的道德，并刻上百官和四夷君长的名字，由女皇亲书“大周万国述德天枢”作为榜额。为了这个天枢的落成，朝见献诗的人不计其数，特别是李峤的《奉和天枢成宴夷夏群僚应制》在当时最为有名，深刻地写出了金轮王降伏魔怪，弥勒弘扬佛法的盛况。

在天枢建造期间，万象神宫发生了火灾，据说是被“薛师”因怀疑女皇移情别恋而放出的妒火所烧的。

当初太后在垂拱四年（688）命“薛师”来监造三层高的明堂时，有数万人的工役都参与其中。建成以后，太后又命“薛师”建造了一个大像，当时的人称为麻主。大像很大，据说连它的小指都能容纳数十人。为了保护麻主，太后又命“薛师”在堂北起一座比明堂高两层的天堂来安置，每天的工役有上万人，所花费的钱财上万，国库都已经耗竭了。因为太后想彰显天堂与大像的宗教意义和政治意义，所以纵任“薛师”花费如粪土。

695年正月初一，弥勒诞生日这天，女皇加尊号为“慈氏越古金轮圣神皇帝”，即日改元“证圣”，准备欢度元宵之后，定在十七日御端门赐酺宴，与群臣举行大酒会。到了十五日，在明堂举行，在地下凿坑，宫殿里张灯结彩，佛像都从坑中抬出来，说是从地上涌出来的；还杀牛取血来画大像头，高达二百尺，说是“薛师”刺的膝血。第二天把像张贴在天津桥南，设置斋宴斋，充分炫耀各种能事。乐极生悲，“薛师”就因妒火中烧，于是在这天傍晚秘密烧了天堂，还祸连“万象神宫”。火光照得整座宫城像白天一样，血像也被暴风摧折成好几百段。女皇知道这事，十分震惊，感觉很羞愧，只能刻意回避，隐藏此事，只说是不小心失火引起的。

因为祭祀宗庙的地方遭遇火灾，女皇本来想接受左拾遗刘承庆的谏言，停止举行宴会来避免天谴。但不久，因为宰相姚踌进言，说这火不是天火而是人火，而且“现在明堂是布政的地方，也不是祭祀的地方”，避开正殿违背了大的礼仪，于是便采取姚踌的意见，仍按原订计划进行酒会欢宴。到了二十二日才祭祀宗庙，同时下令放还工徒，命令九品以上的文武百官各抒己见，上奏封事，不要有所避讳。

群臣上言虽然正反意见都有，但是女皇内心的确深感不安，甚至为此而迁怒那些骗她的“神棍”。比如逮捕了“净光如来”，至于武什方，则因事情败露自绞而死，对情夫“薛师”也感到厌恶，所以在二月四日把他杀了，并在十六日停止使用“慈氏”“越古”的尊号。

明堂对女皇有重大的政教意义，所以她很快就下令依照旧规制重新建造明堂，同时铸铜为九州鼎。新明堂在万岁登封元年（696）三月二日落成，号为“通天宫”。四月一日女皇驾幸明堂行亲飨之礼，大赦天下，改元“万岁通天”。

九州鼎

神功元年（697）四月，九州鼎也完成，鼎上写着本州的山川物产之气象，分别由当时著名的书法家题字和画家图画。其中女皇亲自作《蔡州铭》。此铭有“隆基”二字，后来还被解释成是她的孙子玄宗李隆基启运的好兆头，命中注定应为皇帝。女皇同时又完成了十二生肖铜神，各高一丈，也各依其方位放置。据说她又想聚敛天下三晶金以造大仪钟，但不知什么原因竟不能造成。

万象神宫的被烧，让武则天处于极端焦虑与痛苦的状态，杀薛怀义和停止使用“慈氏”尊号便是证据。两个月后“大周万国述德天枢”的落成才使女皇的忧虑稍微减轻。经过大半年的心理沉淀，女皇决心重新出发。

天册万岁（696）二年九月，她重加尊号为“天册金轮圣神皇帝”，大赦天下，改元为“天册万岁”，重申天授之意。于是王公群臣、四夷君长，咸请封禅神岳嵩山。三个月后，女皇起驾前往神岳嵩山。

腊月九日，女皇戴着圆冕，披着大裘，到神岳嵩山前去封禅，礼仪完毕以后，又颁布维新令法，大赦天下，改元为“万岁登封”，并免除天下百姓当年的租税，宴饮九天。十四日，女皇在少室山下禅祭后土。两天之后在觐坛接受群臣的道贺，然后在二十日打道还宫。李峤为歌颂此盛典还作了《大周降禅碑》详细记叙了这件事。

七十二岁高龄的女皇似乎是这样子的：她必须假借兴造天枢、明堂、九州鼎、肖神以及封禅封神，乃至一再改元，才能获得信心，强化她的神秘力量。她觉得如此才能够向天下臣民“证圣”，才能够彰显自己是“天册万岁”，所以自己才能“万岁登封”。

明堂虽然已经重建，但是对女皇具有佛权重要象征意义的大像和天堂则还没竣工。于是久视元年（700）八月，七十六岁高龄的女皇有意重造大佛像，并为此而向天下僧尼抽税，令每人每天出一钱以帮助完成这项功业。当月十五日，宰相狄仁杰上疏进谏，指出当今佛教建设过盛，已经严重影响国计民生，又恐大像既造，复需兴建堂宇作为遮盖，劳费更严重，因此请求停建。

女皇开始接受了狄仁杰的谏言，罢工停修。可是她终未死心，长安四年（704）

四月下令，选定大像在洛阳东北三十里邙山东北垂的白司马阪兴造，仍令建安王武攸宁为检校大像使，决定向僧尼收税，并且很快就筹得十七万多贯钱。

后又有监察御史张廷珪等上谏，主张停止修造，女皇刚开始采纳他的谏言，停止修建，并且召见赏慰了一番。几个月后女皇仍然在继续兴造中。张廷珪得知大像营造的实况，再次上奏进谏，指出是张易之、张昌宗、张昌仪等兄弟，企图让她大兴土木，与百姓结怨，从而谋图大逆。根据张廷珪的第二次上奏，可知女皇后被情夫张易之兄弟与僧万寿等所设计，所以她就继续兴造。这期间，宰相成均祭酒李峤也进谏，指出佛寺过多，不如将税钱用来救济穷民。

其实女皇虽然笃信佛教，但是她兴造大像的用意，则主要是为了佛教的政治意义——象征“皇帝佛”——弥勒下凡而统治世界，并不是为了弘法行善，所以才会死心不息，一再想兴建；张易之兄弟与僧万寿，不过只是顺应她的意思，并且趁机谋利罢了。诸臣的前后进谏都没有达到目的，所以无异于对牛弹琴，白费力气。尽管此年最后一季的天气是日夜阴晦，大下雨雪，洛阳甚至有人因饥冻而死，但是神道设教是大周立国之本，关系重大，又怎么能放弃大像而不修造呢？

CHAPTER

第十一章 11

多项措施奠定唐朝盛世

武则天作为一代明君，推进了大唐王朝的繁荣，这与她善用人才是密不可分的。当天下渐趋安稳以后，武则天越来越意识到酷吏大肆罗织罪名会造成朝臣恐慌，于是便接受谏言，开始整治酷吏以安定人心。此外，她还不拘一格任用人才，凡是贤能之人，无论出身，皆予以采用，而且她还善于量才而用，先了解朝臣的优长，然后把他们安置在合适的官职，让他们充分发挥自己的才能，因此在武则天统治期间，出现了一批良将贤相，如狄仁杰、娄师德等。

接受谏言，整治酷吏

在武则天推行的恐怖政策之下，酷吏横行，朝廷大臣和社会上的百姓，经常感到惶恐。如果黑暗的现实一直发展下去，造反或革命的事件就会发生。女皇是有政治权谋的人，当然明白这个道理，于是她在黑暗中要点起几盏油灯，让人们看到希望。这几盏油灯就是公平正直的官员，像徐有功、狄仁杰、李昭德、魏元忠等，都是秉公判案，守法爱民，敢于对抗酷吏的官员。女皇心知肚明，这些正直的司法官员是百姓心中的明灯，所以一直在暗中保护他们。

比如徐有功，他曾被酷吏周兴诬告说故意放掉谋反的人，其罪当诛。女皇听了周兴的话，把徐有功流放到边疆，但不久，就又召回徐有功，任命他做侍御史。徐有功回到洛阳，进宫叩谢女皇，说道："鹿在山林中每天无拘无束地奔跑，但是因为它的肉质鲜美，所以猎人经常会到山林里去捕杀它们。陛下任命臣为三法司的官员，臣一定秉公执法，但一定会有许多徇私枉法的人来陷害我，他们就像杀鹿的猎人，不达目的决不停止。陛下让臣任御史，臣就成为他们心目中的鹿，所以陛下好意要任用臣，却是要了臣的命啊！"女皇听了徐有功的话，心中甚为感动。她要保护那些山林中善良的动物，该好好约束那些猎人了。

让女皇决心要消除酷吏的，恐怕是"安金藏案"。长寿二年（693）有人告密，说皇嗣（已退位的唐睿宗李旦）有异谋。唐睿宗在位时，就已经把政治大权全部让给了武太后，他如果要反抗母亲，早就该在自己还保有皇帝身份之时反抗了。现在，母亲成了名实俱全的皇帝，自己只是一个毫无权力的皇嗣，怎么会有能力搞叛逆之事呢？

然而，女皇生性多疑，便将这件告密案交给酷吏来俊臣审理。来俊臣奉命，不敢直接逮捕李旦，但把皇嗣身边的人抓到监狱中，用了许多酷刑，逼迫他们承认。其中有一个叫安金藏的人对来俊臣大声说："我说皇嗣没有谋反，大人就是不信，我愿剖心来证明皇嗣不反。"说着，他就拔出一把藏在身上的刀对着自己的胸和腹部刺下去，立刻鲜血直流，五脏也流了出来，仰卧在地。

一个宦官看到这血淋淋的一幕，便飞奔进宫向女皇报告。女皇即刻命令将安金藏抬进宫来，紧急传召御医，为他进行医治。第二天，安金藏竟然奇迹般地醒过来了。女皇听说安金藏醒了，亲自来到他的床边，用感激的语气说："朕身为母亲却不能明白儿子的心意，真是不如你忠心耿耿啊！"于是，女皇命令来俊臣停止审理皇嗣谋逆案，李旦得以幸免。

在女皇登基后的第二年，御史中丞李嗣真向女皇上了一道奏章，陈述酷吏的罪恶，请求女皇禁止酷吏滥刑。李嗣真的奏章说："现在告密纷纭，虚多实少，恐怕有阴险狠毒的人在离间陛下君臣。古时审判司法案件都是逐级呈报，现在却是判官奉陛下的命令在监狱中审案，一个人可以独断独行，判案既不经过刑部，也不经过门下省复审，完全不合司法程序。将生杀大权轻易地交给少数低级官吏手里，绝对不是审慎的办法，社会上到处是呼冤之声，臣担心这样下去会造成国家的祸患。"李嗣真的奏章说出了当时大多数朝廷官员们的心声，也让女皇感到应该惩办这些酷吏。

酷吏周兴是个工于心计又残忍好杀的人，被他陷害的人多达数千。比如宰相魏玄同曾因阻止过他升迁，便被他构陷说成是想与裴炎一起谋反叛逆，而被杀害了。又如黑齿常之的被害，黑齿常之是位名将，在西北边疆屡次打败吐蕃、突厥，建立许多战功，很受高宗赞赏，也深得部属爱戴。在武则天称帝的前一年，周兴诬告黑齿常之和几个将军谋反，便把他逮捕入狱，进行残酷审判，最后被处以绞刑。

有一天，酷吏来俊臣接到女皇一道密旨，说有人告周兴谋反，要来俊臣查办。来俊臣和周兴是同路人，臭味相投，都是心狠手辣、杀人不眨眼的家伙。来俊臣心想，周兴怎么会谋反？但女皇密旨交办，这表示女皇对他起了疑心。自己虽然和周兴是好朋友，但毕竟是酒肉朋友。知人知面不知心，周兴这人鬼主意极多，他心里捣什么鬼，别人哪里知道。现在，女皇既然下令要办他，就不必为他辩护了。照女皇的意思，让周兴认罪，自己也可以向女皇交差。于是来俊臣决定用陷害别人的老方法来对付好朋友。

请君入瓮，来俊臣斩周兴

酷吏来俊臣奉女皇之命来审理周兴，在家里大办宴席，邀请周兴前来赴宴，以此来完成女皇交给他的任务。

周兴和来俊臣臭味相投，常在一起喝酒吃饭，讨论如何陷害别人。周兴对于来俊臣请客喝酒并不感到奇怪，对于来俊臣只请他一人却感到十分讶异。两个人当晚喝了很多酒，聊得也很投机。来俊臣忽然对周兴说："近来审问犯人并不是很顺利，有些硬骨头总是不肯认罪，你有什么好的办法吗？"周兴未加思考就回答说："你平常用的那些刑具已经很厉害啦，有哪个犯人能在你的刑罚下不认罪？"来俊臣回答说："的确，我的那些刑具是很厉害，有些犯人看到那些刑具甚至都会吓得魂飞魄散，我想让他们说什么，他们便说什么。但是也有些不知好歹的家伙，尽管我是用了很多厉害的工具，他们仍然咬住牙不说。类似这样的犯人，你见到过吗？"周兴便回答："很少，但也有。"他一边说着，一边回味着那些受酷刑的犯人痛苦的表情。

周兴向来杀人不眨眼，平常玩弄犯人就像玩弄阿猫阿狗一样。但有些犯人在临死前会怒目圆睁地诅咒："来世变鬼也不会放过你。"每当这时，周兴也感到心惊肉跳，战栗发抖。有时白天给犯人用完刑后，晚上会做噩梦，他经常能梦见一些可怕的鬼怪在捏他的脖子，掐他的喉咙，他经常在大汗淋漓的睡梦中醒来。后来有人告诉他可以在房间摆几尊佛像，上边放上一些供品，经常上香拜佛。不知是心理作用，还是佛祖显灵，每天在佛像旁边睡觉的周兴倒是感觉踏实了很多。

周兴想到这里，便使劲儿摇了摇自己的脑袋，他想让自己变得清醒一些，思路回归到现在，于是便对来俊臣说："老兄，你的办法向来很多，怎么会有不听你话的犯人，如果实在得不到你想要的供词，那你就直接干掉他，随便写一张供书，然后说他畏罪自杀便行了嘛！""这可不行，老兄你还是帮我想一个办法吧！"周兴站起身来，笑眯眯地看着来俊臣，眼里放出异样的光芒，满嘴酒气地说："你可以取一个大瓮，用炭在附近焚烧。然后令犯人进入瓮中，在这类环境下，什么事他会不招？"周兴说完，非常得意。

来俊臣听完，拍手叫好，直夸周兴的想法高，接着便命人抬过来一个大瓮，在院里烧起了木柴，把大瓮放在干木柴上。周兴看到自己的想法得到落实，扬扬得意起来，问来俊臣："怎么在你自己家的院子烧起来啦？难道你家里还藏着犯人？"来俊臣冲周兴狡黠地笑了，回答道："今天在我家办案。"周兴便问："那犯人在哪儿呢？"来俊臣扯动了一下嘴角，眯着眼睛，拉起了周兴的手，走到大瓮前，说："有人告老兄谋反，请君入瓮吧！"周兴一听先是不信，但看来俊臣的样子也不像开玩笑，于是便哆哆嗦嗦、结结巴巴地说："兄弟怎么拿我开起玩笑了呢？"于是来俊臣便拿出了圣旨，看到圣旨的周兴顿时跪在了地上，恳请来俊臣："请兄弟看在我们往日的情分上，救我一命吧！"来俊臣回答道："老兄，还是不要为难我了，女皇的性格你是最清楚不过了，女皇说要审问哪个犯人，你接到密旨以后怎么办？有哪个犯人逃脱过老兄的手心吗？所以老兄要是识相的话，还是都招了吧！""好，我招，我招。"于是很快来俊臣便得到了周兴的供书，得到了女皇想要的证词，随即便把奏章呈给了武则天，周兴谋反，按照唐代律令应是死罪。

女皇看到了来俊臣的奏章，对于周兴的为人，她也素来知道，但又觉得周兴曾经在自己除掉李氏子弟的过程中也出了不少力，为自己前后奔走，立了不少功劳，所以还为这只"家狗"留了点情，也可能是不想让为自己卖命的人寒心，于是便免了他的死罪，改判流放到荒远的岭南去。天授二年（691），周兴被押解到岭南，但走到半路，便被仇人拦截杀了，“多行不义必自毙”，周兴还是死在了自己仇人的手里。

周兴的死，并没有让来俊臣警醒，他反而还在为自己能够替女皇办事而沾沾自喜，甚至认为周兴被杀可以使自己独受女皇的恩宠，于是他更加不顾廉耻地迫害臣民，来讨得女皇的赞赏。后来，来俊臣又诬陷以狄仁杰、魏元忠为代表的七位大臣，但由于狄仁杰采用了巧妙的手段，让女皇知道了来俊臣的阴谋，所以女皇只是贬了这七位大臣，让他们到地方去做小官。而女皇的态度也表明了对来俊臣的信任度已经下降。

就在诬陷七位大臣的同一年，右补阙朱敬则便向女皇上了一道奏章，陈说现在天下平定，人心安稳，应该减少刑罚，增多宽恕与安慰，还举秦朝李斯的例子说，因为李斯用严峻刑罚控制朝臣，而不懂得用宽和的政策，所以导致秦朝百姓恐慌，不拥护朝政，最后自己也落得个不好的下场。他劝谏武则天：大开告密之风，会使群臣内心不安，使一些忠臣遭到迫害，而一些奸邪小人却逍遥法外，请武则天改变一下政策，应该制止滥用刑罚，堵塞罗织罪名的根源，使朝臣内心安稳，百姓安居乐业。武则天也知道在自己刚刚登基时，有无数的暗潮涌动，想要颠覆自己的统治，所以采用酷吏来排除异己，安定局面。而现在经济繁荣，百姓安定，自己已经是人心所向，应该使用宽和的政策，才能安定天下，不应该再用酷吏来罗织罪名，陷害无辜，招致政局的动荡，于是接受了朱敬则的谏言。

后来，随着年岁的增长，武则天也越来越趋向于宽和，不断地减少杀戮，采用柔和宽慰的政策来治理国家。

来氏集团的瓦解

自武则天实行恐怖政治以来，酷吏之间以及酷吏与李派之间，一直存在着尖锐复杂的斗争，其中来俊臣吃掉周兴就是这种斗争之一，不过这仅限于酷吏内部。事实上，李派也早就想要从酷吏手中夺回案件审判权，只是，武则天一直想要把案情审判权牢牢地控制在酷吏手中，现在武则天开始弱化恐怖统治，所以来氏集团也即将遭遇瓦解的命运。

来氏集团的厄运早在692年便已经露出端倪。那年，来氏集团的联盟者武承嗣的相位被李昭德所取代。据史书记载，李昭德还曾在公开场合骂来俊臣为贼，骂侯思止为奴。在李昭德、严善思等人的大局反击下，来氏集团开始节节败退，首先是侯思止被杀。司马光《资治通鉴》记载："（长寿二年）二月，乙亥，禁人间锦。侍御史侯思止私蓄锦，李昭德按之，杖杀于厅堂。"可见，长寿二年（693）二月，侯思止因为私自占有锦绣，被李昭德在朝堂之上杖杀了。这种方式，与李昭德一年前杖杀王庆之的方式相同。当时，杀王庆之是武则天授权的，现在自然也是武则天授权的结果。

侯思止死后一年多，王弘义也被人杖杀了。王弘义被定的罪名是贪污，在延载元年（694）九月被流放琼州，但在流放襄阳、道州时，他竟然"妄称敕追"，谎报武太后赦免他，但他的小聪明被胡元礼发现了。

胡元礼也是一个酷吏，他从岭南出使回来，王弘义流放的地点琼州也正是他所管辖之地，他在审问王弘义的过程中，发现了王弘义的谎言，随即便把他杖杀了。

当来俊臣的心腹侯思止和王弘义死后，他也大失其势，之后便被定了贪赃的罪名，但下场稍好些，毕竟保全了性命。来俊臣开始的官职是御史中丞，官阶正四品，贬为民后，不久又被武则天重新起用，被授予殿中丞的官职，从五品，官阶虽然不是很高，但也总算被起用了，但他没有珍惜这次机会。

延载元年（694），来俊臣又因为贪赃枉法被贬官，任同州参军事，从七品的官职。由正四品到七品，是很大的降职，但毕竟还算是个官，而且同州紧挨首都，所以下场还不算太惨。来俊臣的罪行要比王弘义、侯思止等罪行严重得多，之所以还没有被下狱至死，主要还是因为武太后对他的宽大，武则天认为朝臣之中还有不服自己的，来俊臣还有利用价值。

公元696年，发生了一起谋逆案，即刘思礼在社会上广泛造谣綦连耀有龙气，来俊臣知道后，便开始向武太后告密，之后便重新获得了重用。来俊臣东山再起后又掀起了几桩大案。

公元697年，来俊臣的对手李昭德被武则天召回任监察御史的职务，两个人的较量又开始了。不久，洛阳城内流传着一个消息，即来俊臣把自己比作“石勒”。石勒是十六国时期后赵的建立者，这个消息显然是说他想谋反，要推翻武周帝国，取武氏的地位而代之。来俊臣自然知道自己处境的险恶，于是决定要先发制人，除掉他的敌人李昭德，他的计划得到了秋官侍郎皇甫文备的支持。两人一起诬陷李昭德谋反，于是李昭德被捕下狱。

李昭德下狱，看来是李派的一次重大失败，但是紧接着来氏集团内部也出现了问题。来俊臣自身存在着很大的矛盾。一方面他大肆诬陷世族，但另一方面他又想跻身进世族，成为其中的一员。在被贬为同州参军事时，他强娶了太原世族王庆诜之女，希望通过这种联姻关系，来显示来家的地位。

后一种态度直接导致他与本集团内部成员之间的矛盾，那些人主要来自社会下层，来俊臣最先依靠他们而发展起来。但现在随着自身地位的高抬，他有些轻视他们，不愿与他们为伍，于是，便发生了来俊臣与卫遂忠的矛盾。

公元697年，来俊臣举行了一次豪华宴会。宴请的参加人员都是王氏家族内的人员，而且还经过严格筛选，都是高门望族中人，来氏集团的老人员基本上都不在被邀请之列。

正当来俊臣与高贵的客人们举杯之时，来氏集团成员卫遂忠，自带着酒食前来。门卫怎么劝也拦不住他，他推开门卫，径直入内，对着满座的高贵之客，大骂起来俊臣来。卫遂忠带着酒食，表明他可能已经喝醉了，于是他便借着酒劲儿，数落来俊臣的种种不是，来俊臣一听便叫人把他绑了起来，不过之后又把他放了。但是王氏夫人不同意了，她认为卫遂忠的行为，不仅是对自己的侮辱，更是对整个王氏家族的耻辱，于是便自杀了。由此，来俊臣和卫遂忠便由同盟而变成了敌对关系。

卫遂忠先下手为强，他揭发来俊臣企图通过一系列庞大的罗织计划，达到窃取国家的目的。卫遂忠的揭发引起一时的轰动，因为他是来氏集团的人，所以人们自然会相信他的揭发。而那些曾经被来俊臣罗织罪名的人，都纷纷出来做证。武则天知道，来俊臣真正的问题并不在这里，所以一直犹豫着，她并没有做出决定。

武则天最后下决定要杀死来俊臣是因为吉顼，吉顼也是武则天的心腹，与来俊臣是亲戚关系，但后来两人闹了矛盾。一天，吉顼陪着武则天游览御花园，两人交谈了起来，武则天问及外界的情况，吉顼趁机说，人们对于来俊臣死刑迟迟不判，感到十分失望。武则天于是便说，来俊臣有告密之功，不忍杀他，但吉顼接着劝道，说来俊臣贪赃枉法，被他害死的人不计其数，死不足惜。吉顼的话让武则天觉得，处决来俊臣是民心所向，是一种平息百姓怨言的有效方式。于是，经过吉顼、李昭德、卫遂忠等人的活动，武则天终于决定处死来俊臣。

但令人震惊的是，在来俊臣被判以死刑时，李昭德也被下了死刑判决。理论上来说，如果处理来俊臣是正确的话，那么作为他死敌的李昭德理所应当被释放。

很多年以来，武则天一直将来俊臣与李昭德置在两个平衡的位置上。来俊臣被贬，李昭德便也跟着被贬；来俊臣被起用时，李昭德也跟着被起用；来俊臣被捕下狱，李昭德也跟着下狱，两个水火不容的死敌，为什么会有相同的遭际？这当然不是巧合，而是武则天一手安排的。她是想通过此二人彼此制衡，彼此约束，来使自己掌控局面，从而巩固自己的统治。

来俊臣终于死了，他出身于庶族，是武则天一手把他提拔起来的，让他一路高升。来俊臣之死，意味着来氏集团的瓦解，也标志着武则天恐怖政治的结束。

大肆招揽天下英才

武则天在以周代唐的非常时期，大量任用外戚和自己的亲信。这些人大部分都是些不学无术的奸猾之辈，一旦小人得志，对上级尽谗巧之能事，对朝廷内外官员和百姓则肆意显示威风。他们乱用刑罚，贪赃求贿，结党营私，卖官鬻爵。武则天一方面任用他们，依靠他们来巩固新王朝，压服反对者；另一方面又要限制他们，因为她知道这些人的品格和办事能力，所以也担心他们会扰乱朝政，引发其他人的怨言，影响自己的声誉。为了提高办事效率和行政能力，她开始广泛招揽英才，为自己所用。

天授二年（691）六月，武则天起用了一些并非是自己亲信的能人来充实朝廷队伍，任命左肃政大夫格辅元为地官尚书，与鸾台侍郎乐思晦、凤阁侍郎任知书都一同为平章事。九月，又重新起用被贬到洛州做司马的狄仁杰为地官侍郎，与冬官侍郎裴行本一同为平章事。狄仁杰和乐思晦都是正直的大臣，但是他们的中正和正直很快引来了谄媚小人的忌恨，不久乐思晦的好友李安静因为没有参与武则天的称帝活动，而被人陷害，乐思晦也因为与他关系友善，一同被诛杀了。其他留在朝内的忠直之臣，也受到了武承嗣等人的蓄意谋害，他指使酷吏来俊臣等将宰相任知古、狄仁杰、裴行本以及崔宣礼、卢献、魏元忠、李嗣真等七人罗织罪名上告。结果，由于狄仁杰巧妙地使用了计谋，使武则天知道了事情的真相，所以这几个人才没被杀害，但也都被贬了官。

随着这批贤能之才的被贬，朝中的大臣又出现了空虚的状况，于是武则天又提拔了一些英才，李昭德就是其中的一位。李昭德刚直有才，有谋有识，他一直反对立武承嗣为太子，多次用巧妙的手法劝说武则天削弱武承嗣的权力，武则天听了他的谏言，便开始注意限制武姓子弟的权力，在各位武姓亲王离开权力中心后，她又提拔了一些贤能之士。她任命司刑卿、检校陕州刺史李游道及秋官尚书定弘智为同平章事，任命秋官侍郎崔元综为鸾台侍郎，夏官侍郎李昭德为凤阁侍郎，检校天官侍郎姚琦为文昌左丞，检校地官侍郎李元素为文昌右丞，他们都与司宾卿崔神基同为平章事。不过此时的武承嗣并没有罢休，于是又对这些宰相们展开了新一轮的攻击，他指使人让这些大臣家中的奴隶来状告自己的主子，很快宰相李游道、王璿、袁智弘、崔神基、李元肃就都被酷吏王宏诬陷成谋反。终于又一批不与武氏子弟同流合污的正直之士被流放到岭南。

武则天罢免流放了这些宰相后，仍没有任用武氏集团的人当宰相，继续任用信任的外姓人，从中找出德才兼备的人加以重用。在这些人当中有夏官侍郎娄师德、契丹族的豆卢钦望、凤阁舍人苏味道、夏官尚书王孝杰、左肃政中远杨再思、络州司马杜景检等人。李昭德又被提拔为检校内史、姚琦被提拔为纳言。

娄师德是一个奇才，文武兼备，很有个性。当时吐蕃袭击大唐，娄师德放弃自己的儒官身份竟然投笔从戎，唐军大败后，他收拢散卒，坚守御敌，屡立战功，之后被提拔为殿中侍御史兼河源军司马，并任知营田事，所以是文武双全，既任文职又任武官。天授初年，武则天提拔他为左金吾将军兼丰州都督，依旧任知营田事，还特意写信慰劳他说："爱卿忠心耿耿，文韬武略，所以朕才把重要的战略要地交给你防守。你自从在北部边陲任职，在军事、政事、民事方面干得都很出色，尤其是能够做到资费自足，没有动用京师的一粒粮食，没有劳费物力人力，长期实现自给自足。我对此感到十分欣慰，所以写这封信表示对你嘉奖和慰劳。"但这个文武双全的大臣虽然多次受到武则天的褒奖，但从来不居功自傲，性格也一向温和，从来不喜欢与人争夺。在狄仁杰还没有当宰相时，娄师德便在武则天面前多次推荐他。后来狄仁杰多次被贬，却能在被贬之地留下好声誉，于是爱才的武则天又一再起用他，并时常感叹娄师德知人。

有一次，武则天问狄仁杰说：“你认为娄师德这个人贤德吗？”狄仁杰回答道：“他在武功方面，作为将军能够保卫边疆，是一员好将，但在贤德方面我就不知道了。”武则天又问狄仁杰：“你认为娄师德能知人吗？”狄仁杰说：“我和他曾经共过事，也未曾听说他知人。”于是武则天便告诉他说：“我能知道你的才能并且任用你，就是因为娄师德推荐的。这可以算是知人吧？”狄仁杰听了感到很羞愧，叹息说：“我蒙娄公包容这么久，竟然不知道，真是对不起他。”娄师德长得很肥硕，上朝时两个宰相应该一起走，所以他每次都和李昭德一起并排走，但娄师德走不动，李昭德不知不觉走上前了，发现娄师德还没有跟上来，只能站住等他，每次都是这样。李昭德虽也有智谋，但脾气急躁，时间长了免不了骂娄师德道：“你真是个田舍夫！”娄师德听了，不但不生气，反而笑呵呵地说道：“我娄师德不做田舍夫，谁当呢？”虽然娄师德能包容李昭德的坏脾气，别人却不能包容他，所以他也因为自己的急躁脾气给自己惹来了麻烦。

有一次功曹参军丘愔便向武则天上奏说，李昭德总是不参与大臣们的议论，等到大家要将商讨的结果上奏时，他又不同意，李昭德总是喜欢把过失推到别人身上，而把功绩揽到自己身上。丘愔还说：“臣观他的胆子，比他的身体还大，鼻孔里出来的气，向上可冲到云霄上去，如此是很不好的。蚁穴能冲溃堤坝，针孔能泄掉气体，等他权重时再要除掉他，恐怕就难了。”于是武则天便贬斥了他，但由于爱才，不久就又召回他任监察御史。

武则天善于驾驭重臣，对于真正有才有德的人，她知道一定会招来别人的不满，于是在听到有人说贤能之人的坏话时，她当下鞭策他们，却在暗中保护他们，找到合适机会，一定会召他们回到朝廷重新起用。她虽然也任用小人，却能时刻保持清醒的头脑，不会让小人得逞。

知人善任，英贤终为所用

武则天是一代明君，她不仅能通过推行科举制等方式吸纳一批又一批的贤能之士，让这些人死心塌地、忠心耿耿地为她效劳，而且她还能使这批人才充分发挥自己的政治能力与优势特长，实现人尽其才。武则天对每一位大臣的任命都不是随意做出的，她会分析她所要任命的人才的任官经历，联系当时的政治背景，然后再做出选择，这也正体现了她深谙时事的高明之处。以下我们就细数几位武则天任用的大臣。

许敬宗是武则天的一员得力干将，无论是在她争得皇后的过程中，还是在她临朝执政时期都起到了重要的推波助澜的作用。许敬宗虽然和李义府一样都是武则天的亲信，一直为武则天效犬马之劳，但他要比李义府学识渊博得多，他曾参与编纂唐以前历代王朝的历史、本朝高宗及太宗的实录、全国重要人物的家谱、大部头类书《文思博要》及其他许多项目。他留下了厚厚八十卷的个人文集。他是为武则天提供历史先例及行政管理经验的重要人物。另外，他本人也是很有效率的行政官员。

吉顼也是武则天的心腹，他原来与来俊臣关系密切，但后来因为抢夺来俊臣办案的功劳，所以差点儿被来俊臣罗织罪名杀害，他之所以幸免是因为进行了反告密，在来俊臣还未行动前，他先拜见了武则天，以敏捷的辩才赢得了武则天的豁免。

徐有功为人耿直，办事极有原则，以用法宽恕，敢与武则天进行争辩而著名。李冲谋反时，家奴与贵乡县尉颜余庆相好，后李冲战败，有人状告说颜余庆知道李冲的逆谋，来俊臣也审出他们有信件往来，连魏元忠也被问死罪。但徐有功却认为是被诬告的，并不能算是罪魁祸首，只能算一个支党。武则天听了恼怒地问："你以为什么才叫魁首呢？"徐有功说："魁者，大帅；首者，元谋。"武则天说："颜余庆还不能算魁首吗？"徐有功回答说罪魁祸首是李贞，而颜余庆只能算作余党。武则天怒气稍微平息，决定让众臣再进行议论，最后免了颜余庆的死罪。当时，在朝堂上有数百人都吓得大气不敢出，只有徐有功却像没事人一样。

郭元振胆大有见识，在十八岁便进士登第，好结交雄豪，崇尚侠义，年少时多次劫财济人。他在朝堂敢于直言进谏，他的诗《古剑篇》在当时广为流传，据说武则天看了之后认为很好，便命令人抄写了十多本，赐给学士李峤、阎朝隐等人，他自己也受到了武则天的重用。郭元振曾经多次在战场上立下汗马功劳，他曾经在凉州南境置和戎城，北境置白亭军，控制要塞，扬州境一千五百里，此时吐蕃不敢兵临城下。他还令甘肃刺史李汉通开置屯田，兴修水利，继承娄师德的屯田事业，后来还招来民众耕种，所积的军粮可支西北军队数十年之用。

娄师德稳重且有气量。娄师德长期在边疆任职，有丰富的治军、屯田的经验，武则天委任他为陇右诸军大使，能够抵御强大的吐蕃，不管山东、河北凶险有多大，娄师德始终稳如泰山，丝毫没有挪动位置。到天授元年（690），武则天授予他左金吾将军兼检校丰州都督，依旧任知营田事。长寿元年（692），娄师德被召回拜为夏官（兵部）侍郎、判尚书事。为了边疆营田的需要，武则天让他以宰相身份充任河源、积石、怀远等西域驻军及河、兰、鄯、廓等州检校营田大使。他的官阶也不断得到升迁。娄师德自上元初年做监察御史开始一直到圣历二年（699），在武则天手下做官三十年。由于他器量过人，大智若愚，虽然酷吏横行，被他人不断罗织罪名，却从未殃及他。面对个性很强的女皇帝，刚直的人会遭到忌恨，阿谀的人会被轻视，都难逃武则天的铁腕，但只有娄师德能一直保全功名。

唐休璟对大唐的地理形势跟军事要塞了如指掌。他在高宗时就被破格提拔为丰州（今内蒙古五原南）司马，委任给他在中路抵御突厥的重任。垂拱年间（685—688）任安西副都护，永昌元年（689）升任西州都督后，积极筹划收复安西失地。他上表请求收复咸亨元年（670）丢失的安西四镇龟兹、于阗、疏勒、碎叶。后来武则天任命王孝杰率军攻击吐蕃，终于在长寿元年（692）冬天收回了四镇。唐休璟是在边疆成长起来的将领，对边疆事务非常熟悉。东起辽西的确石，西到西域的四镇，绵延万里的边疆地带，唐休璟都能记住那里的山川要害，用兵之时了然于胸。当时，西突厥发生战事，武则天令唐休璟和各位宰相一同讨论战事。一会儿，奏疏就上来了，武则天令依议而行。后来十几日，安西各州请兵接应，路程日期都按照唐休璟所画的。武则天说道："真是悔恨，竟然这么晚才起用爱卿。"接着又对宰相们说，"唐休璟熟悉边防事务的程度，你们十个也比不了他一个。"长安三年（703），唐休璟因筹划西域事务有功，随即被任命为夏官（兵部）尚书同三品，成为著名的武官宰相。

武则天选拔人才不仅不计较门第，而且还不避仇人。上官婉儿是上官仪的孙女，上官仪曾经和高宗谋划要废掉武则天为庶人，武则天曾以"大逆之罪"把上官仪打入狱中最后致死，上官仪之子上官庭芝也被处斩，但上官庭芝的妻子郑氏因为是女性被充为后宫做奴隶，此时郑氏已经怀有身孕，所生之女也就是后来的上官婉儿。上官婉儿自幼聪颖，和宫人经常同去习艺馆，开始跟宫教博士正式学习经书、史书、书法、算术、吟诗以及宫廷的礼节、棋艺，均获得优秀成绩，尤其是在诗词方面，更有非凡的才能。上官婉儿的才能，传到武则天的耳里，武则天下令召见，上官婉儿的才学很快得到了武则天的赏识。于是武则天便命上官婉儿离开掖庭（宫婢住地），伺候在自己身旁，掌管诏命。

其他如倔强而难制的裴炎，从不屈服的魏元忠，李氏子弟李孝逸，机断沉厚的狄仁杰，强干的李昭德，清正的王及善等也都为武则天所用，这些大臣都成为他的得力干将，心甘情愿地为她前后奔走，效犬马之劳。

“国老”狄仁杰

武则天最尊敬的人是狄仁杰，称呼他为“国老”。在狄仁杰年老体衰，请求告老还乡时，女皇诚心挽留他，要他继续担任宰相。女皇还对身旁的臣子说，看到国老年纪那么大，还要被自己强留下来，总是感到不忍，允许他上朝不用朝拜。女皇顾念狄仁杰年迈体弱，准许他不用夜间值班，还嘱咐朝臣，没有大事不要麻烦狄仁杰。女皇的态度处处都显示出对狄仁杰的尊重和爱护。

狄仁杰是并州太原人，曾做过并州都督府法曹、大理丞、侍御史、宁州刺史、豫州刺史。狄仁杰就任大理丞时，大理寺里积案如山，许多案件积压很久都没定案。狄仁杰用了一年时间，把大理寺的积案处理掉一万七千件。每件案子都处理得公平、公正、合理、合法，竟然没有一个被告喊冤。这使狄仁杰善于判案的美名远近皆知。

狄仁杰

狄仁杰担任宁州刺史时，勤于政务，爱护百姓，提倡教育，发展经济，深受百姓爱戴。百姓们为狄仁杰立了一个石碑，记述他在宁州所推行的德政。御史郭翰奉命到甘肃一带察访民情，听到狄仁杰的名声，便报告武则天，武则天提升狄仁杰为江南巡抚使。

女皇即位的第二年，召见了狄

仁杰，对他说，知道他在任地方官时有很多杰出的政绩，但是也有人在说他的坏话，问他是否想听是谁在说他的坏话。狄仁杰用很严肃的表情回答说不想知道，因为不知道的话可以和那人正常相处，而知道了会有心理上的负担。而如果自己有过失，希望女皇能告诉他，然后自己会去尽力改正。

狄仁杰的回答大出女皇意外，女皇在心里暗暗佩服他宽大的胸怀。因为一般人都想知道谁在背后骂他，这是人性。不料，狄仁杰竟然不想知道谁在骂他，也不想追究，这样宽大的心胸真是可佩。于是，女皇决定任用狄仁杰做宰相。

狄仁杰为人正直，自然会得罪人，曾被关入监牢，判处死刑，幸亏女皇下诏，免除死罪，把他贬官到边远地区。但一两年后，就又把狄仁杰召回来担任宰相了。

狄仁杰在朝廷上以敢于直言诤谏而闻名。比如女皇在建大佛时，由于政府财力不足，准备让全国的和尚、尼姑每人每天捐出一个铜钱，来补助建筑费用。狄仁杰就向女皇谏言，建造佛教寺庙，费用太多，使得人民负担加重。再加上现在和尚、尼姑数目增加，不仅不纳税，还威逼利诱让百姓捐献钱财，百姓的负担越来越重，生活越来越困苦。让和尚、尼姑每人每天出一个铜钱，虽然数目并不多，但大部分费用还是政府支付，所以请女皇体恤百姓的疾苦，节省人力、物力，停止兴建大佛。女皇觉得狄仁杰说得有理，便下令停建大佛。

圣历初年（698），北方的突厥侵犯赵州、定州等地。女皇任命狄仁杰为河北道元帅。狄仁杰领兵打败突厥，突厥退出河北地区。女皇又任命狄仁杰来河北地区安抚民心。当时河北地区的百姓因为在突厥统治时，为突厥做了很多事，所以害怕朝廷会追究他们的罪，内心恐惧不安，便纷纷藏匿起来。狄仁杰在河北地区了解状况后，便向女皇表奏，说部分河北百姓受了威胁，不得不为突厥办事，听说朝廷中有些大臣指责那些曾为突厥做过事的人，说他们叛国，应该处死，如果真要下令处死那些人，一定会引发百姓的恐慌，也会导致河北地区的动乱。希望女皇能够宽宏大度，赦免河北地区的臣民，这样才能保证河北地区的安定。女皇批准了狄仁杰的奏章，河北地区果然安定了。可见女皇对狄仁杰是十分信任和尊重的。

有一次，狄仁杰陪女皇到郊外游玩，忽然刮起一阵大风，把狄仁杰的头巾吹掉了，马也受惊而狂奔。女皇立刻叫身边的太子去为狄仁杰拾起头巾，并叫侍卫上前去为他勒住马。风止住了，狄仁杰戴好头巾，女皇看他安然无恙，才放心继续游览。

狄仁杰为官清廉，女皇知道他生活简朴，便送了一幢住宅给他，还送了一件亲手制作的袍子。很多朝中大臣们都很嫉妒，于是女皇便对群臣说："朕这样做，是奖励守正道、守清廉的人，位居显要、官至宰辅的人也要学着这样才行啊！"

圣历三年（700），狄仁杰病逝，女皇痛哭流涕，对群臣说："国老去世，朕感觉到殿堂好像空了。"此后，每遇到朝廷大事宰相们不能决断时，女皇都会说："老天爷不照顾，为什么夺走了朕的国老啊！"女皇对狄仁杰的那种怀念之情世上罕见。

CHAPTER

第十二章 12

多项措施巩固边防

武则天十分注重国际关系和民族关系，凡是涉及国际关系和民族关系的事，她大都亲自处理。她对边疆少数民族采取恩威并用的方针，既采用怀柔政策，又采取军事行动。为了保卫边境的安稳，武则天对将士赏罚严明，激励将士誓死卫国的决心，还采取在与少数民族政权接近的地区设置第二道边防线，派兵驻守边疆等措施。

重视国际关系和民族关系

武则天的大权是从唐高宗手里接过来的，或者说武周王朝是在李唐王朝的基础上建立起来的。在武周的外围和周边地区，存在着新罗、倭国、印度、波斯、吐蕃、突厥、回纥、契丹等许多国家和少数民族政权。这些国家和民族，曾经与唐王朝发生过密切的联系，必然要与武周政权或者建立和睦的友好关系，或者发生矛盾冲突。因此，如何处理国际关系和民族关系，是武则天登基后遇到的又一个重要问题。武则天对国际关系和民族关系是极为重视的。凡是涉及国际关系和民族关系的事，她大都亲自处理。

不仅如此，而且以抚慰和怀柔的准则，对承认武周地位、向往中原文化的国家和少数民族政权，给予支持、保护和优待。

武则天对异邦别国十分友好。据史书记载，武则天规定："东至高丽国，南至真腊国（柬埔寨），西至波斯（伊朗）、吐蕃及坚昆都督府（今中亚叶尼塞河上游一带），北至契丹、突厥、靺鞨，并为入番，以外为绝域。"所谓的"入番"，就是离武周神都洛阳较近的，应该来入贡的"藩国"；所谓"绝域"，就是不受武周管辖的、遥远的国度，所以统称为异邦别国。对异邦别国，武则天采取睦邻友好的政策。其中对于"绝域"国家，武则天以平等态

契丹文明

度对待。如果这些国家派使者来，武则天皆给予厚待。

对于“藩国”，武则天也没有什么特别要求，只要他们各守其土，按期入贡，武则天便心满意足了。如果这些国家的国王死了，武则天都给予册封。如垂拱年间（685—688）中，武则天任命高句丽去世的国王高藏的孙子宝元为朝鲜郡王。圣历元年（698），晋升宝元为左鹰扬卫大将军，还封他为忠诚国王，让他仍旧统领安东旧部。第二年，又任命高藏的儿子德武为安东都督。长寿二年（693）二月，新罗国王金政明去世，武则天派遣使者前去任命他的儿子理洪为新罗国王，任命令袭为辅国大将军，任命左豹韬为卫大将军。后来，理洪去世，女皇又册封他的弟弟隆基为国王。万岁通天元年（696），封康国大首领笃婆钵提为王。钵提死了之后，又册立其子泥涅师师。对于这些国家的使节，武则天都给予热情招待，有的甚至亲自接见。如新罗国王法敏死了，儿子政明承袭王位，派遣使者来唐朝，请求唐朝给予礼遇和文辞，于是武则天便赐《吉凶礼》以及文词五十篇。天授三年（692）。东天竺王摩罗枝摩、西天竺王尸罗逸多、南天竺王遮娄其拔罗婆、北天竺王娄其那等都派遣使者前来朝贡。武则天十分高兴，都给予他们很大的封赏，然后派遣他们回国。长安二年（702），日本遣大臣粟田朝臣真人来中国贡献方物。武则天在麟德殿宴请他们，授予他司膳卿，然后令他回国。可见，武则天对外国使者十分礼重。使者返回时，除赏赐大量珍品外，还按路程远近补给粮料。南天竺、北天竺、波斯、大食等国使者，给六个月的粮食；尸利佛誓、真腊、昆陵等国使者，给五个月的粮食，等等。

总之，武则天对于“绝域”和“藩国”的态度始终是比较友好的。

对边疆民族的怀柔抚慰

武则天对边疆民族实行怀柔政策给予慰劳。对于边疆少数民族政权，武则天的要求比对“藩国”还要严。

武则天对少数民族的“严”，并不是要求他们在经济上能对中央有多大帮助，而是要求他们在政治上绝对服从中央，各安其土，固守边疆。为了达到这一目的，武则天对这些少数民族政权实行了明显的抚慰政策。一是吸收少数民族成员参与武周政治，所以当时少数民族成员任文职，尤其是任武职者很多。如任命铁勒人契苾明为左鹰扬卫大将军兼贺兰都督，百济人沙吒忠义为右武卫将军，靺鞨人李多祚为右羽林大将军。二是允许少数民族酋长改过、和亲。突厥默啜反叛，侵扰灵州（今宁夏回族自治区灵武县西南），侵略百姓。虽然他反复无常，一会儿侵略，一会儿称臣，但武则天对他是兵来将挡水来土掩，当他主动提出要和亲时武则天还是命令武延秀前去了，且无论最后的结果如何，但至少都证明了女皇宽宏大量的气度。三是帮助少数民族政权发展经济。最明显的例子就是神功元年（697）给突厥种子四万斛、杂彩五万段、农器三千件、铁器上万斤。这些种子、农具等对边疆少数民族地区的开发，无疑会产生积极的影响。四是妥善安置降户。如意元年（692）二月，吐蕃党项部上万余人归附，五月吐蕃八百多人归附等。对这些归附者，武则天都指定区域，给予安抚。

正因为武则天与唐太宗一样，在很大程度上排除了民族偏见，对少数民族采取了怀柔、抚慰政策，因此，她与唐太宗一样，赢得了不少“四夷酋长”的支持和爱戴。天授元年（690）九月，来到洛阳的“四夷酋长”与文武百官一起上书赞成“革命”，请求武则天登基称帝，改唐为周。延载元年（694），“四夷酋长”又捐资请修“天枢”，来歌颂武则天的恩德。

收复安西四镇

武则天对边疆少数民族采取恩威并用的方针，即她一方面采用怀柔政策，另一方面采取军事行动。一些少数民族入侵内地，进行烧杀抢掠，严重扰乱了

高昌国遗址。汉族在西域建立的佛教国家，位于今新疆吐鲁番东南的哈喇和卓，是古时西域交通枢纽。

内地人民的正常生活，妨碍了社会经济的发展，也影响了武周王朝的安全。武则天对此深恶痛绝，于是便进行了坚决的反击，在她统治期间曾收复了安西四镇。

贞观十四年（640）八月，唐灭高昌国，九月在西州交河城（今新疆吐鲁番西交河故城址）置安西都护府，管理西域地区军政事务。贞观二十年（646）六月，西突厥乙毗射匮可汗请和亲，唐使其属下割龟兹、于阗、疏勒、朱俱婆、葱岭五国作为聘礼。贞观二十二年（648），唐军进驻龟兹国以后，便将安西都护府移至龟兹国都城（今新疆库车），同时在龟兹、焉耆（今新疆焉耆西南）、于阗（今新疆和田西南）、疏勒（今新疆喀什）四城修筑城堡，建置军镇，由安西都护兼统，简称“安西四镇”。贞观以后，安西四镇有时设置有时罢免，军镇也有所变动。永徽元年（650），唐高宗根据当时西域的形势，罢四镇，安西都护府也迁回西州。显庆二年（657），唐政府平定了西突厥阿史那贺鲁的叛乱。第二年，安西都护府又迁回龟兹城，四镇随之恢复。咸亨元年（670）四月，吐蕃攻陷龟兹拨换城（今新疆温宿），四镇又罢免。调露元年（679），在唐安抚大使裴行俭平定匐延都督阿史那都支等人的反叛后，又重置四镇。由副大使、安西都护王方翼在碎叶水旁的碎叶镇代焉耆镇。从此时起，安西四镇变成了碎叶、龟兹、于阗、疏勒四镇。垂拱二年（686），唐军败于吐蕃，四镇再次失守。

高宗时代结束后，如何解决安西四镇的问题，是考验女皇武则天执政能力的一件大事。永昌元年（689），武则天自立为帝，武周新政权一开始就把安西四镇的主权问题摆上议事日程。可是，这时候的女皇武则天手头可用的人才不多，无奈之下，她任命文昌右相韦待价为安息道大总管领军讨伐吐蕃，下决心彻底解决边陲四镇的问题。不巧的是，韦待价不是一个善于征战的帅才，和吐蕃的几次交手之后，损兵折将，加上天公刁难，风雪不止，唐军终是“士卒冻馁，死亡甚众”，大败于吐蕃。对于这次失利，武则天十分生气。在她看来这有损于武周帝国的尊严，于自己的形象有污。她准备伺机再战。

这时候，朝廷里反对征战安西四镇的声音高涨起来。她信任的宰相狄仁杰是第一个举旗反对的人物。狄仁杰上书女皇武则天：“如臣所见，请捐四镇以肥中国。苟无侵侮之患则可矣，何必窥其窟穴，与蝼蚁计较长短哉！”狄仁杰认为安西四镇地处偏远、蛮荒不堪，于武周帝国的大势没有太大影响，派军队去远征和镇守是一件浪费国家财力的事情。他主张武则天放弃安西四镇，节约军费，“以肥中国”。可是，武则天这次没有采纳狄仁杰的建议，她精心准备西域战事。

长寿元年（692）十月，武则天任命王孝杰为武威军总管。王孝杰率大军直逼西域。远征本身就是一件高成本的军事行为，西线的战事麻烦不断，不是想象的那么顺利。好在王孝杰讲究战略战术，唐军军心整齐、士气高涨，经过浴血奋战之后，“克复龟兹、于阗、疏勒、碎叶四镇而还”。王孝杰在西线的战斗始终牵动着女皇武则天的心。当安西大捷的快报传到神都洛阳的时候，武则天高兴极了，她纠结多年的心痛得到了缓释。

随后，她对收复安西四镇的一百一十多人进行嘉奖。王孝杰为左卫大将军，迁夏官尚书、同凤阁鸾台三品，荣任宰相。

派兵驻守边疆

“边疆”本是与“内地”相对而言的。没有“边疆”，也就无所谓“内地”。但是一些著名的大臣，往往看不到这一点，而认为“边疆”是无补于国家的不毛之地。

唐太宗时的名相魏徵就持这种观点。武则天统治时狄仁杰也持这种观点，所以才在武则天要收复安西四镇时提出放弃征战“以肥中国”的说法，幸亏武则天最后接纳了崔融的意见，才保留了安西四镇。其实武则天对于国土一向都是寸步不让的，在征战成功后，往往会派兵把守，娄师德和郭元振就是她所任命的两个重要边关戍守的将领。

唐高宗时，娄师德任监察御史。当时监察御史品位虽低，但权力很大，纠察整肃刑察朝仪，监察巡视百官郡县，而且生活比较安逸。这时，吐蕃突然侵犯边塞，唐高宗招募猛士前往讨伐。娄师德毫不犹豫自荐前往。唐高宗很高兴，破例让他代理朝散大夫，从军西征。上了战场，他八攻八克，屡建奇功，被提升为殿中侍御史兼河源军司马并知营田事。天授元年（690），他官授左金吾将军兼检校丰州都督，但仍旧知营田事。在他负责屯田事务期间，部队收获颇丰，到处都堆满了粮食，减少了国家的大量开支，减轻了运输费用，使部队此后数年供给都不成问题，因此受到当时女皇武则天的嘉奖，并下书慰劳称赞他“素积忠勤，兼怀武略”。天授三年（692），他被任命为兵部侍郎，次年提升为凤阁鸾台平章事，后又调任刑部尚书。

天册万岁元年（695），吐番又入侵，娄师德再次出征，与吐蕃大将论钦陵、赞婆大战于素罗汗山，因用兵不当，吃了败仗，被贬为原州员外司马。圣历二年（699），他任凤阁侍郎同凤阁鸾台平章事。这一年突厥来犯，武则天任娄师德为充天兵军大总管，这时他已年近七旬，依旧勇敢前往。由于操劳过度，娄师德死于任上。

除了娄师德，郭元振也是女皇重用的一员边关大将。圣历二年（699），吐蕃内乱，论钦陵被诛杀，其弟赞婆率部将投降唐朝。武则天闻讯后，命郭元振与河源军大使夫蒙令卿率骑兵前往迎接。久视元年（700），吐蕃大将麹莽布支入寇凉州，被凉州都督唐休璟击退。郭元振也因参与军机，被封为主客郎中。长安元年（701），郭元振升任凉州都督、陇右诸军州大使。当时，凉州南北不过四百多里，突厥、吐蕃常来侵扰，凉州军民深以为苦。郭元振到任后，在南部边境的硖口修筑和戎城（今甘肃古浪），在北部边境的沙漠中设置白亭军（今甘肃民勤东北），控制了凉州的交通要道，将凉州边境拓展了一千五百里。从此，突厥、吐蕃的兵马再也无法到州城侵扰。郭元振又让甘州刺史李汉通实行屯田政策，充分利用当地的河流土地从事农业生产。此前，凉州地区的谷子每斛高达数千钱，而屯田后，一匹细绢就可以换到数十斛粮，积存的军粮可供数十年之用。郭元振擅长安抚、统治百姓，在凉州任职的五年中，深受当地各族百姓的敬仰，并且法令严正，军纪严明，使得统辖范围内牛羊遍野，路不拾遗。

神龙二年（706），郭元振改任左骁卫将军、检校安西大都护。后来，突骑施首领乌质勒部落强盛，表示愿意与唐朝通和，郭元振便到突骑施牙帐商议军事事宜。当时，天降大雪，郭元振立于帐外，与乌质勒会谈。大雪越积越厚，郭元振足不移地，而乌质勒因年老体弱，不耐严寒，会谈结束后竟被冻死。乌质勒的儿子娑葛认为是郭元振设计害死父亲，打算率兵袭击唐军。副使御史中丞解琬闻讯，劝郭元振连夜逃走。郭元振道："我以诚心对待他们，又有什么可以怀疑和害怕的呢？再说我们都在他们势力范围内，就算是想逃走，又能逃到哪里去呢？"第二天，郭元振身穿素服前往吊唁，半路上遇到娑葛的士兵。敌军没料到郭元振会来，也不敢轻举妄动，忙说是来迎接他的。郭元振走进帐中，吊唁赠礼，哭得非常悲伤，并留下帮助料理丧事。娑葛被郭元振的诚意打动，向唐朝派去使者，进献良马五千、骆驼二百、牛羊十余万。不久，朝廷任命郭元振为金山道行军大总管。

圣历元年（698），蜀州刺史张柬之上书，请求罢免姚州都督府。姚州都督府始置于麟德元年，每年由四川派兵五万人戍守，指挥云南部落联合抗击吐蕃。天授时期，武则天遣监察御史裴怀古安抚西南各部族。延载元年（694）六月，洱海地区首领董其率领部落二十余万户归附。接着，武则天又在姚州增设七镇，派兵驻守。而此时，张柬之却上疏要求罢掉姚州都督府和云南的一切军事设施，认为保留姚州都督府是空竭府库而受役蛮夷，但武则天断然拒绝这种错误主张，从而维持了武周政权对"南中"的统治。

建立第二道“边防线”

为了防止边疆少数民族贵族侵扰内地，造成边疆危机，武则天注意在与少数民族政权接近的地区设置第二道“边防线”。

首先，继续发挥各都护府的作用。“革命”之初，安东、单于、安北、安西等都护府依然存在，只是安东治所由平壤迁至辽东地区，各府辖境稍有变化而已。圣历二年（699），合并安北、单于二都护府为安北都护府。长安二年（702），分安西都护府北境，置北庭都护府于庭州（今新疆吉木萨尔北破城子）。各都护府仍然设都护、副都护之职，以抚慰诸善，缉宁外敌。

其次，选用良将，镇守边陲。要想保卫边疆，克敌制胜，没有良将是不行的。武则天很早就认识到了这一点。在《臣轨》一书中，武则天就曾列《良将》一章，提出良将要有“五才四艺”。登基称帝以后，武则天所招揽的人才中，就有不少文武兼备之士。为了选出良将，武则天还曾专门令文武七品以上荐举那些英谋冠代、走若追风之类的人。为选拔能征善战之士，长安二年（702）正月，武则天还创设了武举，每年准明经进士申奏，从而使武举成为科举制度的一个重要组成部分。通过这些办法。培养了不少军事人才。其中守边最有名的大将当数娄师德、唐休璟、张仁轨、郭元振等人。据历史记载，娄师德初任大将，在河陇地区守卫前后四十年，恭勤不怠。唐休璟熟知边事，从陨石往西四镇，绵延万里，山川中的重要地理位置，他都能够记住。张仁轨先后任幽州都督、并州都督府长史，擅长用兵，军令严明，将吏信服，赏罚分明。郭元振在凉州戍守五年，善于采用怀柔政策抚慰敌人，四方的敌人都十分尊敬他。

武则天还十分优待军属，广置屯田。设置第二道防线，必然需要重兵。能否照顾军属利益，对于边防能否巩固是十分重要的，武则天坚持不向军人征收租调。这一点不见于史书，但在《敦煌资料》和《吐鲁番出土文书》中有原始记载。不仅不征租调，而且命令州县对于劝课农桑的军人家属，要帮助种植，禁止外人欺负，还时时“加意抚存”。为了减轻内地人民的军费负担，减少转运之劳，特别是保障边兵的供给，武则天还鼓励边将开垦屯田。如前所述，娄师德在丰州、河源等地，郭元振在凉州等地，垦荒种粮，积谷甚丰，对经济的发展，西北边防的巩固起到了积极作用。

此外，武则天还在沿边地区建立民兵组织。她曾令山东近边各个州置武骑团兵。圣历元年（698），又命令组织南北置武骑团。所谓武骑团兵，就是不脱产的武装骑兵，敌人来了就抗战，敌人退了则解甲归田。

从总的情况看，武则天所建立的第二道边防线是比较完整的。当然，各地的情况不尽一致。西北地区，可谓强大。东北地区，则相对薄弱，这主要是因为要集重兵在西北，来防御强大的吐蕃和突厥。

CHAPTER

第十三章 13

武则天的辉煌业绩

武则天统治期间，大唐呈现出一片繁荣的景象，社会生活各个方面都成效颇丰。在农业上，兴修了多项水利，积存了大量的粮食。在文化上，推行科举制度，涌现出一批批杰出诗人，积累起了璀璨夺目的大唐文化。在军事上，维护了国家的领土完整与主权尊严，使得大唐声威高涨，开创了一代伟业。在手工业上，出现了形式美观、技巧精良的工业制品。在商业上，“市”有了明显的增加，城市贸易也十分发达。在交通事业上，海陆运输都获得了较大的发展。在佛教事业上，翻译了大量的佛经，建造了大量的佛寺，促进了佛教在大唐的盛行。

经济上继往开来

经济发展水平直接反映着皇帝统治的成果，也决定着国民生活的幸福指数。作为一个主动的付出型人物，武则天在统治国家的时候，非常重视经济的发展。

武则天尤其重视农业。如垂拱二年（686），武则天专门让人撰成农书《兆人本业记》颁发到州县，作为州县官员劝农的重要参考书。此外，为了摆脱农业生产靠天收的现状，女皇还组织修建了大量的水利工程，来发展农业。

武则天在临朝和称帝的二十一年里，一共兴修了十九项水利工程，这个数字相当惊人。垂拱元年（685），武则天启动了“引水入长”工程。垂拱四年（688），武则天开通了一条四通八达的水路线。载初元年（690），武则天命令羊元珪在衡水（今河北衡水西）修羊令渠。延载元年（694），武则天又派人在南宫县（今河北省南宫县西北）修通利渠。圣历元年（698），在湖州安吉，武则天命令引入天目水，进入邸阁池、石鼓堰。这些水利工程的修建给百姓的生活带来了极大的方便，促进了当地农业生产的发展，百姓对此感念不已。

武则天以其卓越的眼光，为唐朝农民的农业生产设计了蜘蛛网似的水渠，为他们辛勤耕耘提供了坚实保障。然而，有时候百姓想要耕耘却不能，战争或者饥荒，往往会使人民流离失所，成为逃户。在任何朝代，逃户都是让皇帝头疼的一件事。很多国君对逃民实行严厉的管控、惩罚措施。而女皇对逃户却相当宽容，她规定，任何人如果由于饥荒逃亡，在定期内自首，就可以获得政府承认。如果他们在新的地区开荒，政府还对其实行一项优惠政策：一年之内免除租役。这项政策的颁布，在两个地区执行下来以后，造福了当地的百姓。

在河北地区，突厥人入侵以后，命令当地百姓为他们修筑工程。在四川地区，唐朝为了防御吐蕃，命令数十万百姓转运军粮，百姓不堪其扰，纷纷逃亡，女皇令各地方官员鼓励百姓回乡，免征一年徭役。这样一来，很多百姓回到了故乡。

在古代，人口问题是国家经济中的大问题。武则天为了改变国家人口布局差距过大的问题，还推行了一次人口大迁移。

关中地区人口密集，农民个人的土地很少，收获也少。女皇在天授二年（691）颁布诏书，命令各地官吏在百姓自愿的情况下，组织关中居民移民河南道（今河南洛阳一带）。关中地区有数十万户，上百万人，移民到了河南道，这不仅有力地缓解了关中地区土地的压力，也为洛阳以东地区补充了大量劳动力，促进了洛阳经济的繁荣。

毫不夸张地说，武则天的经济政策帮助唐朝成为当时世界最发达的国家，也让东都洛阳成为一颗璀璨的明星城市。唐初时户口数为两百万，贞观末为三百万，而到了武则天退位的神龙元年（705），户口数目竟然翻了一倍多，达到惊人的六百三十五万户，这是百姓安居乐业的最好证明，也是武则天统治业绩的最好证明。

除了农业得到极大的发展，武则天时期的手工业发达，商业繁荣。手工业，如采矿业、铸造业、建筑业、制陶业、纺织业等都得到了进一步的发展，为大规模营造和宫廷用度提供了支持。商业的繁荣主要表现在“市”的增加和城市贸易的发达，长安、洛阳、太原、扬州、广州、成都等地都有发达的商业贸易。

所以，武则天虽然在权力斗争中发动了几次很大的清算行动，造成了许多人家深重的痛苦，在书籍中以不光彩的形象被反复讨伐、鞭挞。但是在民间，她深得民心，以其雄才大略的统治才能和扎根实际的管理才干，为百姓所感念不已。

发展农业的措施

武则天从高宗手里接过处理政事的权力时，长安、洛阳两地刚刚遭受过一场严重的自然灾害。永淳元年（682）四月，关中饥荒，米贵到三百文一斗，高宗于是离开京师长安，前往东都洛阳，在他前行的路途中，武则天看到了百姓因为饥饿而致死。五月，东都洛阳又遭水灾，洪水泛滥，千余家居民都受灾。关中地区除了水灾、旱灾，之后又发生了蝗虫泛滥，接着是瘟疫流行，很多百姓死亡，每斗米涨到了四百文，从长安到洛阳横躺着无数饿死的百姓，甚至发生了人吃人的现象。其他地方的经济状况也不景气，在光宅元年（684）七月，温州地区发大水，四千多家屋舍被冲毁。八月括州地区也发大水，两千多家屋舍被冲毁。天灾人祸不断威胁着刚刚临朝的武则天的地位。如果不能解决自然灾害带来的困难，那么刚刚称帝的她很可能就会被推下台，所以必须采取一系列发展农业的措施才能使百姓富有，才能维护她的统治。

武则天一直都非常重视农业生产。向高宗提出的《建言十二事》中的第一条就是“劝农桑，薄徭赋”，是要减轻百姓的赋税进行农业生产，从而刺激他们进行大规模的开垦种地。她的《臣轨》一书中也有：“然俱王天下者，必国富而粟多。粟生于农,故先王贵之……田垦则粟多,粟多则人富。”即武则天认为只有开垦土地，才能生产出更多的粮食来，百姓只有这样才能获得更多的粮食，才能富有安定，统治者的地位才稳固。垂拱二年（686）四月，武则天把所撰写的农书发给各个州县来京的使者，推行到天下。以后唐朝历代皇帝都十分推崇武则天的这部农书，还在每年的二月一日进行农业生产的时候让百官捧着武则天的这本《兆人本业记》来进奉，这后来成为一种定制。为发展农业生产，武则天还以境内农田状况作为奖惩官吏的标准。从她临朝开始，便规定在每个官员的州县境内，如果百姓有充足多余的粮食，那么这个地方的官员就可以得到升迁，相反如果这个地方的百姓都逃到别处去了，那么便惩罚这个地区的官吏。

为了有更多的人从事农业生产，武则天还放免了部分的奴婢。在中国古代社会奴婢、部曲制度一直存在，在隋唐之际，这种制度渐趋衰落，但唐朝仍有大量奴婢存在，而且多为宗室贵族所占有。唐高宗统治时曾命令放免一部分奴隶，但是效果不佳，宗室贵族依然占有许多奴婢，比如越王李贞家光是可以打仗的奴隶就有一千多人，武则天认为这种情况有百害而无一利，便下令只准许王公以下按照身份占有一定数量的奴隶、部曲，其余都放免。对于王公贵族所占的奴隶、部曲、客女，要登记年龄、姓名，做成账册，还规定不许随意杀害奴婢、部曲、客女。奴婢死了，还要向官府报告。这样奴婢的数量便大大减少了，身份也有所提高，从而促进了农业生产的发展。

为发展农业生产，武则天还在边远地区实行军事性屯田、营田。其中以娄师德、郭元振等人的成绩尤为显著。娄师德在天授初年（690），被授予左金吾将军，仍依旧知营田事。他率领士兵进行屯田，积存了大量的粮食，可以自给自足，武则天知道后便特意给他写信进行慰劳。郭元振是进士出身，也是文武双全。

为发展农业生产，武则天还注意兴修水利。在她统治时期，地方水利建设蓬勃发展，据《新唐书·地理志》记载，修建了有十九顶水利工程，比如文明元年（684），陵州（今四川寿县）籍县令陈充复修汉阴堰，引汉水灌溉农田二百多顷。光宅元年（684），朗州刺史胡处立在武陵县（今湖南省常德市）北开凿永泰渠，从而使漕运畅通。垂拱元年（685），关中朗县（今陕西省宝鸡市）西北原有升原渠，引汧水到咸阳。此时又引岐水、陇水到京城长安。垂拱四年（688），绵州巴西县（今四川省绵阳市东）长史樊恩孝、县令夏侯爽在旧渠基础上开广济陂，引渠灌溉农田百余顷，等等。水利建设是农业发展的命脉。武则天时期地方水利事业十分兴旺，必然促进农业生产的发展。

为发展农业生产，武则天继续推行均田制。均田制作为一种土地制度，同其他任何社会经济制度一样，有产生、发展和消亡的过程。历史证明，均田制

《新唐书·地理志》校注本

从北魏产生时起，历经北齐、北周到隋代，至唐前期。它是适应生产力发展的一种较好的土地制度。它曾给贞观、永徽时期带来社会经济的恢复和发展。唐太宗大力推行它，唐高宗竭力维护它，曾下令禁止买卖水田。武则天在此基础上更加注重均田制的推行，严格按照唐代田令办事，这也极大地推动了农业生产的发展。

正因为武则天重视农业生产，又采取了奖励垦辟、开荒屯田、兴修水利、推行均田制等措施，所以在她统治的二十一年中，从总的方面来说，农业生产获得了很大的发展。这主要表现在两个方面：一是户口的显著增加。永徽三年（652）唐代户口有三百八十五万，到神龙元年（705）武则天死时，约有户口六百一十六万，人口几乎增加了一倍。二是粮食储备丰富。武则天统治时期，不仅神都洛阳、太原等地官仓储粮丰富，而且存放在州县的和籴粟、义仓粟仓廪也都满着。在人口不断增加的情况下，还能有这么多的粮食储备，这只能说明武则天推行了有利的农业措施，使得农业生产获得了较大的发展。

文化上蔚然成风

女皇时期的文化发达，一方面是由于科举制的推行，另一方面与女皇自身热爱书法、诗歌等文化内容有关。

科举考试不问出身、门第，只看是否有政治才能，因此武则天特别倚重这种考试，并从中选拔出了大批高级官吏。当时进士科和制科考试主要都是考策问，也就是申论。考生们必须要博览群书，不能死记硬背，才能金榜题名。武则天重视科举，大开制科，有一次竟然亲临考场，主持考试。这大大刺激了仕人参加科举的积极性，更激励了普通人读书学习的热情。大唐人民都涌进了读书求知的大军里，正因如此累积起璀璨夺目的大唐文化，既孕育了李白、杜甫的豪迈诗情，又产生了韩愈、柳宗元两位大师自成一家的古文，这里面自然有女皇开一代风气之先的功劳。

武则天本人有多项文艺特长，是文化领域的多面手，在她的直接带领下，国家的史料编纂、诗文、书法等都取得了很高的成就。

诗歌方面，武则天通文史，辅佐她参政的上官婉儿就是个才女，在她们的倡导下，诗歌创作非常繁盛。著名的诗人有沈铨期、宋之问、崔融、苏味道、陈子昂等。武则天本人善于作诗，《全唐诗》中收录她四十六首诗歌，代表诗作有《如意娘》《游五龙潭》等，词语娴雅，意蕴深刻，别有余味。文章方面，武则天曾经的智囊团——“北门学士”们都是创作文章的高手，后来又出现了许多著名作家，如杜审言、李峤、骆宾王等。她还组织文人学士编写了《孝子传》《列女传》《古今内范》等文史著作。书法方面，武则天独创的“飞白体”冠绝古今。而孙过庭、欧阳通、李邕、陆柬之、钟绍京等书法名家，也说明书法艺术的繁荣。绘画方面，出现了薛稷、李嗣真等名画家，另外，当时的佛教壁画也有很高的成就。雕塑方面，洛阳龙门石窟和敦

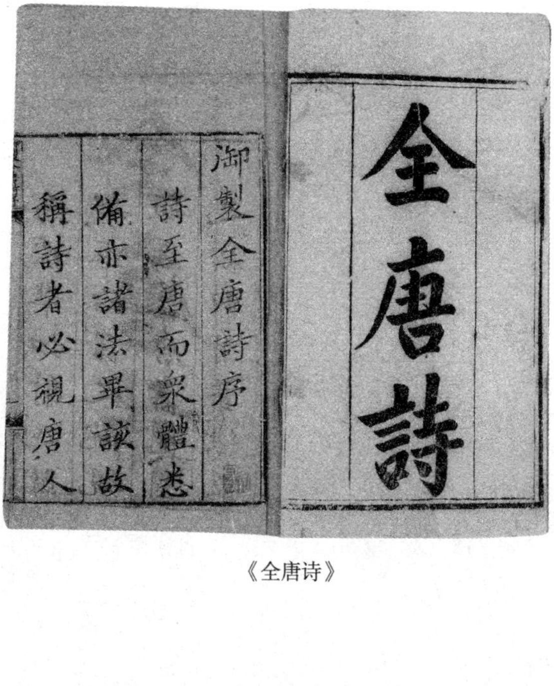

《全唐诗》

煌千佛洞都有许多武周时期的作品，其盛唐气派令人叹为观止。

此外武则天还在文字方面开辟了一个新领域，即创造了“则天文字”。“则天文字”有些是依托古字而改，有些是个人独特的创造性成果。比如武则天把自己的名字由武媚娘改为武曌，“曌”就是新创的，代表了武则天如在天空中的日、月一般光明，普照万物，以融合阴阳的魄力，主宰着唐朝的万里江山。“则天文字”是在宣示女皇不但在政治上抛弃李唐王朝，在文化上也要发起一场革命，要创造一个属于自己的辉煌时代。

武则天创造的大部分文字流行了一百五十年。最先，唐中宗复辟后，“则天文字”停止不用。但是不久时任左补阙的权若讷上奏，认为“则天文字”是女皇的伟大创举，继续使用它们，可以体现皇帝对已故母后的孝心。看到奏报后，中宗听取了这个建议，保留了母后所造的“则天文字”。后来到了开成二年（837年）十月，唐文宗颁布诏书，废除“则天文字”，改用本字。

虽然唐王朝的诏书通告天下废除“则天文字”，这些文字却以奇异的生命力继续存活于世，它们或者在边疆大行其道，或者在异国他乡，广为人知。在荒凉的河西走廊（今甘肃省）和西域（今新疆、中亚）等边境地区，大约沿用了两百多年，如敦煌就发现了大量以“则天文字”撰写的佛经。日本、韩国也出现了“则天文字”的身影，如江户时代的大名和主修《大日本史》的著名历史学家德川光国（德川光國）就根据则天文字中的“國”字改名为“德川光圀”。

武则天亲笔书写的《升仙太子碑》就有很多“则天文字”，而收藏有大量唐代墓志石刻的千唐志斋石刻也刻载了许多“则天文字”，这是汇集“则天文字”的宝库。

军事呈现大国气象

自显庆元年（656）开始，大唐狼烟四起，武后发现边境形势非常严峻：西部突厥的侵扰，使西域少数民族不得安宁；东部的高句丽和百济时常包围新罗，向唐朝挑衅。武后振奋精神，尽全力守护边疆，在对外的军事战争中，也创造了伟大的业绩。这些业绩主要包括五个方面，这就是：征西突厥、东平朝鲜、西定吐蕃、平东突厥、北伐契丹。

一是征西突厥。突厥是当时北方一支强大的力量。唐太宗在贞观四年（630）平定了东突厥，但是西突厥仍称霸西域，威胁着唐朝西部的安宁。永徽二年（651），西突厥首领阿史那贺鲁在碎叶自称沙钵罗可汗，经常侵扰大唐西部领域，让边境百姓苦不堪言。于是，武后与高宗任命苏定方为伊丽道行军总管，征讨西突厥。苏定方骁勇善战，又有大志，是一员不可多得的猛将。武后和皇帝商量了很多天，才最终把讨伐突厥的重担交给了苏定方。苏定方不负所望，以出众的勇气与杰出的军事才能，取得了讨伐西突厥的重大胜利。他杀死几万沙钵罗的士兵，灭掉了西突厥。沙钵罗可汗被押送长安，最后病死在长安。武后在原先西突厥的土地上，也就是天山北路设置了北庭都护府，统辖昆陵、蒙池二都护和二十三个都督府。龙朔二年（662），又扩大了安西都护府的管辖范围，这个都护府囊括了十六个都督府、八十个州、一百一十个县、一百二十六个军府。这样一来，唐朝西部边疆暂时获得了宁静。正当武后准备缓一口气时，东部却传来了不和谐的音符。

二是东平朝鲜。在大唐东部的朝鲜半岛上，是三足鼎立的局势：高句丽、百济和新罗同时存在。三个国家中，只有新罗与唐朝关系密切，但它时常受到高丽和百济的联合进攻。唐太宗晚年曾亲征高句丽，却久征不下，后来还大病一场。显庆三年（658），高句丽、百济再次联手，攻下新罗的三十三座城池。新罗面对亡国的威胁，十万火急派遣使者向唐朝求救。武后与皇帝派遣中郎将薛仁贵和营州都督程名振前往救急。薛仁贵人称“白袍战将”，在唐太宗征辽东的战争中，他身穿白衣，抢先登上城门，勇当先锋，大军乘势进攻，最终获得了大胜。战事结束后，皇帝亲自接见这位英雄，提拔他为游击将军，更赏赐他很多宝贝。显庆五年（660）八月，苏定方与百济军队在熊津江口大战，把百济军队打得落荒而逃，他又带领大军一路追击，大败百济军队，唐朝在百济设置了五个都督府。苏定方押着百济的首领回到朝廷，高宗、武后登上则天门接受俘虏，又当场释放，展现了大唐的大国姿态。

朝鲜半岛上还有一个高句丽国，依旧张牙舞爪，他们包围了大将刘仁愿留守的原百济都城。龙朔元年（661）三月，高宗准备亲征高句丽，但他身体虚弱，武后一来考虑高宗的身体，二来又想到唐太宗曾经遇到过的挫折，便苦劝高宗放弃亲征，最后决定派出检校刘仁轨进入朝鲜，解救刘仁愿。饱读诗书的刘仁轨施展各种战略战术，入朝以后迅速解了刘仁愿之围，还在百济发展生产，鼓励耕作，使得百姓安居乐业。乾封元年（666）五月，高句丽统帅渊盖苏文去世，高句丽国内部大乱。武后知道后，抓住这个平定朝鲜的大好机会，再次派兵东征。这次派出的是契苾何力、庞同善、高侃、薛仁贵等几位大将军，兵分几路，共同出征。各路唐军一路奔往高丽，最后包围平壤，彻底打败了高句丽。总章元年（668）十月，唐军凯旋。十二月，高宗、武后在长安龙首山的含元殿举行了受降仪式，赦免了高丽王高藏等君臣，并给他们封授了唐官。高丽的五部、六十九万户，被分置为九个都督府、四十二个州、一百个县，这些地区都归安东都护府统辖。

薛仁贵，唐朝名将，著名军事家，政治家。

三是西定吐蕃。平定朝鲜不过二年，西部烽烟又起。咸亨元年（670）四月，吐蕃攻陷西域十八州。薛仁贵、阿史那道真和郭待封等临危受命，结果几乎全军覆没，并率残兵归朝。武后严厉惩罚了失败的将领们，薛仁贵、郭待封等主将都被除名。薛仁贵一世英名，也在此葬送。永隆元年（680）七月，吐蕃进犯，但由于畏惧黑齿常之的威力，不敢进犯河源。

长寿元年（692）九月，西州都督唐休璟上疏给武则天，请求收复安西四镇（龟兹、于阗、疏勒、碎叶），武则天立即批准，并决定派王孝杰率军前往。王孝杰曾经做过吐蕃的战俘。在第三次大非川战役后，被抓去敌人地盘的王孝杰本以为此去定是死路一条，可谁知他竟然因为和吐蕃王逝去的父亲长相一样，因此而幸免。同时，他还摸清了吐蕃的虚实。武则天正是了解王孝杰的过往经历，就在众将中挑选他为全军主帅、武威军总管，与武卫大将军阿史那忠节一起率军攻打吐蕃。就在当年十月，王孝杰大破吐蕃，一举收复安西四镇，报了自己当年被俘的耻辱。武则天设置了安西都护府，并在当地常驻军队，统辖当地的各项事务。

四是平东突厥。延载元年（694）正月，东突厥可汗骨笃禄病逝，他的儿子比较小，他的弟弟默啜很快就“自立为可汗”。默啜可汗狡猾残暴。他在跟唐朝相处时，一会儿反叛，一会儿投降，让武则天伤透了脑筋。默啜侵陷灵州，武则天派薛怀义等前去讨伐，他看唐朝大军声势强大，便逃跑了。天册万岁元年（695）十月，默啜派遣使者到唐朝归降。武则天不计前嫌，授他为左卫大将军、归国公。谁知神功元年（697），默啜又侵扰灵州等地，这一次被唐朝的官军打得抱头鼠窜，他再度假装投降。

圣历元年（698）三月，默啜遣使到唐朝，请求女皇为他的女儿找婚配对象。武则天派侄子武延秀前去结亲，默啜竟然拘留了武延秀，原因是武氏是小姓，门第不当。武则天听后，勃然大怒，便命令武重规、张仁愿等率三十万大军征讨。九月，又命太子李显为河北道行军大元帅，宰相狄仁杰为副元帅、知元帅事。默啜知道后，再次逃跑。狄仁杰率领十万大军，穷追不舍，一直把默啜打到漠北。长安元年（701）八月，默啜再次侵扰北部盐、夏各州。武则天派出三支大军迎敌，默啜畏惧退兵。长安三年（703）六月，武则天在长安，默啜遣使者拜访，表示愿意把女儿嫁给皇太子的儿子。自此以后，直到武则天去世，默啜都没有再生出乱子。

五是北伐契丹。万岁通天元年（696）五月，契丹松漠都督李尽忠、归诚州刺史孙万荣攻陷营州，杀死残暴的汉人长官赵文翙。武则天派出鹰扬卫将军曹仁师、右金吾卫大将军张玄遇、左威卫大将军李多祚等二十八位大将军，进行北伐战争。谁知契丹人狡猾异常，运用连环计，致使唐军全军覆没。武则天听后，十分愤怒，组织了一支敢死队，任命同州刺史武攸宜任清边道行军大总管，王孝杰为清边道行军总管，以右拾遗陈子昂为攸宜府参谋，这些人统领十八万大军，准备活捉契丹叛首李尽忠。

但此时，李尽忠已经死了。孙万荣收拾人马，向河北进攻，攻陷了冀州（今河北省冀县），杀死刺史陈宝积和好几千官吏百姓，老百姓纷纷逃散，形势极为凶险。在这危急关头，武则天起用此时还在被贬的狄仁杰，任命他为魏州（今河北大名）刺史。契丹人听到狄仁杰将要来，竟不战自退。神功元年（697）三月，王孝杰率领十七万大军进攻契丹军，与孙万荣在东硖石谷大战。开始时，唐军取得了一定的胜利，但不久契丹军回兵再战，王孝杰后面的军队将领苏宏晖竟然丢兵弃甲，飞快逃走了。王孝杰被契丹人逼上悬崖，跳崖而死。孙万荣攻破王孝杰军后，留下部队防守，自己带领精兵攻打幽州。但此时默吸发兵攻下了契丹的新城，正与唐军对峙的孙万荣，听到自己老巢被人攻破的噩耗，慌乱作战，很快便失败了，他失败以后逃到了潞水。随行的几个家奴看他已经没有指望了，于是合伙杀死了他，向唐朝投降。至此，契丹叛乱才彻底平息。

武则天的东西征战，维护了国家的领土完整与主权尊严，使得大唐声威高涨，开创了一代伟业。她在四境建立的四大都护府，加上贞观年间（627—649）所置的安西都护府，为治理边境地区确定了完善的行政机制。武则天军事成功的原因主要有这么两点：首先，是重用了一批能征善战的大将，保证了军队核心力量的强大。苏定方、薛仁贵、王孝杰等人，都受到女皇的信任与重用，建立了赫赫战功。其次，是女皇采用了刚柔并济的对外政策。对敌人既不畏惧、不妥协，也采用委婉的手段安慰。总之，女皇武则天借雄厚的国力和多年处理边境战争的经验，在突厥、吐蕃、契丹等先后犯唐朝边境时，快速调兵遣将，逐一平定侵扰，使边境复归平静。这保证了国家百姓的安宁，也凸显了女皇的伟大。

手工业的发展

农业的发展为手工业提供了基本的原料，所以在农业发展的基础上，唐代的手工业也获得了很大的发展。唐代掌管手工业的中央机构主要有少府监、将作监等。武则天光宅元年（684）把少府监改为尚方监，又分为中尚、左尚、织染、掌治等五个部门；改将作监为营缮监，掌管营构宫室房屋、制作砖瓦等权力。

武则天在位期间，采矿业获得了很大的发展。除国家开采外，政府也允许私人经营。规定凡是天下各个州县出铜铁的地方，私人都可以进行开采，政府只需要按照一定的规定收取相当的税收。当时为了称颂武周的德政，立天枢，铸九鼎，造乾陵，耗费了大量的钢铁。据史书记载，立天枢时，用铜五十万斤（约合今天三十万千克），费铁三百三十余万斤（约合一百九十七万千克）；铸九鼎时，共用铜五十六万余斤（约合今天三十三万千克）。可见当时的钢铁产量一定是非常巨大的，不然哪来那么多的铜铁建造工程。和丰富的矿产相关的便是铸造业，武则天时铸造业也是相当发达的。天册万岁元年（695）四月，铸成了天枢，天枢高一百五尺，直径十二尺，有八面，每面直径五尺。下面是铁山，周围有一百七十多尺，有用铜铸成的蟠龙和麒麟萦绕在上边；上面是腾云承露盘，直径有三丈，有四个龙人捧着火珠，高一丈。天枢是由工人毛婆罗制作的模型，武三思组织人刻写的文字，刻着朝廷百官以及四方边境酋长的名字，武则天亲自题榜称“大周万国颂德天枢”。神功元年（697）四月，铸成了九鼎，神都洛阳的豫州鼎高有一丈八尺，其余各州高一丈四尺，上面刻绘着各地的山川物产。光宅元年（684），高宗去世，武则天命人造乾陵来安葬他，神龙二年（706）五月，武则天与高宗合葬在乾陵。据史书记载，乾陵的门是用石头堵着的，而石头之间的缝隙，是通过铸造的铁来凝固的。考古学家发现，史书记载是正确的，即

章怀太子李贤墓出土壁画

当时在石条隙之间先撒上少量的石质粉末，用溶化了的锡铁浆灌注，发生气化，和石条成为一体，十分坚固。

1971年，发掘了乾陵的陪葬墓之一——章怀太子墓，出土文物十分丰富，其中有一面铜镜，上面的光泽像新的一样，镜上还有麒麟、龙凤等图案和铭文，刻着的文字是："鉴若止水，光如电耀。仙客来磨，灵妃往照，鸾翔凤舞，龙腾麟跳，写态徵神，凝兹巧笑。"这正是铜镜图案的写照。通过天枢、九鼎、乾陵这三项铸造便能说明当时的冶金和铸造技术已十分精湛。另外，1964年12月，在甘肃省泾川县发现武周延载元年（694）的遗物泾州大云寺舍利石函、金棺等文物，也可以反映出当时金银器物制造工艺的水平也很高。

开元年间（713—741），唐朝丝织业高度发达，丝织技术精巧，丝织品样式品类繁多，争奇斗艳，主要有绢、绫、锦、罗、纱、绮等。绫是以斜纹织成的丝织品，绢是用生丝织成的平纹织物，显著特点是质轻。《太平广记》记载一种轻绢，一匹长四丈，重仅半两。纱是一种表面布满纱眼的丝织物，亳州轻纱非常精薄，入手如无重量，做成衣服，尤如身披轻雾。锦是一种多彩织花的高级丝织物。益州、扬州的锦最负有盛名，蜀锦绚丽多彩、精美绝伦。武周时期虽然一度限制民间织绵，但纺织业特别是丝织业仍有一定程度的发展，主要是由官府经营。据《唐六典》记载，唐代少府监工匠约有二万人。武则天垂拱元年（685）的尚方监，有制作丝织品的工匠五千零二十九人，而擅长织绫锦的有三百六十五人，制作绫锦的工匠就有八十三人，在掖庭的工匠约有一百五十人，其他的各种制作丝织品的能工巧匠也很多。据说当时制作丝织品的共有五千七百九十四人，显然这还不是尚方监的全部，但其中纯属纺织工匠者就有五百九十八人，占工匠的十分之一还多，可见武则天对纺织业的发展还是十分重视的。尚方监所管辖的织染部门，是专管纺织和染练的，所织染的成品主要用作皇家冠冕、贵族衣物，匠作内部分工比较细密，工序繁多，制造出来的丝织质地精良，花色艳丽，久负盛名。1987 年 5 月，从陕西扶风法门寺地宫中发现的一批珍贵文物中，除举世瞩目的四枚佛指舍利以外，还有唐代的金、铝、玉、瓷、铁、石、漆、丝、玻璃等多件手工业制品，其中还有一件武则天的裙子，这充分说明丝织品等手工业的发达。当时纺织业的发达，其特点之一是地区相当普遍。不仅内地，而且西部边陲地区也很发达。永淳二年（683），唐高宗的随葬物——用果绿、墨绿、黄、棕、白五色丝线织成的宝相花、白色联珠带、黄色晕榈、四件锦条等，反映出武则天统治时期丝织品花色的繁多和技术的高超。其特点之二是发展程度高。不仅官营作坊分工细密，工匠众多，而且出现了较大规模的私人作坊，如定州的何明远，就是家财万贯，自己家有五百架织布机，已经明显有雇工劳动的现象出现。

武周时期的建筑业也很发达，土木结构的建筑已达到成熟阶段。当时，长安、洛阳、太原、扬州、益州、荆州等都市都不同程度地得到了维修或扩建。长安自高宗、武则天修筑含元殿和外郭城后基本定型。至武周时虽失去了政治、经济、军事中心的地位，但仍在发展之中，宫室宏伟，坊街整齐，市场繁荣，人口增加。洛阳是当时全国的政治、经济、文化、军事中心，它的繁荣状况可与长安相媲美。太原发展最快，由两城相对峙，变为三城一体，成为名副其实的北方重镇。此外，高宗晚年开始营建的乾陵，主要是在武周时期完成的。它除了封闭的、至今尚未发掘的地宫之外，地面上还有一个仿效长安城的规模宏伟、气势磅礴的建筑群。人们称誉它“布局宏大，建筑美观，是唐陵之冠”，外城周长四十千米，内城（皂城）总面积为二百二十九平方千米。辉煌的宫殿建筑群矗立在整个梁山的南面，从今天残存的遗迹上仍然可以看出当年的宏大气魄。在乾陵及其附近发现的唐代砖瓦窑，窑内残留的灰褐色砖，与乾陵发现的残砖一致，证明这些窑是专为建筑乾陵而烧的。武则天长安年间（701—704），大雁塔塔身倒塌，又招工重修，高十层，三十丈，全部用砖砌成，今天还存留七层。它雄伟壮丽，高耸入云，是我国楼阁式砖塔的典型，是古城西安的象征。

可见武则天时期手工业商品丰富多样，形式美观，技巧精良，有些手工业品达到了很高的技艺水平，充分表现了唐代恢宏的气度，宏伟广博的风貌。

商业的繁荣

中国封建王朝历来的经济特征是“重农抑商”，商业在国民经济中所占的比重相当低，商人的地位也因此比种田人要低好几个等次。这也是中国封建经济一直得不到实质性发展的主要原因。

唐朝是中国历史上少有的不歧视商业的封建王朝，不但不歧视，还给商业发展提供了许多便利条件，这进一步体现了唐太宗的眼光深远。在唐太宗的倡导下，贞观时期的商业经济有了迅速和长足的进展，新兴的商业城市像雨后春笋般兴起。当时世界著名的商业城市，有一半以上集中在中国。除了沿海的交州、广州、明州、福州外，还有内陆的洪州（今江西南昌）、扬州、益州（今成都）和西北的沙州、凉州。武则天统治时期较贞观时期的商业更为繁荣。其原因为：一是农业、手工业的发展，为商业的发展奠定了基础；二是唐太宗以来推行的各民族融合、经济开放政策以及制度的完备、交通便利、国力强盛，促进了商业的发展；三是武则天本人的出身及采取的措施，对商业的发展都产生了积极的影响。武则天出生在一个由木材商人上升为新权贵的官僚家庭，在她执政时，形成了一种对商人较为宽松的环境。在洛阳街头玩杂耍的薛怀义，也能成为武则天的男宠；几个蜀州商人能随便出入宫中，参加宴会，与武则天男宠张易之同座博戏。这些虽不能说明武则天重视商业，但至少可以证明武则天并不像当时许多人那样鄙视商人。

武周时期，商业繁荣主要表现在“市”的增加和城市贸易的发达。唐初，京城长安有东西两市，是商业集中的场所，东市二百二十多种不同的商品，聚集了四面八方的珍奇玩物。西市的规模和体制与东市相差不多。东都洛阳还有南、北二市，南市就有一百二十多种行业，三千多家的店面。到武则天统治时期，由于人口增多，生产发展，旧市已经不能满足商业交易的需要，于是便增加了新市场或扩大规模。天授三年（692），在神都洛阳增置西市，唐代洛阳城建在隋代大业元年（605），当时还没有外城郭。在长寿二年（693），武则天令宰相李昭德又建筑了外城郭，城内纵横十多条街，作坊有一百一十多家，这便使洛阳更加宏伟、壮丽，成为武周时期名副其实的政治、经济、文化中心。

此外，天授元年（690），武则天下令设置北都（太原城）。其中汾水东面叫东城，是贞观十一年（637）时李勣建造，两城（都城、东城）之间的中城，是武则天统治时建筑的，用以连接东城。长安年间（701—704），苏瑰任扬州大都督府长史，当时扬州地理位置重要，聚集着大量的富商，存积着大量的珍珠宝物。武则天统治时，王方庆曾任广州都督。当时广州的海外贸易很发达，南海每年都陈列着大量的船舶，王方庆的前一任都督路元容经常从船舶上拿东西，而船上的商人们难以忍受，便把他杀了，等王方庆去了之后，对船舶上的商品秋毫不犯，受到了这些商人们的热烈欢迎。

长安城是一座长方形的城市，南北长八千六百五十一米，东西长九千七百二十一米，周围约三十六点七千米。它坐落在终南山和渭河之间的平原上，分为宫城、皇城和外廓城三个部分。宫城为宫殿区，皇城是中央政府官衙区，与

终南山，道教全真派发祥圣地，是秦岭山脉的一段。

外面的民居商肆完全分开。在外廓城中，有十二条南北大街和十四条东西大街，把全城分割成一百零八坊，每坊广长各三百多步，方方正正。坊主要是住宅区，四周围以高墙，王公勋贵和大小官员的宅第，遍布其间。坊以外还有东西两市，对称地坐落在皇城外的东南和西南。市是手工业和商业聚集的场所。市的四面各开两门，中间遍布商店，正中有市会办公的官衙。市会负责对整个市进行管理。据文献记载，东市有二百二十个行，它聚集四方财货，是繁盛的商业区。西市与东市大体相同，但人口比东市多，也比东市更为繁华。有绢行、装饰品行、大衣行、秤行、果子铺、鞍辔行、药行、金银行等许多行。在市上经商的除唐朝人外，还有西域、波斯等地的人。胡商经营的葡萄酒，当垆胡姬所跳的胡旋舞，颇受长安人称赞。当时，依照规定，中午时击鼓三百下，表示市场活动开始；日落西山时，鸣钲三百下，商店便闭门停止营业。尽管有这些限制，市场还是很活跃。在东西两市，出售同类货物的店铺称为“肆”，若干肆集中排列在同一区域里，叫作“行”；堆放货物的货栈叫作“邸”，邸为外地客商服务，替他们代办批发交易等事宜。

除西京、东京外，各州和多数县的治所，也都设市。市由市令掌握钥匙，按时开闭市门。在各州中，广州、扬州等贸易兴盛，同属第一等。扬州被夸为“十里长街市井连”。福建泉州（今泉州市）也是重要的商埠。此外，楚州（今江苏省淮安市）、洪州（今江西省南昌市）、荆州（今湖北省江陵县）、湖州（今浙江省宁波市）、益州（今四川省成都市）、汴州（今河南省开封市）等，都是著名的大州市。著名的县市也不少，如富阳（今浙江省富阳市）、盐官（今浙省江海宁市）、盐亭（今四川省盐亭县）等，其商业活动虽比不上州市，但也相当兴旺。在离州县治较远，但交通便利的地点，也因商业活动的需要而自然形成了一些市，这种市称为“草市”。据资料记载，唐昌县（今四川省崇庆县）建德乡草市，旗亭旅舍，屋屋相连，珍贵的货物都有，享用的器具全备，成为兴盛的商业区。《唐会要》载，德州安德县与齐州临邑县接壤处有一灌口草市。唐人诗文和小说中，也多谈到草市。此外，岭南有墟市，西蜀有亥市，北方有集市，许多地方有庙会，都是出售货物的场所，也就是说，它们都是定期或不定期进行交易的市场。自城市到乡村这些众多的、大小不等的市的存在，说明唐朝的商业空前兴盛。随着商业的日益发达，还出现了早期的商人同业组织——行会。

此外，在武则天统治时期，城市有了进一步发展，它不仅是全国和地方的政治、军事中心和水陆交通枢纽，而且成为商品交易中心和物资交流的枢纽。当时，长安称“西京”，洛阳称“东京”，都是政治、军事、经济中心。此外，西南的成都、桂林；南方的广州、交州；西北的兰州、凉州；黄河流域及其北部的开封、太原、定州、滑州；沿海地区的泉州、杭州、扬州、登州，以及荆州、相州、幽州、汴州、宋州等，都是政治中心城市，或者是经济中心城市。一般州县的城市则更多。加上新设的县城和少数民族地区发展起来的城市，唐朝城镇总数达到一千个以上。

交通事业的发达

商业与交通有着密切的关系。发达的商业，必然促进交通的发展。反过来，交通的发展，也会推动商业的发展。唐朝国内水陆交通畅达，与国外的水路交通也很发达。贯通南北的大运河，是商业活动的大动脉。在南方，更是河流纵横，湖泊颇多，交织成巨大的水道网，把沿岸及内地的许多城市连接起来，长安三年（703），凤阁舍人崔融在给武则天的上疏中，描述说构成“天下诸津，舟航所聚，旁通巴汉，前指闽越，七泽十薮，三江五湖，控引河洛，兼包淮海。弘舸巨舰，千舳万艘，交贸往还，昧旦永日”的态势。此外，唐朝时的海上运输，也已经初具规模。唐太宗起兵攻高句丽时，即曾由海上转输粮饷。在平时，也有海上运输。武则天时期，两浙、山东、河北、福建、岭南沿海的海运更加发达。

武则天统治时期，一些道路已经能通往边疆地区和国外。据史书记载，唐朝的陆路交通以长安为中心，有五条干线通向四面八方：一是自长安经洛阳至

塔里木盆地沙漠

汴（河南省开封市）、宋（河南省商丘市），这是东路；二是自长安经岐州（陕西省凤翔县）、成都，达西南各地，这是西路；三是自长安经荆（湖北省江陵县）、襄（湖北省襄阳市襄阳城）达长沙、桂林，再南至安南或广州，这是南路；四是自长安经太原，出娘子关至范阳（北京市）或沿黄河东进转北，沿现在的京广线至范阳。这是北路；五是自长安经邠州（陕西省彬县）、凉州（甘肃省武威县），再西到西域诸国。上列城市都是长安以外的交通枢纽，从这些枢纽可达其他城市，形成一个辐射全国的交通网络。在各主要交通线上都设有驿站，每三十里有一驿，驿有旅馆、驿卒及车、船、马、驴等交通工具，以备传递公文和官吏往来、商贾行人租用，酒食丰足，社会安定，远行数千里，无须携带兵器。

武则天时期，通往中亚各国的道路有三条：一条是自长安向西，穿过河西走廊、塔里木盆地，越过葱岭，直达中亚；另一条是从广州出海，越马来半岛、苏门答腊等地至锡兰，再向西入波斯湾抵达中亚；再一条是由锡兰至波斯湾后，沿阿拉伯海岸，到达红海。通往印度南海诸国的道路有四条：一条是越葱岭后，南行经乌浒水至阿富汗境，沿加布里河东下至西印度；另一条是由剑南西川入西藏，南行过雪山经尼泊尔至印度；再一条是由桂林经云南永昌至缅甸，再从缅甸到印度；第四条是海路，由广州或河内出海，经马来半岛，可达印度尼西亚、锡兰或印度。通往朝鲜半岛及日本的道路有四条：一是由幽州过辽西走廊，经辽阳渡鸭绿江至平壤；二是海路，由登州（今山东蓬莱）出海，经辽东半岛抵达朝鲜半岛，由朝鲜半岛至日本；三是从扬州沿长江出海，前往日本；四是由楚州出淮河口，沿山东半岛，经朝鲜半岛再至日本。通往回纥的道路则是从中受降城（今内蒙古五丈原）可达。通往大漠南北的道路是从夏州（陕西省横山县西）出塞外，经大同、云中等地抵达。这些通道，大多是商业往来最重要的道路。其中最著名的是横贯亚欧的“丝绸之路”。这条国际通道东起长安安远门（西门），向西穿过河西走廊或经今新疆境内的塔里木河北面的通道，在今喀什以西越过葱岭，经大宛（今费尔干纳盆地）和康居南部（今撒马尼汗附近）西行；或经今新疆塔里木河南面的通道，在莎车（今莎车县）以西越过葱岭，再经大月氏（今阿姆河上、中游）西行。以上两条西行路线，都在木鹿城（今马里）交会，然后向西经西椟城（今里海东南达姆甘附近）、阿蛮（今哈马丹）、斯宾（今巴格达东南）等地，抵达地中海东岸，转达罗马各地。通过这条道路，大量中国丝、丝织品和其他商品西运各国，因此称“丝绸之路”或“丝路”。其他商品以及东西方各种经济和文化交流，也多通过这条道路。因而，“丝绸之路”在历史上起到了促进欧亚非各国和中国的友好往来和经济、文化交流的作用。丝绸之路还有支线：一是沿新疆天山北路的通道及伊犁河流域西行，至西域各国；二是由中国南部出海西航，或经由滇、缅通道，再自今缅甸南部通过海道西进。

武周疆域辽阔，东至大海，南达林邑，西尽波斯，北到大漠，重要文书日行五百里便可到达，武则天自制的新字在敦煌、吐鲁番等地都得到认真推行。这不仅说明武周政权的强盛，也可证明当时交通确实发达，武则天的军政调令才能如此畅通无阻。

佛教的繁荣

如果把武则天比作腾空而起的飞鹰，那么佛教就好像她的两翼，带着她翱翔在权力的天空。这两扇翅膀，一扇承载着她自己，成为她艰苦岁月里心灵的指南针，是她个人的信仰；另外一扇招来风力，那雄劲的姿势让其他禽类折服，是她臣服万民的工具。

佛教与武则天的不解之缘，早在她还没有出娘胎的时候，就已经深深结下了。因为她的母亲杨太真怀着她时，就时常出入寺院，潜心向佛。至于杨太真为什么要经常去寺院，是吃斋念佛后的升级行动，要当着佛祖的面聆听和尚们的“阿弥陀佛”，还是另有所图，怀揣着不可告人的目的，实在是无法得知。

毕竟在唐代，所谓的宗教信仰是个很奇怪的存在，宗教圣地也并非所谓的六根清净之所。从唐高宗李治一直到唐玄宗李隆基，秘密地利用宗教圣地来进行偷情幽会，已不是一件很稀罕的事情。感业寺让李治与武媚娘鸳梦重温再度定情，高阳公主与玄奘高徒辩机的婚外情成为全长安城最大的丑闻，武媚娘后来把自己的情人薛怀义安置在白马寺，太平公主依样“画葫芦”，很早就要做女道士也很好理解，唐玄宗心心念念着回眸一笑百媚生的杨玉环，灵机一动也把自己的儿媳妇送进了道观，以便设计一条通畅的渠道，早日得到鱼水之欢。

所以唐代的佛教与道教有最虔诚的信徒，其本身也有非常丰富的内涵。武则天对宗教的认识也因人生境遇的不同，而形成了对宗教的不同态度：一种是生命的慰藉，在人生的艰难关头，带给她无穷的力量；另一种是权力的借用，在成为女皇帝的过程中，帮助她树立偶像的地位。

玄奘法师

幼时与佛教的相遇，在武媚娘的生命里刻下了深刻的烙印。青少年时期，武媚娘在人生路上接受暴风雨的残酷洗礼，茫然无措，不知前途在何方的时候，也是佛教给了她一点儿心灵的安慰，让她在哀伤的悲曲里，还能获得一点儿大无畏的寂静。佛教作为她心灵的福音书，起码有两次对她产生过很大的影响。

第一次，是贞观十九年（645），在洛阳宫的仪鸾殿，武才人见到了名震天下的高僧玄奘。当时玄奘从西域取经归来，太宗特意设宴接见，武才人侍立在侧。中国历史上的第一高僧玄奘，对佛法有很高的悟性，口才也好，他以其出类拔萃的人格魅力，吸引了大批的追随者。人们尊重他，崇拜他，仰慕他，把他的一言一语当作无与伦比的天籁。武才人跟大多数人一样，也折服在玄奘的悲悯心下。当时的武才人因为太宗皇帝的冷落，心里已经渐渐蒙上了一层灰尘，享受不到阳光的照耀和风雨的滋润。玄奘高僧讲述的异域风情和佛法、佛性，则带给了武才人前所未有的光明。这位高僧无意间的鼓励，在武才人的脑海里留下了深深的烙印，成为她在苦难中拯救自己的一股重要力量。

显庆元年（656），武才人已经是李治的皇后，她又一次见到了玄奘。登上高高城楼的她，看到玄奘的那一刻起，依旧欣赏他身上超然物外的精神，再一次被他那慈悲心浇灌出来的睿智与包容所感动。这一年十一月，武后在生第三个儿子的时候难产。上到皇帝，下到太监宫女，所有人都忐忑不安地等待着。难产中的武后痛得死去活来，在混乱的思绪里，一道灵光突然闪过脑际——玄奘大师。她深信玄奘大师拥有无比的佛法力量，她也相信在自己与孩子生死莫测的关头，只有玄奘大师能够救她。于是，就派人给玄奘送去一件袈裟，并郑重许愿："若怀是男，平安之后，愿听出家。"在这强大的心理作用下，她果然平安地生下一个男孩儿，这就是后来的中宗皇帝李显。武后信守诺言，孩子满月后，她就请来玄奘大师，举行仪式，为儿子赐号"佛光王"。过了一个月，她还请玄奘给孩子剃度受戒。

第二次的救赎发生在她一生最黑暗的时候，也就是在感业寺为尼的日子里。唐太宗李世民病逝后，武才人被发落到感业寺当尼姑。武才人一下子成为尼姑。感业寺的艰苦生活和青春的寂寞难耐使得她在物质上与心理上都遭受着巨大的落差，生活对她来说已经变成了一种煎熬。这个时候，她重习经文，专修佛学理论，来打发时间，才没有被生活的惨淡彻底击垮。

后来，武后想要做亘古未有的女皇帝，她发觉周围潜伏着看不清的强大阻力，再次面对巨大困难时，她又想起了佛教。她利用佛教树立了个人崇拜，让天下人以为她是天意所属，天命所归，从而能够接受一个女人成为皇帝。高宗李治驾崩之后，武太后想当女皇的心早已经按捺不住，但男尊女卑的思想禁锢却像锁链一样，很难突破。武太后为了给自己造声势，营造一个女人也可以当皇帝的良好环境，搜肠刮肚思考了很长时间。正在无计可施时，她有一天翻阅佛教经典《大云经》，看到有女身成佛的教义，陡然被一个强大的灵感击中，想到一个非常完美的方案。于是，这个方案很快得到了执行。

先是，垂拱四年（688）四月，武承嗣等人献上刻有“圣母临人，永昌帝业”的瑞石，称获于洛水，武则天把这块瑞石称为“天授圣图”，封自己为“圣母神皇”。同年六月，又于汜水得到刻有《广武铭》的瑞石，铭文暗示武则天是“化佛空中来”，应该取代李唐为女主。接着，薛怀义领导了一个十人小组，向武则天递呈《大云经疏》，宣称武则天是弥勒佛下凡，可以替代李唐统治天下。全国的佛教徒们很快都知道了这件事，数万名群众聚集在洛阳街头，游行示威，强烈要求武太后尊重老天的旨意。于是在万民的拥戴下，武太后坐上了皇帝的宝座。作为回报，武则天登上皇位以后，便利用一切资源，积极发展佛教事业。

武则天大力提高佛教的地位。李唐政府将道教奉为全国第一宗教，武则天一上台，马上将“道先佛后”改为“僧道并重”，这是用官方的行政命令抬高了佛教的地位。后来，她又进行了一系列的礼佛行动，来扩大佛教的影响力。首先，她对僧人极为优待，比如派使者把高僧神秀迎接到洛阳，还赐他太殿；又如对惠能，“送百衲袈裟及钱帛等供养”；如亲自到洛阳城门外迎接从印度归来的义净。

其次，武则天建寺庙、造佛像，让佛教伸进国家的每一个角落。比如亲自主持且资助两万贯钱修建龙门奉先寺的卢舍那大佛；又比如划拨专款重修白马寺，来扩大其影响；如号召朝中王公贵族，施舍大量钱财，重建大雁塔，把大雁塔增高到十层。

再次，武则天还组织人翻译经文，甚至亲自参与其中。如她亲自参与组织了《华严经》的翻译，在《华严经》译成后，武则天又亲自作序文，对佛教的《大云经》和《宝雨经》大为赞赏。武则天还撰写了《大唐新译圣教序》《大周圣教序》，这都是为佛经译文写的序。因为女皇的特殊身份，使得佛法更为普及。

此外，武则天还鼓励寺院开设戏场，用百姓喜闻乐见的形式将佛经教义表现出来。每年正月，万国来朝，洛阳端门外、建国门内布列戏场，人山人海，十分热闹。佛教文化因而逐渐世俗化、民俗化，浸透到百姓的生活中。

武则天君临天下后，通过皇权推动佛教的大发展，使佛教不仅成为皇宫贵族官僚的必修科目，还在布衣百姓那里得到了响应。在中华民族的历史上，很少有哪个时期，佛教徒拥有如此崇高的位置，佛教得到如此蓬勃的发展。

CHAPTER

第十四章 消弭李武矛盾的措施 14

武则天晚年，心态较为宽和，一直致力于消除李武之间的矛盾，为此还采取了多项措施。她率领李氏子弟与武士子弟在明堂发誓，希望将来李氏子弟继承大位后，能够宽待武氏家族的人。她曾多次为李武两家子弟指婚，希望李武两家通过婚姻关系能够融洽感情，缓和彼此之间的矛盾。她既提倡忠孝廉义，希望能在教化上感化他们，又严令禁止李武两家子弟发生摩擦，希望通过强硬的手段来震慑他们。

明堂立誓，保武氏子弟

武则天最终还是决定立李氏子弟作为自己的继承人，但是她又不想让武氏子弟落到遭李氏子弟赶尽杀绝的地步，便有意识地提高武姓子弟的地位，一方面继续保持两方力量的均衡，让他们彼此相互制约，让李武两家的关系在平衡中发展，同时她也有意识地采取一些措施，力图消解他们之间的矛盾。

由于武则天在立储问题上先是举棋不定，后来又倾向于自己的儿子，于是便使李氏势力获得突飞猛进的发展，而武氏家族的各个亲属则一直处于被压制的状态，郁郁而不得志。一直想成为武则天接班人的魏王武承嗣眼巴巴地看着太子之位落到李氏子弟身上，一时之间难以接受，便一蹶不振，精神恍惚，也可能因为害怕得势的李氏子弟会随时要了自己的命，而心理崩溃，郁积难纾，最后竟然一命呜呼。武承嗣虽然死了，但其他的武氏诸王仍在。为了使李氏继位得以顺利实现，也使武氏免除灭顶之灾，武则天煞费苦心，采取了一系列措施，企图消弭太子兄弟与武氏诸王之间的矛盾。其中一条，便是令自己的儿子和自己的侄子在明堂发誓，两派之间永言和好，决不置对方于死地。

据历史记载，圣历二年（699）四月，武则天“命太子、相王、太平公主与武攸暨等为誓文，告天地于明堂，铭之铁券，藏于史馆”。参加发誓的有太子李显、相王李旦、太平公主、梁王武三思、千乘王武攸暨等。这些发誓的人主要是和武则天有血缘关系的人物，其中太子李显、相王李旦、太平公主分别是自己的儿子与女儿。如果将来自己去世，那么这几个人便是大唐的统治者，也是真正握有权力的人，也是真正可以操纵武家生死的人。武则天无疑是抓住了最关键的人物，因为且不说武氏子弟各个是罪孽深重，即使他们不曾残害过别人，统治者想要谁的命，那也是一句话的事，而同时这几个人物将来又具有保护武氏家族的能力。设想将来哪个武氏家族的人撞在了枪口上，到时武则天的儿子女儿也一定会看在当时母亲让立誓的分上，放过他们一马，所以武则天这样做无疑是想要为武氏子弟争取一块“免死金牌”。而另外两个人一个是武氏子弟的代表武三思，另外一个是武则天为太平公主安排的女婿武攸暨。他们是武氏子弟中权力最大、身份最尊贵的人，同时也是李显、李旦、太平公主的堂兄，是血缘关系稍近的人。既然还有着千丝万缕的关系，那么就没有必要彻底把脸皮撕破，彼此多少还有亲情的维系，不应该反叛，而应该满足自己的地位和富贵。所以武则天的做法实在是为了维护双方的生命和地位。再看宣誓地点是在明堂，也就是“通天宫”，这是武则天修建来用于祭祀和布政的地方，这无疑是最神圣的地方，也可以说是一切政策方针决断而不可更改的地方，武则天把宣誓地点选在这儿，无疑还是担心李氏子弟或者是武氏子弟反悔违背诺言，所以才要让他们在这个大唐最具有权威和神圣的地方进行，是要告诫他们誓言不可违背。

此外誓文曾铸于铁券，藏于史馆，也是为了保证他们不会违背誓言，因为铸于铁券，藏于史馆也就相当于告诉天下人他们所立誓的内容。这些人物也都地位尊荣，身份高贵，如果违背誓言，定会被天下人所耻笑的，因而在互相迫害的时候也会有所顾忌。只是可惜铸于铁券，藏于史馆的誓文未流传下来，但其中心意思肯定是向天神地灵保证他们永远和好，决不争斗。此举可谓用心良苦，对于矛盾的双方来说，无疑是一种约束。

李武联姻，缓和矛盾

婚姻关系是两性的结合，本来不具有政治目的。在阶级社会里，特别是在统治阶级的上层中，婚姻关系却常常带有明显的政治色彩。西汉以来与少数民族政权之间的所谓“和亲”，绝大多数都是出于政治的需要，即通过婚姻关系融洽感情，达到缓和矛盾的目的。而且，这种方法在历史上有时也确实得到了良好的效果。唐初，高祖给武士彟做媒，后来太宗又纳武士彟的女儿为才人，都具有君主关照功臣的政治因素。武则天对此自然非常熟悉。为了从感情上改善李武关系，武则天亲自出面，促使李氏与武氏通婚。

先前武则天便让武攸暨娶了失去丈夫的太平公主。武攸暨最初为右卫中郎将，后来太平公主的前驸马薛绍在监狱被活活饿死以后，武则天便杀了武攸暨的妻子，让他娶了太平公主。武攸暨娶太平公主后，授驸马都尉，累迁右卫将军，进封定王，又加实封三百户。此后又改封安定郡王，历迁司礼卿、左散骑常侍，加特进。神龙年间，拜司徒，复封定王，实封满一千户，武攸暨固辞不拜。不久按照惯例降封乐寿郡王，拜右散骑常侍，加开府仪同三司。武延秀等诛后，又降封楚国公。可见虽然也是武氏家族的一分子，但武攸暨的平步青云和荣华富贵却主要是因为太平公主的原因，他的才能一般，武则天却大加封赏，之所以会得到巨大的荣耀，主要是他是联系李武两家的一根纽带。

后来武则天又把皇太子李显的女儿新都郡主嫁给了武承嗣的儿子武延晖。新都郡主是唐中宗的长女，庶出，她在武则天时期是新都郡主。唐中宗继位，新都公主获实封一千三百户。她和宜城公主、定安公主、长宁公主、安乐公主、太平公主、金城公主为开府七公主，结党营私，出售“斜封官”。而神龙元年（705）李显登基后不久就追赠永泰郡主为公主，在改葬永泰时又破天荒地将永泰公主的墓改称为“陵”。“陵”在古代是专指帝王的坟墓，他人是不得擅用的，李显的这一举动大违常理。他出于愧疚使永泰公主成了天下第一个死后如此“荣耀”的公主。然而再壮丽的陵墓也是和死亡联系在一起的，身为帝王之女却成为政治斗争的牺牲品，由此可见封建统治阶级的亲情不过是一种以利害关系为最大内容的亲情。之后，武则天又让安乐郡主嫁给武三思之子高阳王武崇训。安乐公主，也是李显的女儿，韦氏所生，有唐朝第一美人之称，出生时正值李显被武则天贬于庐陵，与韦氏赴房州时韦氏在途中分娩。因当时情况窘迫，匆忙中解下衣服做襁褓，所以取名为裹儿，她先嫁给武三思之子武崇训，后又嫁给武承嗣之子武延秀。在唐中宗统治时期，她大肆开府设官，干预朝政，贿买官爵，宰相以下的官员多出其门。景龙四年（710），唐中宗去世后，新都公主舍延福坊的宅第为新都寺。新都公主与武延晖所生的儿子武仙官也出家为道士，她在崇业坊的宅第改建为福唐观。新都公主去世后，陪葬祖父唐高宗的乾陵。后来武则天又把永泰郡主嫁给武承嗣之子甫阳王武延基。据史书记载，邵王、永泰郡主等人在私底下议论张氏兄弟，于是张易之、张昌宗兄弟便在武则天面前汇报邵王、永泰郡主和魏王三人同居一处，诽谤朝廷，意图谋反。此时的武则天对这两个面首宠爱有加，再加上最听不得的就是"谋反"二字，盛怒之下的武则天将他们三人一起交给李显，让他自己去审问。懦弱难以自保的李显接旨后坐卧不安，只好让爱子、爱女和爱婿一并自杀，再去回复母命。景云元年（710），安乐公主与韦后向中宗进献了有毒的蒸饼，毒死中宗后，又发动宫廷政变，企图挟持相王李旦和太平公主，立韦后为女皇，自己为皇太女。不料在这场宫廷政变中，临淄王李隆基技高一筹，杀死了韦后及其党羽，立相王李旦为帝，安乐公主也死于这场政治旋涡中。

无论这些人物的最后命运如何，武则天最初在建立这些姻亲的时候，是为了调节缓和李氏子弟与武氏子弟之间的矛盾，也由此结合、繁衍出一个李武婚姻政治集团。

严禁李武摩擦

明堂立誓和李武结为婚姻对李武两氏虽有约束，但并不能保证不发生摩擦。魏王武延基与邵王李重润及永泰郡主之间发生的严重争执，便是证明。

对于这场严重的争执，现在的我们往往不明真相，多有误解。原因是史书记载不一。主要有两个问题：一是关于死因的问题，宋代司马光《资治通鉴》卷二百零七记载，李重润等在私底下议论张氏兄弟生活奢侈，擅自使用权力，于是张易之兄弟便把这事告诉了太后武则天。《新唐书》卷八十一《三宗诸子传》只说是“窃议”，即他们只是私底下议论张氏兄弟，却没有说张氏兄弟把这件事告诉了太后。卷八十三《诸帝公主传》说：“忤张易之。”也就是说在背后说了张易之的坏话。卷二百零六《外戚传》说：“私语张易之兄弟事，后愤争，语闻。”是说在私底下议论张易之兄弟的丑闻，但因为他们之间争论声太大，所以被张氏兄弟知道了。《旧唐书》卷六《则天本纪》说为“张易之谗构”，即张易之兄弟在武后面前说了诋毁他们的话，而最后导致他们被杀。卷八十六《宗诸子传》也是说被别人陷害；卷七十八《张行成传》说：“窃言二张专政，易之诉于则天。”即他们在背后说了二张的坏话，被张易之知道了告诉了武则天。卷一百八十三《外戚传》说“话从张易之兄弟出入宫中，恐有不利，后愤争不协，泄之”。是说他们在背后议论张氏兄弟出入宫中，恐怕会夺得大权，武则天听了却感觉十分恼怒而杀了他们。1960年出土的《大唐故永泰公主墓志铭》则说永泰系怀孕得病，以为永泰郡主因为得病而死。《唐书·外戚传》也保持这样的说法。

永泰公主墓志铭（部分）

二是关于两人的死法问题。据上述各书，有以下几种说法，包括武则天杖杀他们，令他们自杀等四五种说法。如果把这些材料加以分析，去伪存真，我们可以看出，事情始末是这样的，大足元年（701

年）秋季某日，皇太子的长子邵王李重润到妹妹永泰郡主家做客，妹夫武延基正好在家。当他们谈到武则天的男宠张易之兄弟时，意见有了分歧，于是发生了争执。三人皆血气方刚，都不能克制自己，重提旧怨，愤争不已，惊动四邻。武则天听了后，感觉十分恼怒，认为他们违背了明堂誓约，伤了李武和气，简直不成体统，令皇太子予以处罚。而皇太子怕动摇自己的地位，于是"大义灭亲"，皆令自杀，将事情了结。武延基等是不是武则天下令杀死的，虽然不能明确，他们的死却与武则天有直接关系。

由此可见，武则天是严禁李武摩擦的，不然，皇太子是决不会轻易令自己的子女自杀的。

提倡忠孝谦让的思想

采取强硬手段，禁止李武摩擦，固然能起到一些作用，但不能从根本上解决问题。要从根本上解决问题，还必须从思想上进行教化。

武则天晚年，特别提倡忠孝谦让和友爱。圣历二年（699）六月，也就是令自己的儿子和侄子在明堂立誓以后的两个月，武则天亲自撰写并书写了《升仙太子庙碑》。对此，后人多有非议，以为是吹捧张昌宗之作。现在这个碑文仍然存在，认真读一下碑文，可知事实并非如此。"升仙太子"字子乔，本是周灵王的太子，传说才高镕隆，但不贪于王位，主动让贤，漫游于伊洛之间。喜欢吹笙，能作凤鸣之声，被道士浮丘公接上高山，又曾经维山遇到恒良。某年七月七日，"升仙太子"乘白鹤立于山巅，举手拜谢当时的人而后便羽化登仙了。武则天令自己的儿子、侄子自立誓后为升仙太子修庙立碑，显然是教育子侄不要争权夺利。

大足元年（701）五月，武则天又写了《许由庙碑》。许由是尧舜时代的贤人。据说帝尧曾多次向他请教，后来想把君位传给他，遭到了他的严词拒绝。他逃到了登封的岐山隐居起来，再也不愿意与世俗社会交往。帝尧派人找到了他，想请他出任九州长官，他跑到颍水边洗耳，表示不愿意听这种话。许由以自己淡泊名利的崇高节操赢得了后世的尊敬，从而被奉为隐士的鼻祖。战国时代的思想家荀子就曾称赞说：“许由善卷，重义轻利行显明。”许由品德高尚，才智过人，很受部族崇敬。部落联盟领袖帝尧觉得自己年事已高，四处寻访贤人，发现了许由，决定把天下让给他。许由认为自己德才不如虞舜，担心帝尧的几个儿子不服，引起内乱误了国家大事，让百姓受苦，便连夜私奔岐山隐居。他日出而作，日入而息，过着自耕自食的生活。一日他沿山放牧，来到岐山西北部的山脚下，见这里山清水秀，草丰树茂，土质肥沃，有一农夫正在耕地，便高兴地说：“此乃牛壮田肥之地也。”农夫听了觉得很有道理，便称这里为牛田村，后来不断发展，形成了今天上牛田、中牛田、下牛田三个自然村。许由洞对面有座陡峭的山头，山上花草茂盛，树木葱茏。站立山头西望尼山逶迤起伏，绵延数百里。近望群峰巍峨峻峭，苍翠欲滴，很是迷人。许由早晚常到这里观赏山光岚气，赞扬锦绣河山。于是后来的人们便在岐山脚下修建了《许由庙》。可见武则天撰写《许由庙碑》与撰写《升仙太子庙碑》是有相同政治目的的。

许由，尧舜时代的贤人道家的前身。

大约与此同时，武则天还颁发了《停杨素子孙京官侍卫制》：“隋尚书令杨素，昔在本朝，早荷殊遇。禀凶邪之德，有谄佞之才，惑乱君上，离间骨肉。摇动冢嫡，宁唯掘蛊之祸；诱扇后主，卒成请蹯之衅。……朕接统百王，恭临四海，上嘉贤佐，下恶贼臣，常欲从容于万机之馀，褒贬于千载之外。况年代未远，耳目所存者乎！其杨素及兄弟子孙已下，并不得令任京官及侍卫。”是说隋代的尚书令杨素，在隋代的时候受到了礼遇，然而他却自恃高位，怀着邪恶的想法，向皇上进谗言，离间骨肉，惑乱后主，最后遭致皇帝的贬黜，武则天说杨素“生为人忠之人，死为不义之鬼，身虽幸免，子竞族味”，自己虽然免了死罪，却给杨家招来祸患，使得杨氏子弟不能在京城做官。所以武则天名为贬黜杨素子孙，实为提倡忠义，是要昭告文武百官以及李武子弟，不许在朝堂煽风点火，挑拨离间。这也是武则天企图通过提倡忠孝廉义，而修睦李武两家关系做的又一努力。

西返长安，融洽情感

自从武则天决定立李氏子弟为太子后，她便开始注意从感情上与自己的儿子接近。召回李显，立为太子，封他的儿子为王，女儿为郡主，并把李显的第三个女儿许配给武氏；任命李旦为相王，解除对他的软禁，授予他太子右卫率，又拜司徒、右羽林大将军。武则天每次在宴游时，都让太子、相王等跟随，吟诗作赋，谈天说地。

大足元年（701）十月，武则天又命太子、相王及其西返长安。自永淳元年（682）以后，武则天一直居住在神都洛阳，直到二十年后，才以七十八岁的高龄率子孙西幸长安。在这二十年内，武则天一直没有忘记长安，那里有她少年甜蜜的梦幻，有她懂事后的恨意，当然还有那感业寺里的辛酸。特别是，那里有李氏的宗庙和高宗的陵寝。那宏伟庄严的长安宫殿就是李唐江山的象征。从当时情况来看，武则天选择此时西返长安，主要是进一步从感情上缩短与李氏的距离，融洽与李显、李旦之间的关系。

据历史记载，在返回长安的途中，恰巧碰到下大雪，天寒地冻，太子曾亲自为母亲武则天暖脚。到达向州（今陕西大荔），刺史苏瑰进献《圣主还京乐舞》。武则天与太子等到行宫观看，母子都很快乐。

武则天到达京师后，即大赦天下，改元长安。武则天在京师整整住了两年。这两年，她是在繁忙中度过的。当年十月便下令改含元殿为大明宫，恢复该宫原来的名称，任命郭元振为甘肃武威都督、陇右检军大使，以保障河西地区的安定。长安二年（702）正月，她在长安创设武举制度。接着便调兵遣将，防御突厥。九月，她在大明宫设宴招待吐蕃使臣论弥萨。十月，她又在职德殿宴请倭国朝臣真人粟田，任命他为司膳卿。十一月，她准监察御史魏靖所奏，命苏颋复查来俊臣等定旧狱，昭雪冤案，十二月，做出在庭州设北庭都护府的决策。

长安三年（703）八月，京师遭受冰雹和暴雨袭击，神都留守李娇上表，请求武则天回驾神都洛阳。十月，武则天离开长安，抵达洛阳。长安四年（704），武则天又曾以吐蕃和亲之由欲二返长安，洛阳县尉杨齐哲等上书进谏，说女皇现在回长安会太过劳累，浪费人力、物力、财力，结果没有返回。武则天之所以不顾年高体迈，急于长安之行，从当时的情况来看并不是为了游玩，也不是由于西部边境吃紧，最主要的原因还是想解除李武之间的隔阂，缓和李武之间的矛盾。

CHAPTER

第十五章 女皇暮年与无字碑 15

武则天暮年，面临的最大问题便是立储，由于武氏子弟会讨女皇欢心，于是武则天便有意立武氏子弟，然而狄仁杰等李唐派劝解女皇立李氏子弟，这样女皇可以在去世以后进入宗庙，受到子孙的朝拜，一直犹豫的武则天最终还是决定立李显为太子。然而，武则天身体每况愈下，陪伴在她身边的只有男宠张氏兄弟，以张柬之为首的李唐派害怕武则天一旦发生不测，张氏兄弟会篡改诏书，于是便发动了“神龙政变”，逼令武则天把皇权交给李显。“神龙政变”成功后，武则天交出皇权，移居上阳宫，最后去世，留下遗言，自己的墓前只立无字碑，一生的成败功过，任由后人评说，一代女皇的统治就这样结束了。

谁为继承人，难以确立

武则天晚年所面临的最大问题便是立储，她不确定应该选李氏子弟还是选择武氏子弟来作自己的继承人。

自垂拱年号确立以来，武承嗣便有了做皇帝的野心。在他看来，武则天称帝以后，就意味着大唐的天下应该是属于武氏的，而在武氏子弟中，他是最出类拔萃的，也是最受武则天喜欢的，所以武氏王朝的下一个皇帝理应是他。要做皇帝，首先便要成为储君。但现在的储君是“皇嗣”李旦。这在武周帝国刚建立时便已经确定了，易储意味着废掉甚至除去李旦等人。武氏家族第二号人物是武三思，他也具有同样的野心，只是因为他的地位低于武承嗣，而他现在还不能越过武承嗣，所以便把自己的野心暂时隐藏了起来。他当前要做的便是全力支持武承嗣。

但从历史文献的记载来看，诸武子弟也没有什么过人之处，即使是较为活跃的武承嗣、武三思也属平常之辈，武则天却屡屡委以重任，武承嗣、武三思等人甚至被任命为宰相。在建立武周帝国后，武则天要任命宰相之时，武则天曾公开表示，宰相的班子里必须留出一个席位给武氏宗亲或武则天的娘家人。

天授二年（691），武承嗣发动了第一轮夺储斗争，他用的是群众请愿的方式。这是在效仿武则天建立武周帝国之前，策动民众到宫门请愿劝进的方式。但武则天当时的形式是水到渠成，大量准备工作已做到了前面，人心已被震慑住了，而此时的武承嗣还不具备立储的条件，武则天的威势他还不能全部借到。武承嗣策动了让一个叫王庆之的洛阳百姓出头，率领数百人上表，但是，这个行动首先受到宰相岑长倩的反对。和岑长倩一致持反对态度的还有地官（户部）尚书格辅元与通判纳言欧阳通。武承嗣上表活动遇到了巨大的阻力，于是便与来俊臣结成联盟。来俊臣的目标首先是岑长倩，他上表让武则天任命岑长倩为武威道行军大总管，西征吐蕃。这样，就把他从中枢调离了，岑长倩在西征的路上，突然被捕，押回洛阳，下了狱，罪名是谋反。以岑长倩下狱为突破口，来俊臣又把欧阳通及格辅元等数十人都定为谋反之罪下狱。十月，岑长倩、格辅元、欧阳通等人都被杀。

长寿元年（692）一月，武承嗣和来俊臣组成的联盟又采取了第二次行动。第二次行动的对象，是七位素负声誉的大臣。其中三人是宰相：任知古、狄仁杰、裴行本，其余四人是卢献、崔宣礼、魏元忠和李嗣贞。来俊臣控告这七人犯了谋反大罪。经过狄仁杰、魏元忠和乐思晦儿子的斗争，武则天决定从宽处理这两案。她对公卿大臣说：“古人说以杀止杀，我今天要以恩止杀，给他们七人一条生路，都授个官职，以观后效。”自686年“恐怖政策”推行以来，武则天从来没有使用过这样温和的语气。这次虽然因为狄仁杰等人的机智斗争，七大臣部分保全了性命，也让武则天知道来俊臣等的刑讯逼供，但这一切其实都是在武则天总的指导思想下发生的，并把狄仁杰等人远贬。此时的武氏集团如日中天。

长寿元年(692)夏天,李昭德对武则天谏言告诉她要压制武承嗣等人的权力,否则武承嗣等人图谋不轨，武则天接受了。长寿元年（692）八月，武承嗣罢相，武攸宁从门下省长官纳言被罢为冬官尚书。与此同时，武则天换了几个新宰相：司宾卿崔神基、秋官侍郎崔元综、夏官侍郎李昭德、权检校天官侍郎姚王寿、检校地官侍郎李元素。武承嗣等人受此挫折，在武则天面前也毁谤李昭德。武则天说：“这事你就不用说了，朕任用李昭德，才能睡得着觉，心里安稳，我这是让他替我分忧代劳。”这样，武派权势过盛的局面得到了控制，李派在武则天的扶植下有所恢复。

长寿元年（692）后，李派开始对武派进行攻击，首先从言论上开始了一轮批判酷吏政治的潮流。侍御史周矩、右补阙朱敬纷纷进言，指出武则天应该把权力从酷吏手中收回，依靠文武臣僚治理天下。武则天认为说得有理，开始对酷吏加以限制，并整肃告密者。她派监察御史严善思对告密者进行审讯。严善思公正直率，竟查出八百五十多个告密者，其所告内容大多出于虚构。因此对这些人予以严惩。这些告密者其实大多是武承嗣、来俊臣等人的徒众党羽，专以告密为能事。罗织之党受到挫折，他们对严善思加以报复，终使他坐罪流放远州。武则天很快察觉他是被冤枉的，又召他回朝廷。从此，告密之风一蹶不振，制狱也逐步衰退，刑罚稍宽。不久，来俊臣因犯贪赃罪被贬为同州参军。酷吏王弘义也因罪被流放琼州。侯思止也因违反了禁止民间藏锦的法令被李昭德察觉，武则天下令将他杖杀于朝堂。

随着李派势力的逐渐恢复和发展，武则天又不放心了，反过来扶植武派。万岁通天元年（696），来俊臣东山再起，他帮武则天再次对李唐派势力加以打击。来俊臣得以东山再起的原因，主要是武则天对李唐余孽的忧虑，凑巧又因为696年与697年之际发生了一起谋逆案。那起谋逆案是“刘思礼—綦连耀谋逆案”。697年，一个与名门望族有关系的刺史刘思礼被一个术士的夸夸其谈的预言所惑，组织了一次夺取皇位的阴谋。长社人张憬藏是一个著名的术士，他曾给许多人物相命，刘思礼曾从他那里学过相命。他预言，刘思礼以后将飞黄腾达，位至太师。刘思礼认为，太师是人臣至极，绝不是通过一般途径可以爬得上去的，于是他起了谋逆的想法。他企图拥立洛州录事参军綦连耀做皇帝。他认为綦连耀身上有龙气，他吸收了一批京师官员，其中值得一提的是还有个天官（吏部）侍郎，这就更刺激了人们的幻想。但在他们行动前，此事泄露，告发的人就是来俊臣。正全力关注于契丹威胁的武则天已不能容忍，便让来俊臣去对付这些密谋者。正好来俊臣一直在等待这一机会，于是大搞扩大化，株连无辜，受害者约有三十六家，都是海内名士，全族被诛杀，亲党连坐流窜的达千余人。朝廷又被猜疑和恐惧的气氛所笼罩。

李、武两派就在这种拉锯战中不断斗争着，而武则天则是平衡这两股力量的那只制衡的手。但是，迫在眉睫的李武争位问题亟待解决，她必须选择出自己的接班人来，而且要为这个选择做好充分的准备。

除了女皇听从了宰相狄仁杰的劝告，也有其他原因促成了这事。

太子宝座引起一轮争夺战

女皇即位后，朝臣们最关心的问题是立谁为太子。想要争取皇位继承人宝座最热心的人是女皇的两个侄儿：武承嗣和武三思。他俩发动武家宗亲和亲武的朝臣向女皇游说，请女皇立武承嗣或武三思为太子。他们的理由很简单：现在是武家天下，皇帝的宝座当然该由武家的子孙继承。

武三思是武元庆的儿子，武承嗣的堂兄弟。他为人奸诈，善于拍马逢迎，很得女皇的赏识。为讨好女皇，武三思建了三阳宫、兴泰宫等离宫，作为女皇外出游玩居息之所。而游兴大发的武则天对武三思的安排相当满意，还和武三思越来越亲近。武三思由于受到女皇的宠爱，权势鼎盛。

但武三思本人心术不正，对于刚强正直的朝臣都加以猜疑、排斥，还在朝廷中结党营私。他贪污纳贿，生活奢侈，喜欢摆场面。在儿子娶安乐公主时，他大宴宾客，场面的盛大，堪称空前。武三思很会讨好女皇，又派朝臣轮流到女皇面前建议立武三思为太子。女皇有点儿心动，曾经默许武三思为太子，但在正式宣布以前，要征询一下大臣们的意见。

有一天，女皇召集大臣们开会，问立谁为太子，而且还说了自己心里已经有一个合适的人选。大臣们都猜女皇心中的人选就是武三思，于是有人提武三思，有人附和。女皇见宰相狄仁杰一语不发，便对他说："国老有何意见？"狄仁杰用极为慎重的语气说："太宗文皇帝历经艰难，建立基业，理应传给子孙后代。陛下现在却想把天下传给他族，这恐怕不合天意吧！何况陛下立儿子，则千秋万岁后，可以在太庙里有牌位，永远享受子孙祭拜。而立侄儿，臣未曾听过侄儿为天子，在太庙里会供姑姑的牌位。"狄仁杰是女皇尊敬的人，他的话让女皇对立武三思为太子的事犹豫起来，于是打消了宣布立太子的行动。

如果要立儿子为太子，该立庐陵王呢？还是立皇嗣呢？女皇不知如何选择，于是就问狄仁杰的意见。狄仁杰建议将被流放到房州的庐陵王召回京，立他为太子。其实，当时拥李派的朝臣们几乎有一个共识，那就是如果要立太子，庐陵王最恰当。所以，狄仁杰的建议实际上是反映了朝臣们的意见。

据说，女皇本来有意立武三思为太子。有一年，武三思得到一个美貌如天仙的妓女，名叫倚娘。武三思得到倚娘，便宴请大臣们。宴会开始，武三思见狄仁杰没来，很不高兴，还扬言要置狄仁杰于死地。第二天，有个参与宴会的人把武三思生气的话告诉了狄仁杰，并且劝慰狄仁杰不要与他一般见识，为了国家社稷，不如去道歉一声，也就相安无事了。过了几天，武三思又在家宴请大臣们。这一次，狄仁杰提早到了武三思家，还为上一次没能来的事道歉。武三思看到老宰相满脸笑容在赔罪，心里很高兴，便说没有关系，上次请客是因为得了一个美貌又多才艺的女子，请大家来看她的表演，既然上次没有看到，这次就把她叫出来让狄仁杰看。于是，武三思吩咐仆人去召唤倚娘。过了不久，仆人回来报告说，找不到倚娘。武三思不相信倚娘会失踪，便亲自去找，他来到自己秘密的藏宝处，花园一个角落的小阁楼，忽然听到有人声，他很奇怪，便对着小阁楼叫唤。只听阁楼里有人对他说自己是倚娘，并非凡间之人，而是天上花月之妖，是天帝派她来到人间，劝武三思不要存有异志，才能保有富贵，否则武家就会全部被消灭，还说狄仁杰是国家重臣，国家的安定全靠他了。武三思打开小阁楼，没看到倚娘，便回去对狄仁杰说倚娘生病了，不能出来见客。第二天，武三思进宫把这事报告给女皇，女皇听后，觉得天意在李氏，便决意立李显为太子。这个传说明显是虚构的，也必定是拥李派的人编造出来的，不足为信。

还有一个传说。有一天，女皇做梦，梦见一只毛色鲜艳、体形巨大的鹦鹉，正在展翅飞翔。女皇平日喜欢鹦鹉，当她正凝视看在空中飞翔的鹦鹉时，忽然，鹦鹉一声惨叫，坠落地上。她赶紧跑上前去，发现鹦鹉的翅膀断了。第二天，女皇把自己的梦讲给狄仁杰听，狄仁杰告诉他说，“鹉”和女皇的姓同音，那鹦鹉就是女皇。鹦鹉两个翅膀折断而坠地，就象征着如果女皇废掉自己的两个儿子，就会遭受不幸。女皇觉得狄仁杰说得有理，便决定立儿子为太子。

女皇想要立庐陵王为太子似乎成为定局之时，又出现了一股力量，这股力量竟是来自女皇的男宠张易之、张昌宗。当时，张易之、张昌宗兄弟深得女皇宠爱，权势赫赫，但他们自知如果有一天女皇不在了，他们的荣华富贵也就没有了。于是天官侍郎（吏部侍郎）吉顼给他们出主意说，让他们给女皇吹耳边风，支持庐陵王，将来庐陵王继位，他们便是拥戴的功臣。张易之、张昌宗觉得有道理，便向女皇建议立庐陵王为太子。作为女皇的男宠，他们的枕边细语，最有效力，这对立庐陵王为太子的事是有助力的。

圣历元年（698）三月，女皇下令将庐陵王李显从房州悄悄地接回洛阳。唐中宗李显在光宅元年（684）被废为庐陵王，流放到房州（今湖北省房县）。他在房州过着被软禁的生活，既不能和外界人接触，也不能外出游玩，每天困坐室内。更可怕的是自己完全不能掌握未来，每次听说洛阳有使者来房州，他就吓得全身颤抖，因为他害怕母亲派人送来毒药或赐死的诏书。他经常想到哥哥李贤死时的情形，甚至向妻子韦氏索要毒药，寻求自杀，妻子韦氏则安慰他，不要害怕，即使死也等使者来下命令再说。洛阳的使者每来一次，就给庐陵王带来一次恐惧和痛苦。幸好十几年过去了，庐陵王保住了命。

然而，立庐陵王为太子的事临门最后一脚却是外力。万岁通天元年（696），契丹的李尽忠、孙万荣起兵反叛，在河北地区造成很大的骚动。契丹发布一个文告，在文告中明白要求“还我庐陵”。后来契丹的乱事平安了。到了圣历元年（698）八月，突厥也出了问题。原来突厥要求和亲。女皇安排武承嗣的儿子武延秀去娶突厥默啜可汗的女儿，武延秀到了突厥境内，默啜可汗拒绝他前来迎娶，原因是他世世代代受李氏的大恩，所以要把女儿嫁给李氏，还说要出兵帮助李家的儿子复位。于是，默啜可汗起兵，攻陷了河北地区几个州县，情势越来越严重。契丹和突厥起兵都以庐陵王为名。外国的压力让女皇产生危机感。

今洛阳城，唐朝古建筑。

女皇终于下令秘密将庐陵王召回洛阳，朝廷官员毫无所悉。女皇召狄仁杰一人进宫，商谈立太子的事。狄仁杰坚决主张立庐陵王为太子，说得慷慨激昂，满脸通红。女皇听后，便让宦官引着庐陵王从帐幕后走了出来，笑着对狄仁杰说："还卿储君。"狄仁杰看见庐陵王出现在眼前，一时愣住了。他没有想到庐陵王能够回到洛阳，他高兴地望着十几年未见的庐陵王，张开嘴笑着，眼泪却不由得流满了脸。

女皇看见狄仁杰喜极而泣的表情，也大为感动，便让庐陵王拜谢狄仁杰。狄仁杰摘下头冠，跪在地上，不断磕头，不断哭泣。女皇命身旁的宦官将狄仁杰扶了起来，感慨地说："卿真是社稷之臣啊！"狄仁杰对女皇说："庐陵王回洛阳是大事，朝臣们不可不知，应该让朝臣们在正式场合见到庐陵王。"

于是，女皇便将庐陵王送到城外的龙门，命文武百官去迎接庐陵王回来。庐陵王回洛阳的事在朝廷中激起了波涛，大家议论纷纷，庐陵王是否会被立为太子？皇嗣的地位如何？武承嗣、武三思又有怎样的反应？朝臣们感觉到这是政局转变的时刻。庐陵王返回洛阳无疑是降低了武承嗣、武三思成为太子的可能性，当然会让武氏兄弟倍感紧张。

圣历元年（698）八月，武承嗣在忧郁的情绪下病死了。武家角逐太子宝座的人只剩下武三思一人了。立太子之事就像箭在弦上，女皇不能不做一个决断了。

对张氏兄弟的宠爱

薛怀义死后，武则天的消遣便少了很多，太平公主懂得母亲寂寞的心思，便又向母亲推荐了一个美少年——张昌宗。张昌宗出生在一个大官僚家庭，他的父亲曾做过雍州司户。其兄张易之以门荫迁至则天朝的尚乘奉御，专管皇帝的行幸车驾。兄弟二人都长得英俊潇洒，聪明伶俐，懂音律诗词，善长吹笙弹琴。张昌宗入侍禁中，弹琴赋诗很合圣心，于是武则天令他随侍左右，对他很喜爱。

武则天召入二张时，已经七十四岁了，早已不是春恋秋思的时候了，但暮年的寂寞难以打发，所以很喜欢这粉脸的二张，宫宴苑游、巡游山河的时候，一直令二张随行，心情非常舒畅。大概人越是位尊年高，越是封闭自己，何况武则天玩弄权术，对子女也难吐真情实意，人情的欢乐难以享受到。自从有了二张，武则天就像个顽童一样，在私下里不遮遮掩掩，任意说笑逗乐，仿佛又回到了无忧无虑的孩童时代一样，她感到自己年轻了许多。有时她和张氏二兄弟逗乐也不避外人，二张毕竟年轻，和武则天私下逗玩不会掩饰，所以宰相王及善曾在侍内宴时认为二张不懂臣下之礼，言行不合规矩，在武则天面前多次劝谏。

由于二张深得武则天的欢心，她也就不断晋升他们的官，张昌宗很快升为散骑常侍，张易之也迁为司卫少卿，都是近侍中的高位，他们的母亲城氏、韦氏也都被封为太夫人，给予她们的赏赐数不胜数。武氏诸王和宗室等朝臣，见皇上宠爱二张，时刻随侍在皇上左右，就想要巴结他们，希望他们在女皇面前说好话，因此就像对薛怀义一样，也格外对二张趋奉。他们经常等候在二张的门前争着替二张执鞭牵马，还肉麻地称呼张易之为“五郎”、张昌宗为“六郎”。二张见这些王公贵戚对自己也如此谦卑，就渐渐嚣张起来，不久，一些无耻之徒也就齐集门下，作威作福，挑唆拨弄，渐渐与大臣们就有了摩擦。

尝到了权势的滋味，二张更是百般讨皇上的欢心，呼朋引类，想尽办法让皇上高兴。也许是心情开朗，或者吃了张易之炼的丹药，武则天精神爽朗，无病无灾，年老而无疾病缠身，可谓有福。她对游山赏水来了兴致。每年春天，总是带着二张及武氏侄儿孙以及太平公主、皇嗣等到各宫去驻幸。武则天觉得石淙河的风景很好，气候宜人，就在石淙河北岸建造了一座行宫，即三阳宫。张易之兄弟虽受皇上之宠，但他们知道，大臣们瞧不起他们，无非是把他们当作女皇的面首而已。他们虽哄骗皇上说一些成仙的话，但人不可能不死的，要不然，有他们的仙丹，他们的父亲也就不会早死了。那么春秋已衰的武则天又能活多久呢？皇上一死，他们的地位也就难说了，所以他们总是背地里忧愁，思考如何能常保高官厚禄。

武则天的心腹吉顼与他们很要好，吉顼很有心计，一直瞧不起武氏诸王，觉得他们胸无才学，却骄侍傲慢。于是在与张氏兄弟一起喝酒聊天时对他们说：“你们兄弟虽贵宠如此，但不是靠功业取得的，天下人对你们侧目切齿的人很多。如果你们没有大功于天下，怎么能保全自己呢？我实在替你们担忧。”张氏兄弟听见他正说中自己的心事，粉脸变色，很是恐惧，眼泪直流。平日里因敬他有谋就向他讨自保之计。吉顼说道：“天下百姓都不忘李唐之恩德，都想复立庐陵王。现女皇年纪已高，大业须有人继承，武氏诸王都不中她的意。你们何不慢慢地劝皇上立庐陵王，以顺应天下的愿望！这样你们不但可以免祸，还可以常保富贵。”二人觉得很有道理，所以每当武则天高兴快乐的时候，他们就以此为言。武则天觉得有道理，所以在狄仁杰等大臣劝谏时也就较易于接受，而少一些猜忌和权衡。

武则天为了避免大臣们常对他们瞪眼侧目，便专为张易之兄弟成立了一个机构叫控鹤府，让这些近侍能有个名义。她任命张易之为控鹤监，以银青光禄大夫张昌宗、左台中丞吉顼、殿中监回归道、夏官侍郎李迥秀、凤阁舍人薛稷等为控鹤府供奉，下置监丞、主簿等官。他们的主要职务无非是陪皇上宴游博彩赋诗等乐事，哄女皇高兴。而此时朝中也有得力能干的大臣，所以武则天对朝中之事也很放心。圣历二年（699），女皇已经七十六岁了，却生出了重眉，呈八字形。百官纷纷贺喜，武则天也高兴极了，特意出游嵩山，不仅在一谈之间把嵩山游了个遍。在过太子庙时还拜了升仙太子庙，传说这里是当年王子晋乘鹤仙去的地方。武则天认为鹤是长寿的象征，所以才把陪侍她游乐的机构称控鹤府。但更巧的是武则天第二天就病了，她以为得罪了山神，令给事中阎朝隐到少室山祷告。阎朝隐便把自己当作供奉去为女皇祈祷。武则天病稍好，听说这件事后，觉得阎朝隐此举难能可贵，便厚赏阎朝隐。

长安元年（701）初，武则天又登嵩山，还临幸汝州温泉。三阳宫在这年也建好了。四月，武则天率领二张及太子、相王、武氏诸王、太平公主等人，到三阳宫避暑，他们在一块巨石上举行宴会。武则天为了长寿，常吃张易之给她炼的仙药，对身体有些好处，但仍有小病在身，她又命洪州和尚胡超炼长生药，花了三年的时间，长生药才炼成，花了上万的金钱，这种长生药不是道家的丹药，实际上是用中草药精心配制的。武则天服用后，一些病竟然好了。她很高兴，便下令大赦天下。一次内宴，武三思妻称张昌宗是王子晋后身，武则天大笑，便命张昌宗穿羽衣，吹风笙，骑着一只木鹤在亭中踱步，风度翩翩，美妙无比，那些文学之士们也不由心动，大为赞叹，作诗来赞美他。

总之武则天对张氏兄弟的宠爱已经达到了极致，晚年疾病缠身，大臣们见她一面都难，只允许张氏兄弟侍奉左右，因为一些大臣害怕武则天驾崩，只有张氏兄弟在旁，很可能会篡夺皇位，于是便有了后来的“神龙政变”，而张氏兄弟也在这次政变中丧命。

宋璟勇敢抗命

长安四年（704）七月，张易之的弟弟司礼少卿张同休、汴州刺史张昌期、尚方少监张昌仪都因为贪污而下狱。张易之、张昌宗同时被审问。审判官贾敬言只是罚了张氏兄弟的钱，并没有伤害到张昌宗，女皇就批准了。

过了几天，御史大夫李承嘉、御史中丞桓彦范报告了他们审判的结果："张同休兄弟共贪污了四千多缗。张昌宗和他们一起贪污，应该撤职免官。"撤职免官是大事，于是女皇便召集宰相们进宫开会。女皇问宰相们："张昌宗说他有功，所犯的过失不至于免官，你们怎么看？"宰相杨再思是张昌宗的党羽，便接口说："昌宗调制金丹，陛下服用之后，龙体康泰，这是莫大的功劳啊！"

过了两天，韦承庆和崔神庆向女皇报告："张昌宗已经承认李弘泰曾说过这些话，又曾向陛下报告过此情况，所以可以赦免他的罪。至于李弘泰煽动妖言，请逮捕入狱，依法论罪。"但是，参与审理这案子的宋璟和大理丞封全祯则不同意只处罚李弘泰而不处罚张昌宗。他们向女皇上奏："张昌宗已经受到这么大的宠荣了，他竟然又召术士卜卦，有什么目的呢？弘泰称占卜全是乾卦，那是天子之卦。如果他认为弘泰是妖妄，为什么不把他送到官府法办？即使他向您报告情况，但也可以说明

宋璟（663—737 年），字广平，河北省邢台市南和县阎里乡宋台人。其祖于北魏、北齐皆为名宦。其少年博学多才，擅长文学。

他包藏祸心，应该把他囚禁起来，彻底查清案情，否则会动摇人心。”女皇听了宋璟的话，让他暂时停止处理这个案件，女皇做了明确的指示，宋璟只得退下。

宋璟的力争立刻引起朝臣们的议论。有人认为张易之、张昌宗兄弟受女皇包庇，他们的地位很难动摇，甚至会惹祸上身。但也有人认为张氏兄弟为非作歹，应该受到惩罚。左拾遗李邕又对女皇说，宋璟要审判张昌宗弟兄，是为了安定社稷，应该采纳他的建议。女皇也没有理会。

不久，女皇下了诏书，派宋璟到扬州去巡察和审理案件，接着又下诏派宋璟到幽州去办幽州都督屈突仲翔的贪污受贿赂案，又下诏派宋璟去甘肃、四川做安抚工作。这一连三次诏书，宋璟都不接受。理由是自己御史中丞，除非军国大事，否则都不外出办事。所以，他不会接受女皇的这几次命令，女皇知道他说得没错。而女皇的用心也确实是想要调虎离山，把宋璟派到地方去办事，从而保护张氏兄弟。但没想到宋璟熟悉政府运用的规则，没有中计，女皇也只得罢手。

接着，司刑少卿桓彦范也向女皇上奏，说张昌宗无功而得到荣宠，不仅不知道感恩，反而包藏祸心，企图窃取大位。他既然说已经向女皇报告过，就应该和李弘泰断绝往来，可他却继续让李弘泰为他求福消灾，可见之前向女皇的奏明，不过是害怕事情暴露而做的预防措施。这件案子一再被举发，陛下都不过问，会使他越发得意，养成乱源，最后会威胁到社稷，所以还是应该把张昌宗的案子交付刑部、大理寺和御史台三法司，进行审判定罪。

这天晚上，女皇用完晚餐后，一个人软绵绵地躺在床上休息，全身有一种放松的感觉。她侧耳而听，四周静悄悄的，皇宫又恢复了平静。

这几年，张易之兄弟进宫，让皇宫做了大改变。女皇每天有大小宴席，看歌舞表演，听各种笑话，看小丑们演戏，纸牌赌博，和俊男们肌肤相亲。这些她年轻时从来没有享受过的事，竟然成为她的日常生活。孟子说：“好色，人之所欲。”可见，女子也好色，只是从前不敢，现在自己做了皇帝，发现男色竟然使自己这么快乐。

女皇虽然沉迷在男宠之中，但她不想做亡国之君，所以她要振作起来。她在享受男色的乐趣之下，也要关心国事，因为她一生最害怕的事就是失去权位。

朝臣们的忧惧

女皇病了一个多月，经常昏昏沉沉，全身乏力，这几天病情渐好，也有些精神和体力。她便从床上慢慢坐起来，宫女赶快过来伺候她半坐半躺着。女皇吩咐取来两支大蜡烛，放置在床边。她拿起桓彦范的奏章，仔细阅读。

看完桓彦范的奏章，开始沉思起来。她想："为什么朝廷上有这么多朝臣要攻击张易之、张昌宗兄弟？张氏兄弟真的会谋篡大位吗？既然张氏兄弟会大宴宾客，培养党羽，那么韦安石、宋璟、桓彦范这些人是不是也结了党，他们攻击张氏兄弟是不是朋党之争呢？一向在自己面前温驯的张氏兄弟在外面又是什么样子呢？朝臣们一心要把自己的男宠张氏兄弟置于死地，是不是有些太过分？她怎么才能化解宋璟、桓彦范这些正直忠臣与自己的男宠张氏兄弟的对立呢？"太多的问题都在萦绕着她。女皇摇了摇头，轻轻叹了一口气，她找不到这些问题的答案。不过，她有了一个结论，自己身体不好，朝廷大臣要以和为贵，她要让宋璟等人和张氏兄弟的紧张关系降温。

不久，张昌宗悄悄地走进女皇的寝宫，发现女皇坐在床上，立刻向前，为她按摩。这让女皇全身舒畅，她闭着眼，享受着俊男对她的服务。

第二天，女皇上朝，面对文武百官，精神奕奕。宰相崔玄玮奏报女皇，要尽快处理张昌宗的案子，不然无法向天下百姓交代。女皇觉得朝臣们把这案子盯得很紧，宋璟甚至把生死置之度外，公然违抗圣旨。这股力量恐怕不是她再下圣旨就能化解得了的。于是，她点点头，同意三法司继续审理张昌宗的案子。

过了两天，三法司判决张昌宗死罪，要把他斩首。女皇没有批准，朝臣们就又开始讨论张昌宗的案子。女皇总想保护自己的男宠，于是便用温和的语言恳请宋璟放过张昌宗，但宋璟全不买账，一心要治张昌宗的罪。依附张昌宗的杨再思企图假借女皇之命，让宋璟退下。宋璟立刻大叫说："圣主在此，用不着宰相擅自宣布敕命。"不知道是宋璟视死如归的态度感动了女皇，还是女皇生病失去了斗志，她竟然软化了，决定命张昌宗到御史台，亲自审问。宋璟听了，立刻跪谢，还说自己一定会秉公办理。

回到后宫，女皇立刻召来张昌宗，要他到御史台报到。张昌宗伏地便哭，说恨死自己的宋璟一定会置自己于死地，他不去。女皇便安慰张昌宗，让他去御史台，是为了给宋璟一个面子，她一定会救他的。傍晚，张昌宗独自来到御史台，御史中丞宋璟在大厅接见张昌宗，两人还没谈几句话，一个宦官便手捧圣旨急奔而来，后面还跟着几名皇宫卫队，宣布特赦张昌宗一切罪名，立即释放张昌宗。于是，张昌宗大摇大摆地走出了御史台。

望着张昌宗的背影，宋璟恨恨地长叹一声："未能将这小子脑袋击碎，悔之莫及。"为什么朝臣们对张氏兄弟会有忧惧感呢？因为女皇已经年过八十岁，身体明显急速衰弱，如果女皇有一天死亡了，临终时身边只有张氏兄弟，并无别的大臣，则他们可能假造一份女皇的遗诏，说要将皇位传给张易之或张昌宗。

这种假造遗诏而登上皇位的事在秦朝就发生过。秦始皇三十七年（前 246）七月，秦始皇在巡行全国的路途中得了重病，病危时，写了一份诏书传位给长子扶苏，命令扶苏赶回咸阳，负责办理丧事。诏书写好，尚未盖皇帝的玉玺，身边的宦官赵高将诏书压下来，没有发出。这时，秦始皇死了，曾作为胡亥的老师赵高和宰相李斯商量，把未发出的诏书毁掉。另外伪造了两份诏书，一份是赐扶苏自杀，另一份是立胡亥为太子。载着秦始皇尸

玉玺，专指皇帝的玉印。始于秦。

体的车子回到咸阳，赵高才宣布始皇死亡，太子胡亥继承皇位，他就是秦二世皇帝。

胡亥能当上皇帝，是靠着赵高和李斯伪造的诏书。如果张氏兄弟也在女皇死亡之时假造诏书，传位给张氏兄弟中的一人，那么，难道现在的朝臣们也要叩拜坐上皇位的张易之或张昌宗吗？朝臣们的忧惧越来越深，渐渐地凝聚成共同的焦虑。

五人密谋发动政变

长安四年（704）十二月，武则天已经有八十岁高龄，这位勤政敬业的女皇，终于抗拒不过衰老和疾病的侵袭，退居在迎仙宫里，过着几乎与人隔离的疗养生活。平常连宰相也很难见到她，只有张易之、张昌宗兄弟在迎仙宫中，照顾女皇的饮食起居。

女皇年迈重病，失去了早年的机敏与睿智，长安城中又流传出“易之兄弟谋反”的小道消息。朝中的激进派大臣们私下商量只有先发制人，才能避免张家兄弟篡位成功。默契十足的是，不管是以太子李显为代表的李家，还是以梁王武三思为代表的武家，或者是太平公主，全都同意诛杀张氏兄弟。大家的心意相通，剩下的就是策划方案和执行过程了。大家一致推举朝廷中有威望的宰相张柬之来领导此次政变。

张柬之是狄仁杰安排到武则天身边的一颗棋子，目的就是恢复李唐王朝。张柬之虽然熬到了八十岁，才入阁拜相，却一直满怀雄心壮志，想要有一番作为。

张柬之知道要想成功，就必须有唐朝皇宫的亲卫部队即左右羽林军的支持，于是他开始做这方面的工作。他先是暗示羽林卫的大将军李多祚是女皇给他的富贵，现在理应要为女皇的儿子清除异己，于是便把李多祚拉拢过来了。接着又利用职权，安排与自己关系亲密的桓彦范、敬晖二人担任羽林将军，掌握禁兵，为政变提供保障。此外，他还让自己的老朋友荆州长史杨元琰为政变事件效力。

神龙元年（705）正月，武则天的身体更差了，迎仙宫传出来的消息越来越少，张柬之领导的集团军决定开始行动。

张柬之先让李湛、李多祚二人前往东宫，迎接皇太子李显。李显壮着胆子带领他们来到了玄武门，与张柬之、桓彦范、羽林将军李多祚与右羽林将军杨元琰等人会合。张柬之他们看到太子，不由大喜，立刻簇拥着李显冲向迎仙宫。众人簇拥着李显斩杀了宫门口的守卫，便飞快地冲了进去。张易之、张昌宗二人正在集仙殿内喝酒，忽然听到外面传来的打斗声，急忙拿着兵器跑出来，羽林军人多势众，把他们当场杀死。

此时的女皇因为身体不好，还躺在榻上，当她发现宰相与羽林军将军带着武器与士兵，包围了自己的宫殿，自然看出有人发动了政变，所以大声质问："是谁在这造成动乱？"张柬之推着李显来到武则天病床前，恭恭敬敬地禀报说："张易之、张昌宗兄弟谋反，我们奉太子的命令，刚刚把这两个叛贼杀死了。因为怕计划泄露，所以没有提前禀报陛下……"武则天听说张家兄弟已经被杀，瞪着太子怒吼道："原来是你！你已经杀死了张家兄弟，还不滚回到东宫！"太子被母亲一呵斥，竟然吓得双腿发抖，想要逃走。这时候，张柬之站出来，对女皇说："太子怎能就这样返回东宫？以前高宗皇帝将太子殿下托付给陛下，如今太子年富力强，赢得天下万民的衷心拥戴，请陛下立即传位给太子，以顺天意民望。"

武则天原本也知道事情没有那么简单，但是没有想到张柬之如此老辣精明，她为自己不能掌握局面而恼恨，于是沉默地环顾对面的群臣。她看到了自己曾给过很多恩惠的李义府的儿子李湛，就目光如炬地盯着李湛说："原来你也参加了诛杀张易之将军的行动？我待你们父子不薄，想不到竟然会有今日！"李湛惭愧地低下头，不能回复女皇的质问。她在人群中又看到了崔玄暐，于是说："你是我亲自选拔上来的，如今也反叛我吗？"崔玄暐轻声地回答："这正是报陛下的恩德。"背叛别人是为了报答恩德，这个逻辑，武则天无论如何也无法接受，不过，她知道大势已去，接下来的所有事情都在皇帝李显与宰相张柬之的控制范围内。

她准备接受命运的安排。不过，张柬之和李显并没有大开杀戒。他们只是杀死了张家兄弟的兄弟张昌期、张昌仪两人，把张家兄弟的朋友韦承庆、房融及司礼卿崔神庆抓捕下狱，对其他人没有做任何追究。李显皇帝妥善安排了病中的母亲，只是要求她将国政交给自己。不久之后，武则天就禅位给李显，自己成了“大圣皇帝”。

新皇帝对政变的大功臣们进行了最高的赏赐活动：张柬之、敬晖、桓彦范、袁恕己、崔玄暐五人分别被封为汉阳王、平阳王、扶阳王、南阳王、博陵王，统被称为“五王”，“神龙政变”又被称为“五王政变”。“神龙政变”结束后，表面上政变达到了归还李唐王朝的目的，李显成为国家的君主。但实际上，在这个王朝的内部，依旧潜伏着巨大的危机：武家作为国家另外一支重要的权力分支，依旧活跃在唐朝政治的舞台上。另外，还有三个女人，她们也参与到了新的权力争逐中。

独特的三个女继承人

“神龙政变”将武则天从权力的竞技场上驱逐了下来，太子李显再次登基为帝，后世称为“唐中宗”。唐中宗李显前半生都活在母亲的严密控制中，后半辈子却由三个女人牵制着他的人生。这三个女人是武则天的女儿太平公主，武则天的御用秘书上官婉儿，武则天的儿媳妇韦氏，在李显这里，他们分别是妹妹太平公主、后宫新贵上官婕妤和自己的韦皇后。

第一个继承人是太平公主。太平公主李令月生于665年前后，是武则天与李治最小的孩子，也是武则天最喜欢的孩子。太平公主不仅长得特别像武则天，方额头，宽下巴，体态丰满，而且性格喜好也有几分像母亲，比如精通谋略，喜欢美男子，在两性关系方面比较开放，等等。所以武则天曾说太平公主“类己”，对她更是百般溺爱。

太平公主虽然出身尊贵无比，可是她的生活其实并不顺利。调露元年（679），吐蕃前来求和亲，并点名要太平公主。武则天不敢得罪这个强大的吐蕃，又不想让女儿去异邦受苦，于是只好以太平公主出家为女道士的借口，委婉拒绝了这门亲事。永隆二年（681），公主与风度翩翩的薛绍举行了婚礼，两人在七年的和美婚姻生活里生了两男两女。但在垂拱四年（688），薛绍被人诬告，说他与琅邪王李冲串通，共同反对武则天，薛绍被“杖一百，饿死于狱”。

经历了丈夫的被捕、坐牢、饿死，太平公主开始重新审视自己的人生。她虽然依从母亲的安排，跟表哥武攸暨再婚。可是从此以后，她的人生观发生了重大的变化，她决定要以母亲为榜样，翱翔在权力的天空里，完全掌控自己的命运。太平公主的生活彻底变了，她有数不清的情人，有名有姓的就有崔湜、张昌宗与高戬。她努力讨好母亲，杀死薛怀义就是她的功劳，她对权力有了狂热的追逐，寻找一切参与政治的可能。

第二个继承人是上官婉儿。武则天重用上官婉儿的时候，就知道她与自己有不共戴天的深仇大恨。但是，武则天深信这个可爱的女孩儿，以为只要自己善加引导，仇人之女也可以为我所用。上官婉儿没有辜负她的期待。不仅在生活起居上，对女皇有妥当的照料；在政治事业中，她可以批复一般性的奏折，也可以跟皇帝讨论政事。上官婉儿是个才女，本身就心思缜密，处事机敏，又长久跟随武则天学习深造，其个人的能力几乎已经达到了专业政治家的水平。

第三个继承人便是韦皇后。在流放的十五年岁月里，韦氏自始至终，一直以乐观主义精神鼓励丈夫，在艰苦的生活中照料丈夫，两个人像普通夫妻一样，患难与共。李显也由此发誓，若有朝一日能够得以翻身，韦氏想要什么，全部都满足她。

韦后遭遇的最大痛苦，并不是流放十几年的艰辛，而是再次被召回长安后，唯一的儿子李重润的惨死。李重润因与妹妹、妹夫议论祖母与男宠的事情，而被武则天处死。面对儿子的惨死，韦皇后用泪水与绝望完成了一次祭奠的仪式。从此，她将泯灭人性的光辉，成为不折不扣的权力机器。

这三个女人各有优势、专长，不过因为权力与男人，她们迅速地对立为两个阵营。

一直没有放弃皇帝梦的武三思，秘密地结交了想在外朝有个依靠的上官婉儿，他们甚至还把政治关系发展成两性关系。新皇帝李显并不知道这暗中的关系，他登基以后，后宫空虚，见上官婉儿才貌双全，于是把上官婉儿变成了上官婕好。此外，武三思还与韦后私通。既然李显信任上官婕好与韦皇后，而这两个女人跟武三思都有私情，那么武三思很快就在李显的朝廷里呼风唤雨起来。他不仅没有因为姑姑武则天的退位而倾覆，反而比以前更不可一世。

为此，他展开了惨绝人寰的清剿行动。他操纵陷害张柬之、崔玄障、桓彦范、袁恕已、敬晖五位功臣，还秘密地把他们杀害。消除异己之后，武三思越发目中无人，他甚至连太子都想废黜。太子李重俊跟韦皇后的关系一直很差，而武三思的儿媳妇安乐公主和儿子武崇训更是仗势欺人，动不动就侮辱李重俊，甚至称太子为“家奴”。

上官婉儿

神龙二年（706）七月六日，饱受屈辱的李重俊终于忍受不住了，他率领禁军羽林兵三百多人冲进了武三思家，杀死了武三思、武崇训父子。机关算尽的武三思竟然死在一个冲动的年轻人手里，这是老天对他的最大嘲弄。武三思父子虽然被杀，朝政却依然把持在韦皇后手里。懦弱的李显对皇后言听计从，他将要为自己的昏庸付出生命的代价。

景龙四年（710）六月，唐中宗李显突然在宫中暴毙。李显的暴毙原因，据《资治通鉴》记载，是由于韦皇后害怕与人私通的事情败露，而安乐公主想母亲可以临朝称制，自己当皇太女，因而母女同心，设计了一个阴谋，害死了中宗皇帝。这件事真假已经无法探明，却引发了大唐王朝新一轮的震动，带来另一场大规模的屠杀行动。太平公主直接参与了这场屠杀行动。

李显死后，上官婉儿与太平公主一起草拟遗诏，准备立温王李重茂为皇太子，皇后执政事，让相王李旦参谋政事。但是韦皇后不想让相王李旦进入国家的权力核心。于是在她的授意下，改相王李旦为太子太师。明眼人都知道，这个职位并没有多少实际的权力。

这个决定彻底激怒了李唐贵族，他们准备发动一场新的革命。七月，太平公主派她的儿子薛崇简参与了李隆基等人诛杀韦后的行动，上官婉儿也被乱军杀死。在这场政变中，太平公主亲手将新皇帝李重茂拉下皇位，立下了极大的功劳。此后，相王李旦复位，即为唐睿宗。

唐玄宗李隆基

政变成功了，新的问题却又滋生了，两位参与政变的重要人物太平公主与李隆基因为利益分配问题，发生了严重的纠纷。愤怒的太平公主要求唐睿宗废掉太子李隆基，并且在私下大力培植党羽。这个时候，朝中的七位宰相经由太平公主任命的就有五位，朝中大臣除了姚崇、宋璟等人外，大多数都归属于“太平系”，太平公主达到了权力的巅峰。

可惜的是，太平公主没有母亲韬光养晦的功夫，必然要为此付出惨痛的代价。自古以来，盛极而衰是不变的真理。延和元年（712）八月，太子李隆基正式登基，太平公主的形势就岌岌可危了。

先天二年（713年），李隆基与郭元振、王毛仲等人突然发动袭击，诱杀了“太平系”的左、右羽林将军和宰相。太平公主在慌乱中，逃入南山佛寺，三天后却被逼回到家中。不久，李隆基就派人送来三尺白绫，太平公主自此结束了自己的一生。

三个女继承人也算有一身本领，却都不得善终。她们以生命买单，品尝了权力的些微滋味，却终究无法建构个人的事业版图。原来，要想成为武则天，并不是一件特别简单的事情，那需要突出的个人素质，如强大的心理素质、知人断人的本领、优秀的领导能力等；也需要有丰富的人生经验，曾经遭遇过挫折失败的打击，所以无所畏惧人生中的磅礴风雨；曾经在灰色的日子里挣扎着求生，所以能够忍耐生命的任何考验；曾经跟形形色色的人打过交道，所以可以理性地谋算人心。这些都有了，还不够，还需要天时地利人和，需要一个恰如其分的时代，正所谓“时势造英雄”。

皇嗣李旦如履薄冰

女皇对于将来要把皇位究竟传给儿子还是侄儿，一直犹豫不决，这使得皇嗣李旦一直生活得战战兢兢，他既害怕母后的迫害，又深恐会被有夺皇位野心的武承嗣陷害。

长寿二年（693）正月，女皇在万象神宫举行祭典，皇亲国戚和文武百官都参加了。女皇初献，武承嗣为亚献，武三思为终献。担任献祭代表着身份和地位，作为皇嗣的李旦没有担任献祭，只是和别人一样，默默地站在旁边。这既让参与祭典的人为皇嗣的地位感到惊讶，也让人忧心皇嗣的处境会不会有危险。

女皇身边有个侍女，名叫韦团儿，聪明伶俐，办事能干，很得女皇的信任。韦团儿对李旦怀有好感，有一天，韦团儿来到东宫，见李旦独自一人发呆，便悄悄进去一把抱住李旦。李旦猛然一惊，发现是自己本不怎么喜欢的韦团儿，便一把推开，并且斥责她无礼。韦团儿遭到李旦的拒绝，既羞愧又怨恨，发誓一定要报仇。过了几天，韦团儿偷偷地把两个木头埋在东宫的院子里，然后向女皇报告说，皇嗣的妻子刘氏和妃子窦氏二人暗中诅咒女皇。女皇便问她怎么会知道，韦团儿回答说是东宫的人无意中聊天说到的，女皇很生气，便命令她去把木头人挖出来，韦团儿轻易地就把两个木偶挖出来，交给了女皇。过了不久，刘氏和窦氏进宫去见女皇，然后就失踪了。

当然，最忧虑的人是皇嗣李旦。妻妾在皇宫中失了踪，他却不敢向女皇报告，更不敢要求追查，因为他不确定这事是不是母亲干的，两个哥哥的遭遇让他对母亲心怀恐惧，于是他只能默默忍受失去妻妾的伤痛。

不久，韦团儿又想陷害李旦，幸好有别的宫女发现她的计谋，并报告了女皇，女皇大怒，立刻将韦团儿处死。

在皇宫里失踪的窦氏，原先被封为德妃，是唐玄宗的生母。窦氏的父亲窦孝谌担任润州刺史，一个被酷吏收买的家奴假装有妖怪在窦府出没，怂恿庞氏找来术士，念咒作法来消除妖魔。等到庞氏中计，请术士来作法，家奴就去告密，说主人咒诅女皇。庞氏被告，朝廷立刻派监察御史薛季昶前来查办。薛季昶在女皇面前做了一场精彩的表演，女皇觉得他忠心可嘉，便擢升为给事中，庞氏则被处斩首之刑。后来庞氏的儿子窦希瑊向徐有功鸣冤，徐有功立刻上奏女皇，申诉庞氏无罪。庞氏的案子使李旦坐立不安，他害怕被诬陷受牵连。幸好徐有功的仗义执言，免了庞氏的死罪。案子结了，皇嗣未被卷入，李旦暗暗庆幸逃过一劫。

这时，有几个曾经侍候过皇嗣的老宦官裴匪躬、范云仙等，到东宫来探望皇嗣。因事先未报告女皇，被酷吏告发，说这几个人私自进入东宫有异谋，于是全被腰斩。从此以后，李旦更是窝在一个角落里，不敢与人接触，过着像囚徒一样的生活。

皇嗣李旦的另一个潜在的威胁越来越大，那便是女皇的侄儿武承嗣正处心积虑地想抢夺太子之位。

早在女皇登基以前，武承嗣就在暗中积极推动武后登上皇位的工作，如玩弄洛水“宝图”的把戏，努力协助武后大杀李氏宗族，等等。所以，武则天能够成为女皇，武承嗣实在是大功臣。他努力将姑母推上皇位，其目的完全在于私利，他自认为在血统上，是武家家族中的第一人，武家天下在女皇之后，他是最有资格的继承人。事实上，女皇虽然杀了武承嗣的父亲，对这个侄儿却是极为宠信。女皇登基时，封武承嗣为魏王，官居宰相。

武承嗣争夺皇位继承权的野心，尽人皆知，他的最大障碍是皇嗣李旦。这让李旦十分忧心，深恐自己会被武承嗣杀害。

徙居上阳宫

“神龙政变”后，武则天被迫退居后宫。她也开始去思虑张柬之等人当时在逼宫时所找的借口，说是张易之兄弟谋反。武则天心里很清楚，那是绝对不可能的事。她在政治上摸爬滚打几十年，即使现在重病，但对政治的感应能力还是有的。她知道张氏兄弟贪污纳贿，生活腐败奢侈，但是张氏兄弟没有野心，没有才干，更没有政治领导能力，张氏兄弟的荣华富贵全是依仗自己得来的，他们只是她的弄臣而已，所以张氏兄弟根本没有谋反的能力与谋反的动机。朝廷的大臣们都是她提拔重用的，但是她也都知道那些大臣们中多数是心怀李唐王室的，他们是想要恢复李姓王朝的人。张柬之、桓彦范、敬晖、姚崇、李多祚这些人表面上臣服于她，但在内心深处仍然埋着大唐帝国的种子，只要时机许可，这种子就会发芽、长枝、长叶。当年，她用酷吏只能把芽、枝、叶及树干砍掉，却没法把泥土下面的种子清除掉。到了今天，种子长成了大树。她清除的工作没做彻底，现在要为自己当时做出的行为承担后果。

武则天叹了一口气，政治原本就是极为残酷的，力量大的打击力量小的，她自己不也是这样吗？她这一辈子给别人加过多少莫须有的罪名，又诛杀了多少无辜的人？恐怕她自己都算不清了。然而当自己已经经历过握有天下人的生杀大权的体验后，却成为别人打击的对象，这个事实对武则天来说无论如何也接受不了。如果身体条件好一点，武则天肯定会利用时机，出面领导反政变的。但此时的她身体实在不行了，她已经放弃了这方面的尝试。她现在所要做的一件事，便是给予谋划政变的张柬之等人狠狠一击。但在近乎被软禁的情况下，她手中已无兵权，于是她便用自己独特的方式来实现自己的目的，那就是利用中宗来代她去施行这一击。

政变以后，武则天便移居到了上阳宫。一天，中宗去上阳宫去拜见他的母亲，当他看到武则天时着实吃了一惊。原来，老年的武则天十分擅长粉饰自己，她能把年老的自己装扮得神采奕奕，即使旁边围绕着子孙，也很难察觉到她的衰老。移居上阳宫后，本来就一直卧病在床的武则天便不再粉饰自己，再加上这么多年操持政务，她已然是心力交瘁，身形枯槁，面容憔悴，中宗看了之后，一时之间感到难以接受。虽然武则天也知道中宗为自己的巨大变化而感到震惊，但此时的她还要给打击过她的人以回击，于是武则天抓紧最后的时间，向儿子泣诉："我从房州把你接回来，本来就是要把天下授给你，而张柬之等五人为了贪图功劳，竟然发动政变，把我驱赶到这上阳宫。"中宗也悲泣不止，跪在地上直说自己该死。趁此机会，武三思进入便开始诋毁张柬之等五位大臣。第二年，张柬之等五人便被杀害了。

不过，张柬之等人的死，武则天是看不到了。神龙元年（705）冬，她在上阳宫仙居殿驾崩了，终年八十二岁。她死前的遗嘱既简单，又意味深长。她说："去掉帝号，称'则天大圣皇后'，附葬在高宗的乾陵。陵墓上立一块碑，上面一个字也不要写，功过由后人去评说。王皇后、萧淑妃两家以及褚遂良、韩瑗等所有受牵累的人，都恢复其姓氏和官爵。"女皇当时的心境大概应是万籁空明的，她所挂怀的不是当年缠斗的政敌，不是今朝嚣张的新贵，甚至不是刚刚死去的二张，而是那些自己曾经毁掉的关陇集团中的重要人物。

从奋斗到顶峰总是需要漫长的努力，可是反向的过程却来得总是非常突然，有时只在朝夕之间。隋炀帝、武则天、唐明皇，都不是昏庸无能的人，肩挑的都是盛世大国，可是，败亡都如山崩一样不可阻挡。他们的共性都是过分沉湎于安乐享受，丧失了政治家应有的敏感。美酒把猎狗的鼻子熏晕了，还怎么能闻到狼的气息？武则天年高病重，李显在狄仁杰、张柬之等人的帮助下，逼武则天让位。武则天还李归唐，结束了自己的政治统治。

武则天的一生，是精于权变的一生。她从一个普通的才人，经过宫廷权变，当上皇后，继而成为辅理朝政的“二圣”之一，并被尊称为天后。羽翼丰满之后，她亲临朝政，并建立起自己的大周帝国。在她的政治生涯中，她把至高无上的权力当作自己的终极追求，为此费尽心机甚至不择手段，她的眼光始终专注唐王朝的兴衰，正如林语堂所说：“武则天的期望堂皇而远大。她真正关怀的，唯一觉得有兴味的是大唐帝国。”

作为中国历史上唯一的女皇帝，武则天一生在政坛上叱咤风云，她精于权变，以驭马的方法驾驭群臣，实现了半个世纪的有效统治。历经权变，归于空明，武则天的墓碑上无字无评，一切功过留与后人评说。

立无字墓碑，功过任由人评

在陕西省咸阳市乾县城北六千米的梁山上，是唐高宗李治和武则天的合葬陵，陵前并立着两块巨大的石碑，西侧的一块叫“述圣碑（或称述圣纪碑）”，东侧的就是武则天的无字碑。“述圣碑”是武则天为高宗歌功颂德而立的碑，她还亲自撰写了五千余字的碑文，黑漆碑面，字填金粉，光彩照人。东侧就是武则天的无字碑。自秦汉以来，帝王将相无不希望死后能树碑立传，中国历史上唯一一个女皇帝的石碑却没有刻一个字。

无字碑

后人们面对着墓前的这块无字碑，可以按自己的观点，进行功过评说。作为一个女性帝王，武则天遭到了封建正统史家的批判，从宋代的司马光到清代的王夫之，都对武则天进行了贬斥，说她“夺攘神器，秽亵皇居”“鬼神之所不容，臣民之所共怨”。这些批判者认为她以周代唐窃取社稷，以阴处阳位而亵渎了皇帝的宝座，这是她所谓的两条最大的罪状。所以史学家们还运用春秋笔法，否认她是皇帝而称她为太后，在唐朝皇帝世系里也没有她应有的地位。其实也正因为这两条，她不得不残酷地杀戮反对她的那些大臣们，并从垂拱元年（685）至神功元年（697）这十三年间任用酷吏，使用严酷的刑罚，殃及很多无辜。这是我国古代女性特别是一位杰出女政治家必然的悲剧。可如果没有这两条罪状，武则天也就只能是一个“武氏”，一个在宫里默默无闻的皇后、皇太后，也就没有这历史上唯一的女皇帝了。换个角度来说，一个女人能同皇帝的头衔联系在一起，这其中要经历多少曲折，冲破多大观念上的障碍，具备多大的胆识，才能做到这些。所以我们不妨从她的功与过两方面对她进行评价。

先看武则天的过失。在她的主政初期，大兴告密之风，重用酷吏周兴、来俊臣等，后期的她拜宝图、崇佛教、建寺院、筑明堂、造天枢、铸九鼎，浪费了大量的人力和物力。在打击政敌的过程中也不免滥杀无辜。官吏大增也必然加重农民的负担，在她统治时期尽管社会经济有所上升，但逃户问题已经日益严重，府兵制开始走向破坏。武则天重用武氏宗室武承嗣、武三思、武攸绪及武攸宁等人，并大封武氏宗人为王。武氏晚年宠爱男妾张昌宗、张易之兄弟，二人狐假虎威，作威作福，后世史学家不齿于她拥有男宠，所以在史书中都对她的所作所为大加鞭挞，直斥其阴险、残忍、善弄权术，与中宗时韦后之专政，合称为“武韦之乱”。

但她为唐王朝所做的贡献却不可泯灭。在政治上，武则天打击了保守的门阀贵族。自从被立为皇后以后，武则天就把反对她做皇后的长孙无忌、褚遂良等人一个个都赶出了朝廷，贬逐到边远地区。这对于武则天来说，是杀鸡儆猴，但这些关陇贵族和他们的依附者，在当时已经成为一种既得利益的保守力量。把他们赶出政治舞台标志着关陇贵族从北周以来长达一个多世纪统治的终结，也为社会进步和经济发展创造了一个良好的条件。在经济上，武则天推动了农业的发展。虽然，早在贞观年间就提出过“劝农桑”的政策，但是由于各种原因，未能很好地施行。因此，武则天在《建言十二事》中就建议“劝农桑，薄徭赋”。在她掌权以后，又编撰了《兆人本业记》颁发到州县，作为州县官劝农的参考。她还注意地方吏治，加强对地主官吏的监察。对于土地兼并和逃亡的农民，也采取比较宽容的政策。因此，武则天统治时期，社会是相当安定的，农业、手工业和商业都有了长足的发展，人口也由唐高宗初年的三百八十万户进一步增加到六百一十五万户，平均每年增长百分之九点一。这在中国古代，是一个很高的增长率，也是反映武则天时期唐代经济发展的客观数据。在军事上，武则天在位期间还稳定了边疆形势。她从政期间致力于多民族国家的统一和强大。在她统治的几十年，西域更广阔的区域被纳入了我们这个多民族国家的版图，西南少数民族地区也汇入多民族国家的大家庭中来。在她执政时期，唐代疆域发展到了最大，东西南北四域均达到唐代极致，军事上的成就大大超过贞观时期。在文化上，武则天推动了文化的繁荣。她主持编定了世界上第一部国家药典、国家农书、大百科全书。她主持编撰的书籍据《旧唐书·则天本纪》记载的就有培养宫女的《古今内范》一百卷、归纳历史经验教训的《玄览》一百卷、《青宫纪要》三十卷、教育儿子的《少阳正范》三十卷，此外还有杂书《维诚典训》《风楼新诫》《孝子烈女传》各二十卷、《内范要略》《乐书要录》各十卷、教育官吏的《百僚新诫》五卷、《臣轨》两卷、实施法律的《垂拱格》四卷、宗教辞典《三教珠英》一千三百卷。另外，武则天的私人著作也有一百二十卷。在武则天之时，出现了新诗、新古文、新小说、新散文等新风格的文学形式。武则天倡导在进士科中加试诗文，对唐诗唐文出现鼎盛，都有积极作用。此外，她还发展了科举制度，扩大了科举选人的人数。在贞观时期，录取进士只有二百零五人，但在武则天执政的五十年里，录取进士共达一千余人，平均每年录取的人数比贞观年要增加一倍。而且她缩短了经科举到任用的周期，使大量知识分子能短时间内进入官吏行列中来，从中选拔人才。她首创“殿试”，对人才的检验很严谨和郑重。她创设“武举”，选拔军事人才。而她又是第一个开办“南选”的人，在南方落后地区选拔人才，推行到岭南、福建各地，成为经常的制度。她还首开官员试用规定。她推行的一些科举改革一直被采用到封建时代的结束。

武则天的政治生涯就仿佛是两个复杂的组合。如果我们撇开封建正统思想的偏见，就会看到一个封建社会历史上少有的好皇帝、一个杰出的女政治家。但如果我们把她的个人气质和品格与历史相联系，又不难发现她的残暴和纵恣。总之，金无足赤，人无完人，作为一代女皇更是如此，她对历史的贡献总是伴随着个人的过失，然而无论功还是过，都是特定历史时期的产物。